現代企業要論

佐久間信夫・鈴木岩行 〔編著〕

白坂　亨・文　載皓・西村　晋
金　在淑・石井泰幸・田中信弘 〔著〕
三浦庸男・荒木真貴子

創 成 社

はしがき

　現在，日本経済は明治維新，第2次世界大戦後に並ぶ第3の開国を迫られている。正にこの時期に戦後最大の自然災害である東日本大震災に見舞われた。多くの企業が被災しただけでなく，被災を免れた企業も部品・素材不足や停電等により経営に大打撃を受けた。日本経済の復興のためには，企業活動が正常化しなければならず，今こそ企業に対する真の理解が求められている。その助けとなるよう，本書では企業に関する諸理論を確認し，近年の理論および事例について紹介している。

　本書は「第1部　企業形態論」，「第2部　企業統治」，「第3部　企業と社会」，「第4部　経営戦略」，「第5部　中小企業と情報ネットワーク」で構成されている。第1部では，第1章において企業の諸形態を整理し，株式会社の経営機能について述べている。第2章では，株式会社の発展過程を明らかにしている。第3章では，企業結合形態の歴史を整理し，現在の企業結合の展開と課題について述べている。

　第2部では，第4章において，日本における企業統治問題の議論を整理し，2000年以降の企業統治改革について述べている。第5章では，アメリカのトップ・マネジメント組織と企業統治について明らかにし，また企業活動の歴史を整理している。第6章では，イギリスの企業統治システムについての議論を整理し，統治構造を明らかにしている。第7章では，ドイツの企業統治の特徴を指摘し，近年の企業統治改革とEUの規制について述べている。

　第3部では，第8章において企業の社会的責任（CSR）の内容を確認するとともに，CSRの新しい潮流について明らかにしている。第9章では，企業倫理実現に向けた社会的取り組みを整理し，企業倫理における課題と可能性を指摘している。第10章では，環境問題を整理し，環境ビジネスの現状と将来に

ついて述べている。第11章では，社会的責任投資（SRI）とは何かを明らかにし，米・欧・日のSRIの現状と課題を整理している。

　第4部では，第12章において経営戦略の理論を整理し，現代企業の戦略的課題を指摘している。第13章では，競争戦略の考え方を整理し，価値相関図について明らかにしている。第14章では，M&Aの戦略を明らかにし，事例を基に日本企業のM&Aについて整理している。

　第5部では，第15章において日本の中小企業の意義を述べ，その多様性を整理している。第16章では，日本の中小企業における情報ネットワークの現状を明らかにしている。

　本書により，現実の企業経営がどのような方向を目指して変化しつつあるのかを読者が学んでいただければ幸いである。

　最後に，本書の企画から完成まで，多くの方々のご協力をいただいた。とりわけ，創成社の廣田喜昭氏には大変お世話になった。衷心より感謝申し上げたい。

2011年3月

編　者

目　次

はしがき

第1部　企業形態論

第1章　現代企業の諸形態 ―― 3
第1節　企業の法律形態と経済形態……………………… 3
第2節　企業形態展開の原理……………………………… 5
第3節　日本における企業の種類………………………… 7
第4節　株式会社の発展と経営機能の分化……………… 13
第5節　大規模株式会社の支配と統治…………………… 16

第2章　株式会社の発展 ―― 19
第1節　株式会社はなぜ生まれたのか…………………… 20
第2節　株式会社は誰が支配しているのか……………… 22
第3節　株主主権は回復したのか………………………… 24
第4節　株主の利益を追求するだけで十分なのか……… 26

第3章　企業結合の諸形態 ―― 30
第1節　企業結合形態の歴史……………………………… 30
第2節　個人資本の結合形態……………………………… 31
第3節　資本集中の企業結合……………………………… 34
第4節　資本集中形態の内容……………………………… 36
第5節　企業結合の展開と課題…………………………… 41

第2部　企業統治

第4章　日本の会社機関と企業統治 ―― 53
- 第1節　会社機関と日本における企業統治問題の経緯………… 53
- 第2節　所有構造と会社機関…………………………………… 56
- 第3節　2000年以降のコーポレート・ガバナンス改革と
  会社機関………………………………………………… 62

第5章　アメリカの会社機関と企業統治 ―― 66
- 第1節　トップ・マネジメント組織と企業統治……………… 66
- 第2節　株主総会………………………………………………… 69
- 第3節　取締役会………………………………………………… 71
- 第4節　エンロンの破綻と企業改革法………………………… 75
- 第5節　アメリカにおける企業統治活動の歴史……………… 79

第6章　イギリスの会社機関と企業統治 ―― 84
- 第1節　イギリスの企業統治問題……………………………… 85
- 第2節　イギリスの企業統治規範……………………………… 86
- 第3節　イギリスの企業統治の構造および特徴……………… 94

第7章　ドイツの会社機関と企業統治 ―― 102
- 第1節　ドイツのコーポレート・ガバナンスの特徴 ………… 102
- 第2節　ドイツ企業の所有構造と資金調達 …………………… 105
- 第3節　近年におけるドイツの企業統治改革 ………………… 108
- 第4節　EUの規制とドイツの対応 …………………………… 112

第3部　企業と社会

第8章　企業の社会的責任 ―― 119
- 第1節　企業とステークホルダー ……………………………… 119

第2節　企業の社会的責任の基本概念 …………………… 121
　　第3節　企業の社会的責任の本質 ………………………… 123
　　第4節　CSR の世界的潮流 ………………………………… 125
　　第5節　社会貢献と株主主権論 …………………………… 129
　　第6節　CSR と NPO ……………………………………… 131
　　第7節　CSR と社会的企業（Social Enterprise）………… 134

第9章　企　業　倫　理 ──────────── 138
　　第1節　企業倫理と企業不祥事 …………………………… 138
　　第2節　企業倫理実現に向けた社会的取り組み ………… 140
　　第3節　企業倫理の制度化 ………………………………… 144
　　第4節　企業倫理における課題と可能性 ………………… 148

第10章　企業の環境経営 ──────────── 156
　　第1節　環境問題の変遷 …………………………………… 156
　　第2節　環境経営の要件 …………………………………… 158
　　第3節　環境経営の実践 …………………………………… 161
　　第4節　環境ビジネスの現状と将来 ……………………… 164
　　第5節　サステナビリティ経営と環境パートナーシップ …… 170

第11章　社会的責任投資（SRI）の現状と課題 ──── 173
　　第1節　SRI とは …………………………………………… 173
　　第2節　SRI の現状 ………………………………………… 179
　　第3節　SRI の課題 ………………………………………… 188

第4部　経　営　戦　略

第12章　経営戦略論の展開 ──────────── 199
　　第1節　経営戦略の意義 …………………………………… 200
　　第2節　経営戦略の理論的展開 …………………………… 202
　　第3節　現代企業の戦略的課題 …………………………… 208

第13章 競争戦略 ──────────────── 212
第1節 競争戦略の考え方 ……………………………… 212
第2節 ポーターの競争戦略論 ………………………… 214
第3節 ミンツバーグらが指摘した競争戦略論の問題点 …… 221
第4節 価値相関図とコーペティション ………………… 223

第14章 M&A 戦略 ──────────────── 229
第1節 M&A の目的と M&A のパターン ……………… 229
第2節 M&A の手法 …………………………………… 232
第3節 日本企業の事例 ………………………………… 236
第4節 敵対的企業買収と防衛策 ……………………… 241

第5部 中小企業と情報ネットワーク

第15章 中小企業の現状と展開 ──────────── 247
第1節 わが国における中小企業 ……………………… 247
第2節 戦後の中小企業の歴史的背景 ………………… 250
第3節 中小企業の多様性 ……………………………… 254
第4節 問題性中小企業と完全機能型中小企業 ……… 258

第16章 中小企業と情報ネットワーク ─────────── 263
第1節 わが国の中小企業とコンピュータ …………… 263
第2節 情報ネットワークと中小企業 ………………… 268
第3節 企業間関係における中小企業の展開 ………… 270

索　引　275

第1部

企業形態論

第1章
現代企業の諸形態

第1節　企業の法律形態と経済形態

　企業は，広義には継続的に経済活動を行う組織体と定義することができる。企業の形態には法律形態と経済形態とがある。法律形態は民法や商法，会社法に規定されている形態で，大きく個人企業，組合企業，会社企業に分けることができる。組合企業には民法上の組合と匿名組合があり，会社企業には合名会社，合資会社，株式会社，相互会社，合同会社などがある。

　これに対して企業の経済形態は出資者の構成や出資と経営のあり方などから類型化されたものである。企業の経済形態は，出資者が民間の私人であるかあるいは国や地方公共団体であるかによって，大きく私企業，公企業，公私合同企業の3つに分けることができる。私企業は営利を目的として民間の出資によって設立された企業である。私企業は出資者が単独かあるいは複数かによって，単独企業と集団企業とに分けることができる。単独企業は個人企業とも呼ばれている。

　集団企業はさらに，出資者が少数か多数かによって少数集団企業と多数集団企業とに分けることができる。少数集団企業は少数の出資者が全員経営を担当する第1種少数集団企業と，出資者が経営を担当する出資者と経営を担当しない出資者から構成される第2種少数集団企業とに分けることができる。第1種少数集団企業は人的集団企業，第2種少数集団企業は混合的集団企業とも呼ばれている。

多数集団企業は，経営活動から利潤を獲得することを目的として設立される，営利的多数集団企業と，経営活動から生まれた成果を自ら利用することを目的として設立される非営利的（第2種）多数集団企業に分類することができる。これらの経済形態はそれぞれ法律形態と対応している（図表1-1）。

公企業は公益性の高い事業領域や営利活動になじまない事業領域において，国や地方公共団体が自ら企業活動を営むものである。公企業には，国や地方公共団体の行政組織そのものが事業活動を行う行政企業と国や地方公共団体が

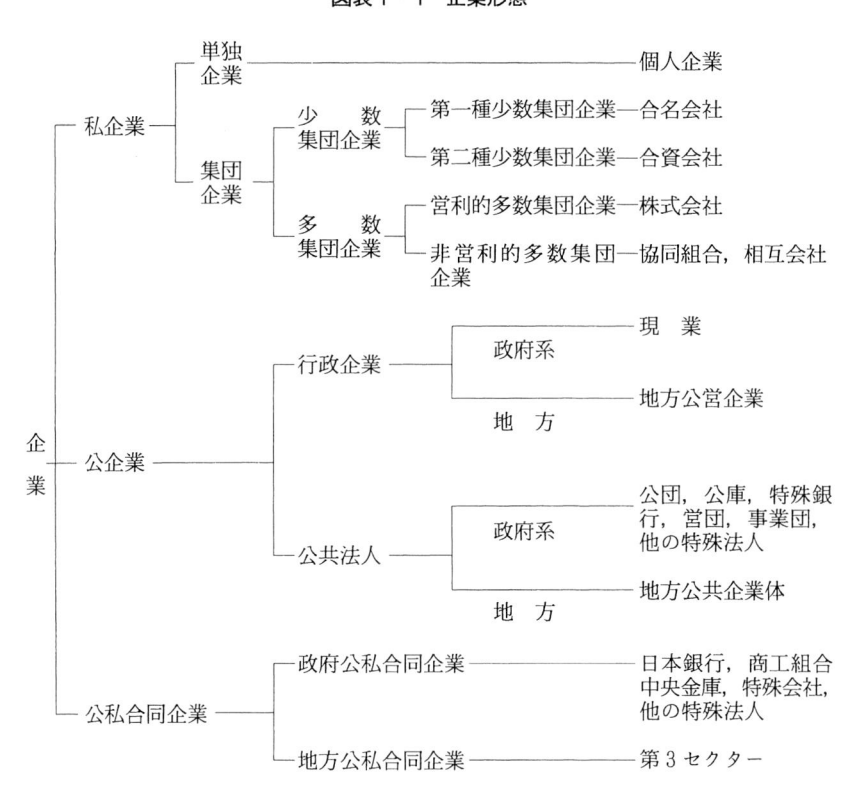

図表1-1　企業形態

```
                  ┌ 単独企業 ──────────────── 個人企業
         ┌ 私企業 ┤              ┌ 第一種少数集団企業 ─ 合名会社
         │       │  ┌ 少数集団企業┤
         │       │  │            └ 第二種少数集団企業 ─ 合資会社
         │       └ 集団企業┤
         │          │     ┌ 営利的多数集団企業 ─ 株式会社
         │          └ 多数集団企業┤
         │                └ 非営利的多数集団企業 ─ 協同組合，相互会社
         │
         │                      ┌ 政府系 ┌ 現業
企業 ────┤       ┌ 行政企業 ────┤        └ 地方公営企業
         │       │              └ 地方
         ├ 公企業┤
         │       │              ┌ 政府系 ─ 公団，公庫，特殊銀行，営団，事業団，他の特殊法人
         │       └ 公共法人 ────┤
         │                      └ 地方 ── 地方公共企業体
         │
         │          ┌ 政府公私合同企業 ─ 日本銀行，商工組合中央金庫，特殊会社，他の特殊法人
         └ 公私合同企業┤
                    └ 地方公私合同企業 ─ 第3セクター
```

出所：鈴木岩行「企業の諸形態」佐久間・出見世（2001），3ページを一部修正。

100％出資して法人を設立し事業を営む公共法人とがある。行政企業や公共法人においては，経営の裁量の幅を拡大することや競争の促進および効率性の追求という観点から，近年独立行政法人への転換や民営化が進められている。

公私合同企業には政府と民間が共同出資する政府公私合同企業と，地方自治体と民間が共同出資する地方公私合同企業とがあり，後者は一般に第3セクターと呼ばれている。公共性の高い事業領域に利潤追求を目的とする私企業が参入した場合，公共性が損なわれる恐れがあることから，従来このような事業領域は公企業が担ってきた。しかし，その一方で，公企業の経営は極めて非効率であるため，公私の共同出資によって公共性と効率性を同時に実現するために設立されたものが第3セクターである。しかし，現実には，多くの第3セクターが地方自治体への財務的依存体質を脱却することができず，巨額の赤字をかかえ倒産や解散が相次ぐ事態となっている。特にリゾート開発や地域開発を目的とした会社，鉄道会社などで経営危機が深刻化しており，第3セクターの半数は経営不振に陥っている。

第2節　企業形態展開の原理

企業は常により大きな資本を集め，大規模化することを要求されている。それは規模を拡大すればするほど，規模の経済（economy of scale）を追求することができるため，単位製品当たりの生産コストを低下させることができるからである。企業は常に激しい競争にさらされているため，生産コストを引き下げる努力を怠れば，競争に敗れ，市場から淘汰されてしまう。

より多くの資本を集めるためには出資者の数を増加させればよいが，多くの出資者が経営に参加することは統一的な支配の維持（＝意思決定の統一）を難しくする。より大きな資本を集めること，および統一的な支配を維持することという2つのお互いに矛盾する要求を企業は同時に満たしていくことを要求される。企業形態はこの相矛盾する2つの要求を同時に満たす装置として展開されてきた[1]。

中世のイタリアの商業都市ではじめて形成されたソキエタス（societas）は複数の個人が出資する，今日の合名会社形態に相当するものである。この企業形態は出資者すべてが無限責任を負い，企業経営に参加する形態であるが，この企業形態のままでは出資者数をあまり拡大することができない。出資者全員が経営に参加する形のままで出資者が増加した場合には，企業の統一的な支配の維持ができなくなる。ソキエタスという資本集中の枠組みがネックとなってそれ以上の資本集中は不可能となるのである。

そこで，企業の統一的支配を維持しながらより一層の資本集中を可能にするコンメンダ（commenda）という企業形態が創出されることになった。コンメンダは無限責任出資者のほかに，経営に参加しない有限責任出資者を有する企業形態であり，無限責任出資による支配という形を維持したまま，支配に参加しない有限責任出資者の出資分だけ資本を拡大することができる。コンメンダは今日の合資会社に相当する企業形態であるが，この形態も一定の資本集中の拡大を達成した後，その資本集中の枠組みそのものがネックとなって，それ以上の資本集中が不可能となる。

このように2つの相矛盾する要求を満たしつつ企業形態は展開してきたのであるが，最高度の資本集中形態として創出されたのが株式会社である。株式会社は全出資者を有限責任とし，資本を小額の株式に分割したため，資本集中の可能性を飛躍的に高めることができるようになった。株式会社においては無限責任出資者がいなくなったため，会社の第三者に対する責任，とりわけ債権者に対する責任を誰が引き受けるのかということが問題になる。株式会社では，株主総会，取締役会などの機関を設置し，これらの機関が第三者に対する責任を引き受けることによってこの問題を解消した。また，株式会社は会社の規模が大きくなるため，合名会社や合資会社と比べて会社そのものの信用が増大すると考えられている。株式会社では支配の統一は株主総会を通して実現される。すなわち，原則として1株につき1票の議決権が与えられ，多数決によって企業の意思が決定される。

第3節　日本における企業の種類

1．会社法制定

　日本の会社形態は，かつて商法のほか有限会社法やさまざまな特例法のなかで規定されてきた。また商法の条文はカタカナ文字で書かれているうえ，文章も古い形式が用いられており，改革が求められていた。こうしたさまざまな法律のなかに散らばっていた条項を1カ所にまとめ，このなかに一体化する取り組みが続けられ，2006年度に「会社法」として施行された。「会社法」制定の主な目的のひとつは，会社の設立を容易にすることである。そのために，これまでの最低資本金制度を廃止し，1円でも会社を設立できるようにした。また有限会社は廃止し，株式会社に一体化した。さらに新たに合同会社（Limited Liability Company：LLC）という会社形態も創設されることになった。会社の設立を容易にし，中小企業を中心に新規開業率を引き上げ，経済の活性化と雇用拡大につなげようとする意図がある。

2．個人企業

　個人企業は出資者が1人の企業であり，個人の財産を資本として用い，出資者が自ら経営を担当する企業である。出資者が1人であるので出資規模には初めから限界がある。企業の経営は出資者自らが担当するため，経営能力にも限界がある。金融機関などからの借り入れは，出資者の個人的信用をもとに行われる。つまり，企業が返済不能に陥った場合には，出資者が責任をもって返済するということを前提に融資が行われるため，融資額はそれほど大きいものにはなり得ない。企業が債務不履行になった場合，出資者が個人の財産を提供して債務を返済する義務をもつことを無限責任というが，出資者は無限責任を負う。また，個人企業においては，出資者の個人的財産と企業の資本との区別が明確でないことが多い。

3．合名会社

　個人企業よりも多くの資本を集めるためには，出資者を複数化することが必要である。出資者の集団は，一般に「会社」と定義される。

　合名会社は，2人以上の出資者（法律上，社員と呼ばれる）が出資することによって設立される。会社の負債に対しては，社員全員が連帯して無限責任を負い，社員全員が会社の経営を担当する義務と権利をもつ。

　出資者が複数になると支配の統一を維持することが問題になるが，合名会社では出資者全員の話し合いによって支配の統一が図られる。社員の出資持分を第3者に譲渡する場合には，ほかの社員全員の承諾を必要とする。会社の経営や負債に対して全社員が連帯して責任をもつことから，社員同士の人間的信頼関係が重視され，社員は血縁関係にある人や極めて親しい人で構成されるのが普通である。合名会社はこのような性格から「人的会社」と呼ばれる。出資者は信頼関係にある人だけに限られるので，出資者の数が多くなることはない。

4．合資会社

　合資会社は，経営に参加しない出資者という新しい種類の出資者を作り出すことによって，出資者数を拡大しつつ支配の統一の維持も同時に図ろうとする企業形態である。経営に参加しない，すなわち，企業の支配権を放棄する出資者には無限責任を免除するという誘因が与えられる。したがって，合資会社は会社の支配権をもつ（経営を担当する）無限責任出資者と会社の支配権をもたない（経営を担当しない）有限責任出資者の2種類の出資者から構成される企業形態である。

　無限責任社員は経営を担当する義務と責任をもち，会社を代表する。これに対して有限責任社員は経営を担当したり，会社を代表する権限をもたない。有限責任社員は経営を監視する権限だけをもつ。無限責任社員が，その持分を譲渡する場合にはほかの無限責任社員全員の承諾を必要とする。合資会社も個人的信頼関係に基礎をおいていることから人的会社である。

　合資会社は有限責任を条件に出資する個人が加わる分だけ，出資者の数が拡

大することになる。しかし，有限責任出資者といえども，いったん出資してしまった資金は回収することが極めて困難である。合資会社は出資金を返還する制度をもたないため，出資者が資金を回収しようとするならば，出資の肩代わりをする新たな出資者を自ら探さなければならないが，これは極めて困難である。したがって有限責任という新たな出資形態を加えたとはいえ，合資会社の出資規模にも自ら限界がある。

5．株 式 会 社

　株式会社は，資本金のすべてを均一で小額の単位に分割した証券である株式を発行する。出資者は，株式を購入することによって株式会社に出資する。株式には所有権だけでなく，会社に対する均一な支配権も付与されており，したがってより多くの株式を所有するものが，より多くの支配権をもつことになる。資本金を均一で小額の単位に分割した株式の発行は，それだけで出資者数の増加の可能性を高めるが，株式会社においては全出資者の有限責任性を実現したため，出資者数は飛躍的に増大（＝出資の分散）することになった。出資者の増加は支配の統一の困難をもたらすが，株式会社は多数決原理の導入によってこれを解決する。株式は資本金の均一な単位であると同時に支配権の均一な単位であるため，多数決によって株式の過半数を集めることによって支配の統一が図られることになった。株式会社の支配の統一は，株主総会において実現される。株式には1株につき1票の議決権が与えられており，多数決によって支配の統一が行われる。

　これに対して経営は取締役によって担当される。取締役は必ずしも出資者すなわち株主である必要はない。株式会社においては，合名会社，合資会社と異なり，経営の担当者が出資者である必要がないため，経営の専門的知識や能力をもつものを広く探し，取締役として任命することができる。出資者が分散し，支配的な大株主がいなくなった大規模な株式会社では，大株主ではない経営者が経営を担当するのが一般となっている。大株主，すなわち企業の所有者である経営者が所有経営者（owner manager）と呼ばれるのに対し，所有者でない

経営者は専門経営者（professional manager）と呼ばれる。また，このように，所有者（＝大株主）と経営の担当者が別の人物になることを所有と経営の分離（＝出資と経営の分離）と呼ぶ。

　日本では，株式会社は，以前は7人以上の発起人によって設立されることになっていたが，1991年からは1人でも設立できるようになった。また，1991年から最低資本金制度が導入され，株式会社の設立には1,000万円以上の資本金の払い込みを必要とすることになった。しかし，1990年代は中小企業の廃業率が高くなる一方で新規開業率は低くなり，これが日本経済が停滞する一因となったため，政府は中小企業の設立を容易にする目的で2002年に「中小企業挑戦支援法」を制定し，1円でも株式会社が設立できるようになった。「中小企業挑戦支援法」は2008年までの時限立法であり，しかも最低資本金が猶予されるのは設立後5年間だけであった。

　しかし，2006年に施行された会社法においては最低資本金制度が撤廃され，1円での株式会社の設立が恒常化されることになった。株式会社の設立方式には，発起人が資本金のすべてを拠出する発起設立と，発起人が資本金の一部を拠出し，残りを外部から募集する募集設立とがある。

　日本の大規模な公開株式会社には，監査役会設置会社と委員会設置会社の2つのタイプがある。監査役会設置会社は株主総会，取締役会，監査役会，代表取締役などの機関が法律で設置を義務づけられており，委員会設置会社は株主総会，取締役会，執行役，代表執行役などの機関が設置を義務づけられている。これらの機関の役割については第2章で取り上げる。

6．相互会社

　相互会社は保険事業を営む企業にだけ認められた会社形態であり，日本の大手生命保険会社はほとんど相互会社形態によって設立されてきた。相互会社は，保険加入者が保険料として拠出した資金をためておき，万が一事故にあった加入者にはこの資金から補償を行うという，いわゆる相互扶助の目的で設立される。

相互会社では保険加入者が社員（出資者）となる。相互会社は保険業法によって認められた会社形態であり，相互会社の機関も保険業法に規定されている。相互会社の最高議決機関は社員総会であるが，大規模な保険会社では保険加入者（＝社員）が数百万人にものぼるため，社員総会にかわって，社員の代表者によって構成される社員総代会を設置することが，保険業法によって認められている。

現実には日本の相互会社はすべて社員総代会を設置している。社員総代は会社に都合のいい人物を会社が選ぶことが多いため，経営者に対する監視機能が働いていないという批判がなされている。相互会社の取締役と監査役は，社員総代会において選出される。保険会社には株式会社形態も認められているため，損害保険会社や中堅の生命保険会社は株式会社形態をとる会社がほとんどである。ほかの保険会社やほかの金融機関との合併・再編を行う際には，株式会社形態の方が便利であること，コーポレート・ガバナンスの点からも株式会社形態の方が経営監視が容易であることなどの理由により，近年，大手生命保険会社のなかにも相互会社から株式会社に転換する会社が出てきた。

2009年まで，相互会社形態をとる会社は大手を中心に6社のみ（生命保険協会に加盟する会社は41社）であったが，そのうち第一生命保険相互会社が2010年4月に株式会社に転換し，株式を上場した。これまでに大同生命，太陽生命，三井生命などが相互会社から株式会社への転換を実施しているが，近年発覚した巨額の保険金不払い事件は，保険会社の経営に対する監視の強化を促すきっかけになった。

7．合同会社（LLC：Limited Liability Company）

株式会社は一般に，多数の出資者が資本を拠出して設立され，1株につき1票の議決権をもつことを原則としている。したがって出資額の多い出資者ほど大きな権利をもち，多くの配当を受けとる。これに対して2006年施行の会社法で導入された合同会社（LLC）は，資金のほかに特許やアイディアなどの知的財産を提供することが認められ，事業のルールや利益分配のルールを出資者

図表1-2 会社の種類別特色

			株式会社 公開	株式会社 非公開	合同会社	合資会社	合名会社
出資者	名称		○株式	○株式	○社員	○社員	○社員
	責任		○出資の義務にとどまり会社の債権者に対しては責任を負わない	○出資の義務にとどまり会社の債権者に対しては責任を負わない	○出資額を限度として責任を負う	○無限責任社員―会社の債権者に直接無限の責任を負う ○有限責任社員―出資額を限度として直接責任を負う	○会社の債権者に直接無限の責任を負う
	員数		○1名以上	○1名以上	○1名以上	○無限責任社員と有限責任社員1名以上	○1名以上
	譲渡制限		○原則譲渡自由	○譲渡につき会社の承認が必要	○ほかの社員全員の承諾が必要	○無限責任社員―ほかの社員全員の承諾が必要 ○有限責任社員―無限責任社員全員の承諾が必要	○ほかの社員全員の承諾が必要
運営	意思決定	最高	株主総会	株主総会	総社員の同意	総社員の同意	総社員の同意
		重要な業務	取締役会	取締役	総社員の過半数（ただし業務執行社員を定めたときはその者の過半数）	無限責任社員の過半数（ただし業務執行社員を定めたときはその者の過半数）	総社員の過半数（ただし業務執行社員を定めたときはその者の過半数）
		業務執行	代表取締役[*1]	取締役（取締役会設置は任意）			
	取締役数		○取締役―3名以上 ○代表取締役[*1]―1名以上	○取締役―1または2名以上（代表取締役設置は任意）	機関は不要（組合的規律）		
	任期		○2年以内[*2]	○10年以内			
	監査役		○1名以上[*3]	○任意			

*1 委員会設置会社では代表執行役。
*2 委員会設置会社では任期1年。
*3 委員会設置会社にはなし，代わりに監査委員会がある。
出所：岸田（2006），50ページ。

間で決めることができる。たとえば，多額の資金をもつ人と知的財産をもつ研究者や学者が共同出資して会社を設立し，知的財産をもつ学者や研究者により多くの権限や利益を配分するようなルールを決めておくこともできる。資本よりもむしろ知的財産が企業の競争力を決定するようになった昨今の経営環境に適した会社形態ということができる。出資者はすべて有限責任であり，株主総会や取締役会などといった会社機関を設置する必要はない。

　LLCはアメリカのワイオミング州で初めて導入（1977年）され，現在アメリカに約80万社存在する。会社形態ではないがLLP（Limited Liability Partnership，有限責任事業組合）の制度も2005年に経済産業省によって創設された。LLPは株式会社の長所と民法上の任意組合の長所を取り入れた制度であり，出資者はすべて有限責任であり，法人税を納める必要はなく，利益配分等のルールは出資者どうしで決めることができる。出資額が少なくとも知的財産の提供や事業への貢献度が高ければ利益配分や権限などを大きくすることができる。

　日本では2006年5月に会社法が施行された後，わずか3カ月で1,000社を超す合同会社が設立された。株主総会や役員会を開催する必要もないので，大会社にも合同会社を活用する例がみられる。大会社が共同出資で研究開発を目的とする合同会社を設立する例もあるが，株主の要求に縛られず，自由に研究活動を進めることができる利点などが注目されている。

第4節　株式会社の発展と経営機能の分化

　現代の大規模企業はほとんど例外なく株式会社形態をとっている。株式会社は，規模の拡大と共に所有と支配および経営機能の関係を大きく変化させた。ここで株式会社の発展にともなうこれらの諸関係の変化についてみていくことにしよう。

　株式会社は資本金を均一で小額の単位に分割した株式を発行する。小額であることと，有限責任であること，そして，株式市場で簡単に出資金を回収する

ことができることなどの理由により，株式会社の資本規模は飛躍的に拡大した。株式会社の株式は次第に多数の小額な出資者によって所有されるようになり，また出資者の地域的分散も進んでいった。株主数の増加および株主の地域的分散は株式の分散と呼ばれる。

現在でも大規模でない株式会社のほとんどは，個人または同族などによって所有される企業であるが，これらの株式会社が大規模化するに従い，増資，相続などの要因によってこれらの個人や同族の持株比率は低下するのが普通である。

ほとんどの大規模でない株式会社においては，出資者である大株主が自ら経営を担当し，他の小額出資者である多数の小株主は経営を担当することはせず，出資から得られる配当のみを受けとる立場にあるのが普通である。

企業規模がさらに拡大し，同時に株式の分散もいっそう進んだ大規模企業においては，企業経営は極めて複雑になり，経営者は科学的，専門的な知識と能力を必要とするようになる。専門的な知識や能力をもった人物は，専門的教育を受け，大きな企業組織の現実の企業活動のなかで業績をあげることによって企業組織を昇進してきた人々のなかに容易にみつけ出すことができる。大株主あるいはその親族がこうした専門的な知識・能力をもっていたとしても，それは単なる偶然にすぎないであろうが，知識や能力をもつが故に企業組織を昇進してきた人物は必然的にこの知識・能力をもっているということができる。したがって大規模な企業であればあるほど，経営について専門的な知識や能力をもついわゆる専門経営者が大株主に代わって経営を担当する傾向が強くなる。これが所有と経営の分離ないし資本と経営の分離であり，それは所有者（大株主）と経営者の人格的分離を意味する。

ここにいう専門経営者は（資本ないし株式を）所有せざる経営者のことであり，被傭経営者，俸給経営者とも呼ばれる。経営者は大株主に雇用され，給料をもらっているのであり（被傭経営者，俸給経営者），経営者が大株主の意に沿わない行動をとれば大株主はこの経営者を解雇し別の専門経営者を雇用することになる。したがって，この場合，支配者は大株主である。つまり，所有と経営は分離していても所有と支配は結合した状況にあるのである。支配は一般に「経

営者を任免する力」あるいは「企業の広範な意思決定を行う力」と定義される。

　発行済株式の50％以上を所有するような個人や同族であれば，完全にその企業を支配することができる。しかし，極めて大規模な企業においては，その50％以上の株式を所有するためには莫大な資本を必要とするため，このようなケースは現実には稀にしか存在しない。株式の分散が極度に進んだ大規模な株式会社においては，まとまった株式をもつ大株主は50％未満の株式所有であったとしても会社の支配が可能である。このような大規模会社においては，株式が広範に分散し，ほかに大株主が存在しない場合には5％以上の株式所有によって企業の支配が可能であると考えられている。

　株式の分散がさらに進み5％以上を所有する大株主が存在しないような企業では，これまでのような株主による支配は成立しなくなる。このようにすべての株式が広範に分散した場合には，専門経営者が企業を支配する。専門経営者は株主総会に際して株主からの委任状を収集するための機構を掌握しており，また取締役会の決定を掌握しているため企業の支配が可能となる。大規模な株式会社においては，株主数は膨大な数にのぼるため，株主総会に実際に出席する株主の比率は極めて低い。そこで企業は株主総会の定足数を満たすために委任状を収集することになるのであるが，経営者は企業の費用と人手を使って委任状を収集し，それを経営者自らの提案に賛成する形で行使しうる立場にある。そこで経営者は自ら株式を所有することなく，事実上，過半数の議決権を握り，株主総会の決定権を掌握することになる。

　また，経営者に対する任命権をもち，経営者の経営活動を監視する立場にある取締役会も，取締役が株主総会において選出されることが法律で定められているため，事実上経営者によって選任される取締役で占められることになる。取締役会が経営者を選任するという法律上の規定とは逆に，経営者が取締役を選任することになるため，結局，経営者は経営者によって選任されることになる。経営者が経営者を選任する権限と，企業の広範な意思決定を行う権限を掌握するこのような状況は経営者支配と呼ばれている。

　経営者支配は株式が広範に分散し，支配力を行使するような大株主が存在し

ない大規模な企業にのみ成立しうる。株式が分散することだけでただちに経営者支配が成立するというような主張もあるが，株式の分散という量的変化が支配形態の転換という質的変化にそのまま結びつくわけではない。大株主による支配力はその持株比率が減少することにともない徐々に稀薄になっていくが，それにともなって，経営者は株主総会や取締役会などの機関を介して支配力をもつようになるのである。支配が所有者（株主）の手から離れ，経営者に移行した状況は一般に所有と支配の分離と呼ばれている。

　所有と経営および所有と支配の分離は，このように株式の分散度合いに応じて段階的に進展していくと考えることができる(2)。出資者が経営を担当する第1段階では，資本家による直接管理が行われている。所有と経営の人格的分離が起こった第2段階では，所有者はなお支配を行っており，支配者である所有者は専門経営者を通して企業を管理している。これは資本家による間接的管理ともいわれる。株式が最高度に分散した第3段階では企業機関を掌握することによって経営者が自らの任免権をもつ経営者支配が成立する。資本家は直接的にも間接的にも企業の管理にかかわらない。

第5節　大規模株式会社の支配と統治

　資本主義国の法律においては，企業は株主のものであり，企業は株主の利益のために経営されなければならないと定められている。それにもかかわらず，先進資本主義国の多くの大企業では経営者支配が成立しており，株主の利益が軽視されている。経営者支配型企業では，経営者が経営者層の人事権を握り，経営者自身に対する巨額の報酬の決定権を握ることになる。配当を低く抑え，株価を下げるような，株主に不利益をもたらす政策を経営者が実施しても株主はそれを阻止するような手段を見出せないような状況が続くことになる。資本主義経済体制の下では，経営者は企業の所有者である株主に雇われた存在であり，経営者が株主の意に沿わない行動をとるならば，株主は総会や取締役会を通して経営者を解任することができる仕組みが設けられていたはずであった。

しかし，経営者支配型企業では，本来経営者に対して支配力を行使し，経営者の行動を監視するために設置された株主総会や取締役会などの会社機関が，むしろ逆に経営者の権力強化のために経営者によって利用されるようになってしまっているのが実状である。また経営者支配型企業においては，経営者を監視するために設けられている会社機関が形骸化していることが多いため，経営者自身が粉飾決算やインサイダー取引などの法令違反にかかわっていた場合，それを初期の段階で発見し是正させることが極めて困難である。それは大きな企業不祥事を発生させる要因ともなっている。

今日，世界各国で企業統治（corporate governance）をめぐる議論が活発になっているが，企業統治活動は，まず第1段階として，このように「企業が経営者のために経営される」実態を，本来法律が想定していた「企業が株主のために経営される」ように改善しようとする活動である。こうした企業統治改善への取り組みは，法律と実態の乖離を重要問題と認識したアメリカの法律家たちによって1970年代からはじめられた。

一方，アメリカでは1970年代にペンセントラル鉄道の倒産（1970年）やロッキード・エアクラフト社の経営危機（1971年），ウォーターゲート事件（1973年）などの企業不祥事が相次いで発生した。巨大企業の経営危機や不祥事は，その企業を取りまく多くのステークホルダー（利害関係者）に甚大な影響を与えることになる。たとえばペンセントラル鉄道の倒産は年間9,000万人に及ぶ鉄道利用者，9万5,000人の従業員，沿線の地域社会，同社に融資している金融機関，取引企業などに対して大きな打撃を与えることになった。倒産後に明らかになったのは，ペンセントラルの財務状況の悪化や経営陣の違法行為を取締役会が見落していたことである。つまり，取締役会が経営者に対する監視機能を果たしてこなかったために，企業が倒産し，多くのステークホルダーが損失を被ったのである。

企業不祥事の多発は多くのステークホルダーの犠牲をともなうことから企業経営の監視に対する社会の関心は高まり，経営者の監視の強化，そのための法律や制度の整備の社会的要求が高まることになった。すなわち企業統治の改善

に対する社会からの要求が高まると同時に,「企業が株主のために経営される」だけでよいのかということも問われることになった。消費者や従業員,地域社会などのステークホルダーの企業に対するさまざまな要求も強くなり,しだいに「企業はステークホルダーのために経営されなければならない」という考えが浸透するようになった。すなわち,企業統治活動は第2段階として,「企業が（株主を含む）ステークホルダーのために経営される」ように改善しようとする活動である。第2段階の企業統治活動は「企業の社会的責任」(Corporate Social Responsibility) とも呼ばれるものであり，CSR とも呼ばれている。企業が株主の利益のために経営されるべきであるか，あるいは多くのステークホルダーの利益のために経営されるべきであるのかということについては，企業理論の観点からは異なった見解が存在するものの，CSR の考え方はほとんどの大企業経営者によって受け入れられ，すでに高度に実践されている。多くの企業がその実践状況を社会的責任報告書としてまとめ公表している。CSR やコーポレート・ガバナンスに関しては国際規格が作成されており，将来世界の企業をこの国際規格によって格づけする準備が進められている。

【注】

（1）植竹（1984），61 ページ。
（2）村田（1972），4 − 5 ページ。

◆参考文献◆

植竹晃久『企業形態論』中央経済社，1984 年。
大田達也『新会社法と新しいビジネス実務』商事法務，2005 年。
岸田雅雄『ゼミナール会社法入門』日本経済新聞社，2006 年。
佐久間信夫・出見世信之編『現代経営と企業理論』学文社，2001 年。
増地昭男・佐々木弘編『現代企業論』八千代出版，1994 年。
村田稔『経営者支配論』東洋経済新報社，1972 年。
渡邊顯・辺見紀男『会社機関の要点』商事法務，2005 年。

第 2 章
株式会社の発展

　資本主義のシンボルとして，現代社会の発展に欠かせない存在が株式会社である。これは必ずしも国や自治体の規制だけでなく，業界規制や自主規制という形でもコントロールされながら発展を繰り返してきた。アメリカの経済雑誌で有名なフォーチュン誌やフォーブス誌には，毎年世界で最も業績が優れている企業が発表されている。そこにリストアップされている企業は，グローバルな次元で社会・経済・文化などのさまざまな面において，強力な影響力を及ぼしている。周知の通り，これらの企業のほとんどが株式会社の形態をとっている。
　株式会社はイギリスの産業革命以後，著しく発展し，数えきれない人々に経済的な繁栄の恩恵をもたらしている。しかし，自然破壊などに代表される環境問題，大恐慌などによる大量の失業者発生問題，児童労働，不正政治資金供与など看過できない負の側面を生み出したことも否めない。
　2008年11月にアメリカのリーマン・ブラザーズの破綻を契機に勃発した金融危機が実物経済に打撃を与え，世界各国にさらなる悪影響を及ぼしている。このような動向は，現代の企業が社会に対して及ぼす影響力の大きさを裏づけており，「企業をいかに規制するのか」という課題の重要性が再び強調されている。アメリカを代表するゼネラル・モーターズ，リーマン・ブラザーズ，AIG，シティ・グループ，バンク・オブ・アメリカ，モーガン・スタンレーなどのような企業の崩壊は単なる驚きの次元を超え，資本主義経済に対する懐疑感すら感じさせられるところもあった。これらの企業が国有化された後，業績が好転しているとはいえ，全世界的に失業率を上昇させるなどの後遺症が残っている事実は看過できない。

このような観点に立ち，本章では現代資本主義を主導しているアメリカの株式会社に注目し，その歴史的な発展の経緯について検討する。具体的には，「株式会社はなぜ生まれたのか」「株式会社は誰が支配しているのか」「株主主権は回復したのか」「株主の利益を追求するだけで十分なのか」についてそれぞれ検討する。

第1節　株式会社はなぜ生まれたのか

2006年に実施された会社法の改正以後，日本には合名会社，合資会社，合同会社，株式会社，相互会社という5つの形態が存在している。そのなかで株式会社が全体に占める割合はどの程度なのか。2006年度国税庁の調査によると，株式会社が占める割合は事業所数基準で40％，従業者数で65％以上になっていることが明らかになっている。このように株式会社は制度としての優れた面が広く認識され，日本だけでなくグローバルな規模で利用されている。

では日本でこのように制度として導入されている株式会社は，「いつ，どこで，どのような目的で生まれたのか」という問いからはじめよう。この株式会

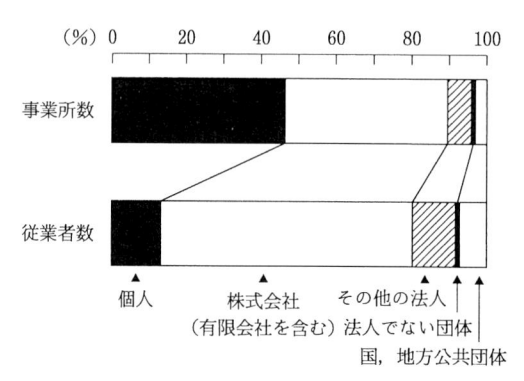

図表2－1　日本の経営組織別事業所と従業員の構成比（2006年現在）

出所：「日本の統計2010」（http://www.stat.go.jp/index.htm）
2011年2月8日アクセス。

社の起源を問う際にしばしば登場する存在がオランダ（1602年設立）やイギリス（1600年設立）の東インド会社（East India Company）である[1]。

同社が設立された当時の背景や特徴は以下のようなものである。

第一に，株式会社設立の許認可の基準として特許主義が使われた点である。実際に，初期の株式会社を設立する目的が主に植民地を支配する手段として利用したという時代的な背景がある。当時，イギリスやオランダの王室や政府は事業を行う企業に対して特許状を発行したが，会社設立の許可を得た企業は外国との貿易や鉱山経営への独占的営業権以外に，立法権や造幣権も与えられていた。その後，会社設立に関する基準は，1862年のイギリスの会社法改定をきっかけに準則主義へと移行していく。ここでいう準則主義とは，法律に一定の要件を設け，その要件を満たすものは官庁の許可や認可を要求せず，一定の手続きを行えば設立が認定されるものを意味する。

アメリカの建国時に独占していた「特許法人（chartered corporations）」への営業許可書の交付・更新の権限は実際州政府にあった。しかし，1811年に採択されたニューヨーク州の準則主義という運用方針を行ったことを皮切りにその権限が株主へ委譲された[2]。

第二に，当時の会社は永久資本ではなく，一航海ごとに資金を集める継続性のない「当座企業」の形をとっていた点である[3]。この形態は後に永続的な資本形態である合本企業制へと移行していくが，1665年のイギリスで全社員の有限責任制度が導入されるまでは継続された。

第3に，一般株主の経営への参加の排除である。

このような初期の株式会社の当時の特徴をみる限り，設立主体にとって何ら魅力的な便益を見い出せないように思われるが，当時の国王の特許権は，外国との貿易や植民地支配において排他的な地位を与えたため，株式会社化に対する誘引はある程度あったといえる。

その後，近代的な株式会社の形態が現れたのは，所有経営者が消え去り，それに代わって専門経営者が台頭した時期である。ここでいう「近代的」な形態は，所有と経営が分離した形であり，かつての所有経営者が企業経営から退き，

専門経営者が経営を担当する形態である(4)。

　アメリカにおける株式会社の歴史は，17世紀の英国の株式会社水準からはじまる。当時，アメリカではじまった株式会社は，特許合本会社と未公認の合本会社という形態をとったが，イギリスと地理的に離れていたため，会社発展の面においては独自の支流がみられる。当時のアメリカという新天地での環境はイギリスで決してみられなかった。

　実際に，近代株式会社がアメリカに出現したのは，1791年11月22日にニュージャージ州の認可を得て設立されたものであった。しかし，この会社は経営能力を有する経営者と熟練労働者の不在のゆえに倒産に陥る結果となった。一般株式会社法を州政府が採用し，株式会社の設立認可の申請が殺到した時期は，1840年～50年であった。

　こうして株式会社の発展は，法律などの制度面からみるとヨーロッパからはじまり，アメリカで急激な発展を成し遂げたという認識が一般的である(5)。実際に，アメリカでは，会社設立の自由化とともに，1897年から1903年にかけて会社の合併が進み，従来まで業種として鉄道分野に制限されていた大企業が，他の産業分野にも現れるようになった。その結果，巨大企業が多くの産業でも形成され，アメリカ社会に混在する多様な経済主体を抱える存在として巨大化への道を歩むことになる。

　では，アメリカで株式会社設立の利点と不利性には何があるのか。まず，利点としては，①永続する生命，②有限責任，③所有の譲渡を簡単にする点，④資本調達の容易さ，経営の効率化などの点があげられる。これに対し，株式会社を制度として利用する際の不利点は，①政府の統制，②高い税金，③会社設立と解散の高い費用，④会社設立許可の拘束，⑤州法の適用などがある。

第2節　株式会社は誰が支配しているのか

　上述したように，株式会社は当初，外国との貿易や植民地支配において排他的な地位を得るための制度として出発したが，その後，徐々に近代の株式会社

の原型に近い形態へと発展していく。しかし，その過程で株式会社の制度をめぐって発生した問題が「会社は誰が支配（control）しているのか」の問題であった。

19世紀末に入り，アメリカにおいて株式会社制度および証券市場は急速な発展を成し遂げ，大規模な株式会社が登場するようになる。これは主に多数の小額出資者が容易に株式を購入できる制度的な仕組みの開発によって，それ以前までは遊休資本状態に留まっていた資本を吸収できたことに起因する。

当時，株式の売買差益によって私的財産を増やすという認識が常識的な時代になっていたため，すでに1920年代のアメリカでは多くの株主から資金を集めた巨大な規模の株式会社が出現した。しかし，多くの個人によって所有が許容された結果，株式が高度に分散するようになった。

これらの現象は，バーリとミーンズ（Berle, A. A. and Means, G. C.）が1932年に発表した『近代株式会社と私有財産（*The Modern Corporation and Private Property*）』のなかで指摘された。バーリとミーンズは，株式を所有した株主が議決権という制度的な手段を通して会社を支配することが不可能になる結果がもたらされていることを指摘した。すなわち，1929年当時のアメリカにおける巨大企業の株式は，特定の個人ではなく，非常に多くの人々に分散して所有されており，それらの企業は株式をほとんど所有していない専門的な経営者によって支配された。

株式が高度に分散した会社では，従来の株式会社の観点から説明できないような事態が発生する。かつては，株主総会において取締役の任免権を株主達が掌握することによって実現されていた株主による会社支配が困難になるのである。

この支配の範疇は，支配が法律上の議決権に基づくものと，支配が法律外の基盤に基づくものとに区分している[6]。前者は，ほとんど完全な株式所有に基づく所有，単独もしくは集団による過半数所有，そして法律的所有（企業間の株式保有による過半数所有）などによって実現された。これに対し，後者は，少数支配と経営者支配などがある。

バーリとミーンズは，株式会社の巨大化と経済力の集中を明確にすると同時

図表2-2 アメリカ上位200社非金融会社における究極的な戦略的支配状況（1929年）

支配様式	株式会社数（社数）	株式会社の構成比	株式会社資産の構成比
私的所有	12	6	4
過半数所有	10	5	2
少数支配	46.5	23	14
法的手段による支配	41	21	22
経営者支配	88.5	44	58
管理人の手中にあるもの	2	1	0
合　計	200	100	100

出所：Berle and Means (1932), p. 105.

に，並行して進展する株式所有の分散を株主の数的増加と大株主の持株比率の低下で説明している。

　この高度な株式の分散こそが所有に基づく支配の原則が崩れる大きな原因となった。言い換えれば，株式の高度な分散は，本来株主が株主総会で議決権の行使によって守ってきた会社の支配権を自ら放棄する結果をもたらした。特に，株主が本来もつべき会社の取締役会のメンバーの任免権を経営者（agent）に譲ってしまうことになり，これは結果的に，経営能力の欠けた経営者や不正行為を行った経営者を解任できる株主の唯一の権利を放棄する大きな原因になった。図表2-2が示しているように，1929年当時の支配状況をみると，株式会社の構成比の基準と，資産構成比の基準ですでに経営者支配が進んでいることがわかる。

第3節　株主主権は回復したのか

　1960年代から1970年代までにかけて発生したさまざまな社会的問題は，株式会社規制の必要性を強く認識する重要な要因となった。同時期は，アメリカ

に社会変革が起きるなどコーポレート・ガバナンス改革の必要性が強く認識された時期である。1960年代にベトナム戦争への参戦反対運動による社会的良心の高まりと，環境基準や雇用機会均等制の導入がみられている。実際に，これらの動向は1967年に黒人の雇用差別問題が発生したイーストマン・コダック社の事例，ベトナム戦争で使用されていたナパーム弾の販売中止を株主提案の形で要請されたことで注目を集めた，ダウ・ケミカル社の事例などが代表的な事例である。

これらの諸問題への対応は，株主を保護するために発生した「GMに責任ある行動をとらせる運動」(the Campaign to Make General Motors Responsible)，いわゆる「キャンペーンGM」とペンセトラル社の倒産は，公民権運動家を取締役会のメンバーとして受け入れたり，社会的課題事項（social issues）に対する報告書を作成したりするなどの形で実る結果となった。

特に，1970年代には，巨大企業の倒産や経営危機が株価低落などの悪影響を及ぼし，株主への経済的損失を被らせる事件が相次いだ。具体的には，1971年のロッキード社の経営危機，1973年のウォーターゲート事件，1979年のクライスラー社の経営危機がその代表的な例である。そのなかでロッキード事件は，日本の総理大臣まで関与していた大きな事件として認識されており，当時，アメリカ国内の国民に限定されていた法的適用の範囲を海外まで広げ，外国公務員に対する不正な資金提供・支出を摘発できる「海外腐敗行為防止法」の制定までに至る原因となった。

1980年代のアメリカ経済の深刻な後退とともに引き起こされたM&Aブームは，経営者にとってLBO（Leveraged Buyout）などの敵対的買収の脅威を生じさせ，ある面においては経営者規律づけの手段として働きかける転機を備えさせた。このM&Aの急激な台頭は1980年以降アメリカで登場した価値ベース戦略と無縁ではない。この価値ベース戦略は「企業価値を，特に株主価値をいかに高めるのか」を目指すものであり，経営者にとって最大の目標であった。

このような動向は，従来までの株主行動パターンであったウォール・ストリート・ルールから脱却し，株式を所有している当該企業のガバナンスにまで積極

的に関与するなどの行動を引き起こすようになった[7]。機関投資家の株式保有率の増加は，企業経営に不満があるときによくとっていた株式売却の行動パターンでは，株価損失などのような膨大な取引コストなどを発生させるため，結果的に，株主対話，キャンペーンの展開，株主提案の提出などのような株主行動主義（shareholder activism）に転換した[8]。

実際に，カルパース（CalPERS，カリフォルニア州公務員退職年金基金）は1985年に機関投資家評議会（CII）の結成に中心的な役割を果たし，ポイズン・ピルやゴールデンパラシュートのような経営者による買収防衛策の導入に歯止めをかける重要な存在となっている。このように機関投資家の行動に変化が生じたのは，1974年に制定したエリサ法と1988年のエイボンレター（Avon Letter）である。このなかでも，前者のエリサ法には，年金受託者の加入者および受給権者の利益のみを追求することや，投資リスクの回避のために分散投資を行うことなどの内容が含まれている。

この株主行動主義は1990年代以降リレーションシップ・インベストメント（Relationship Investment：以下RI）へと発展していく[9]。このRIは経営者との対話を通してアカウンタビリティとディスクロージャーを一段と向上させるなどの効果があった。実際にカルパースやTIAA-CREF（教職員退職年金基金・株式ファンド）は株主総会に積極的に参加し，株主提案などを通して株主行動主義を実現した。

第4節　株主の利益を追求するだけで十分なのか

グローバル化，情報化，デザイン・ルールの変化など現代の企業は，従来のものとは異なる経営環境のなかで生き残りを図らなくてはならない存在である。実際に，2008年度に勃発したアメリカ発の金融危機後の後処理をめぐって登場する諸問題は，従来のものとは非常に異なる様子をみせている。アメリカでは1980年代に企業価値，そのなかでも株主価値にウェートをおいた経営方針に従った結果，多くの従業員の解雇，廉価な賃金を求めた海外への工場移転に

よる地域コミュニティの崩壊，より廉価な価格を要求することによるサプライヤーの経営悪化，アジア諸国の児童労働などのようなさまざまな問題を引き起こす結果となった。

多くの国で株式会社の制度的基盤となっている株主の利益重視の経営を「株主主権型企業統治」とするならば，株主を含んださまざまな利害関係者間の利益のバランスをとる経営を「利害関係者主権型企業統治」という[10]。

コーポレート・ガバナンス問題の中心的なテーマである「企業は誰のものなのか」という問いは，アメリカにおいて実際に株主主権型企業統治と利害関係者主権型企業統治が混在しているような形態で展開されてきたと考えられる[11]。

前者の株主資本主義は，アメリカ企業社会において未だに根強いものとして認識されている。これについては，1919年に繰り広げられたヘンリー・フォードとダッジ兄弟との間の訴訟の結果が重要な意味を有する[12]。この訴訟は，企業の持続的発展を追求しようとした経営者のフォードと，株主配当を要求した大株主のダッジ兄弟との対決という様子となり，法廷での判決の結果が現在のアメリカの企業概念を規定する重要な事件となったといえる。この訴訟は，ミシガン最高裁判所が下した判決によって当時のフォード社が生み出した利益を株主へ優先的に支払わせる結果となった。すなわち，取締役会の権限は株主の利益を最大化すべきであるという方針は，現在のアメリカの企業社会の主流ともいえる株主資本主義の基盤となった。

しかし，1989年代以降，この考え方とは異なる動向がみられる。1989年のインディアナ州法，1990年のペンシルバニア州法の改正を皮切りに，株主のような特定の利害関係者のみの利益のために取締役会が働くような義務条項が削除される動向もみられている[13]。

さらに，現在の株主資本主義の問題点を指摘する根拠を州政府の規制緩和におく主張もある。すなわち，アメリカの建国時に独占していた「特許法人」（chartered corporations）の営業許可書を交付・更新する権限が州政府にあったが，1811年に採択されたニューヨーク州の準則主義という運用方針を皮切りにその権限が株主へと移行した[14]。ここでいう準則主義とは，法律に一定の

要件を設け，その要件を満たすものには官庁の許可や認可を要求せず，一定の手続きを行えば設立が認定されることを意味する。すなわち，本来州政府がもつべき企業への営業許可・更新権限が，当時の弁護士がイニシアチブをとって推進した規制緩和というプロセスを通して究極的に弱体化してしまったため，建国当時にあった本来の姿に戻すべきであるという主張が説得力を得ている[15]。

　以上，本章では株式会社の発展についてアメリカを中心に歴史的な流れを概観した。現代資本主義のシンボルともいわれている株式会社の発展は，初期の誕生期以外には，常に株主と経営者間，株主と利害関係者間，経営者と利害関係者間のガバナンスの問題として規定できる。しかし，先述したように，近年では，株主主権型企業統治から利害関係者主権型企業統治の次元へと移行する動きもみられる。

　近年のこのような動向は，企業規模の巨大化，国籍を超越した株式の分散化に主な原因があることには間違いないが，すでに私たちの生活と欠かせない存在となっている企業をいかにコントロールするかは今後の人類の未来の発展にかかわる重要な課題であろう。

【注】

(1) 佐久間 (2006), 4 - 5 ページ。
(2) 水村 (2008), 197 - 200 ページ。
(3) 今西宏次「株式会社の発展」佐久間 (2006), 20 ページ。
(4) 正木 (1986)。
(5) 今西, 上掲書, 20 - 22 ページ。
(6) Scott (邦訳), 36 ページ。
(7) 論者によっては，所有している企業の業績が悪化した場合の行動として，自分の株を売却して敵対的買収を支持する方向に行動することを「市場型企業統治」というのに対し，株主総会などに積極的に参加したり，非公式的な対話を行ったりすることによって直接的に経営に関与することを「組織型企業統治」と呼んでいる（菊澤賢宗「所有権理論からみた企業統治の国際比較分析」菊池・平田 (2000),

(8) 宮崎（2005），6 − 7 ページ。機関投資家の日米の比較については，新保（2006），188 − 206 ページを参照。
(9) 仲間信博「機関投資家とコーポレート・ガバナンス」佐久間（2006），99 ページ。
(10) 岩田（2007）。
(11) 出見世信之「アメリカの企業統治構造」佐久間（2003），65 ページ。
(12) 吉森賢「企業概念—日米比較」菊池・平田（2000），3 − 6 ページ。
(13) 高橋衛「アメリカにおける取締役の義務に関する近年の議論」『一橋論叢』第 113 巻第 1 号，1995 年 1 月号，102 − 119 ページ。
(14) 水村（2008），197 − 200 ページ。
(15) 水村典弘「アメリカのコーポレート・ガバナンスの特徴と課題」海道・風間（2009），133 − 134 ページ。

◆参考文献◆

Berle, A. A. and Means, G. C., *The Modern Corporation and Private Property*, Transaction Publishers, 1932.（北島忠男訳『近代株式会社と私有財産』文雅堂銀行研究社，1986 年）
Scott, J., *Corporations, Classes and Capitalism*, Hutchinson Publishing, 1979.（中村瑞穂・植竹晃久監訳『株式会社と現代社会』文眞堂，1983 年）
岩田久男『そもそも株式会社とは』ちくま新書，2007 年。
海道ノブチカ・風間信隆編著『コーポレート・ガバナンスと経営学』ミネルヴァ書房，2009 年。
菊池敏夫・平田光弘編著『企業統治の国際比較』文眞堂，2000 年。
占部都美著・加護野忠男補訂『経営学入門』中央経済社，1997 年。
佐久間信夫編『企業統治構造の国際比較』ミネルヴァ書房，2003 年。
佐久間信夫編著『現代企業論の基礎』学文社，2006 年。
佐久間信夫編著『よくわかる企業論』ミネルヴァ書房，2006 年。
新保博彦『日米コーポレート・ガバナンスの歴史的展開』中央経済社，2006 年。
正木久司『株式会社論』晃洋書房，1986 年。
水村典弘『ビジネスと倫理』文眞堂，2008 年。
宮崎純一『ステイクホルダー行動主義と企業社会』晃洋書房，2005 年。

第3章
企業結合の諸形態

第1節　企業結合形態の歴史

　資本主義的経済が発展を遂げる推進力は，資本市場と金融市場の形成を基盤とする個別資本結合（企業結合）の運動である。資本主義以前における個人資本は，蓄積する遅さ，蓄積水準の低さ，金貸し資本の限定的な融資という制約によって規模の拡大に限界があった。それは商品貨幣経済が未熟であり，貨幣流通はその流通過程を担当する商人資本に貨幣が集まり，商人資本が農民，手工業，封建領主などへ高利で融資するものであった。その後の近代国家への形成過程は，商人資本への貨幣の偏在的蓄積を加速させる。その要因は，①官僚層の増大とそれに付随する維持費，②集団的軍隊の成立にともなう維持費，③貨幣経済の拡大にともなう身分的支出の増大，などである[1]。こうした貨幣の力に依存する要因が商人資本の経済力を高め，商人資本は毛織物工業の勃興期における産業資本への融資を増加し，14世紀以降の産業の発展と貿易の拡大を支えた。

　個人資本は，商人資本からの借入金や，毛織物工業からの利潤の増大によって蓄積を図った。殊に，イギリスでは国王自らが，封建制度の経済的な基盤である土地から農民を強制的に引き離す囲い込み運動を通して，農民の無産階級化と牧羊のための農地の牧草地化を企て，資本の原始的蓄積要素である産業予備軍（自らの労働力を売るしか生活の術をもたない無産階級）を大量に創出して，安価な労働市場の形成を進め資本主義的基盤を構築した。イギリス毛織物工業

は，15世紀70年代から16世紀半ばにわたって発展を遂げ，それ以降の初期資本主義段階の基軸産業となったのである[2]。

かくして，イギリスでは毛織物が海外貿易での輸出製品として，商人，地主，金融業者および産業家に多大なる蓄財をもたらした。産業家は，世界市場の制覇によって生じた商品需要を賄うために生産工程の熟練労働をかなり残したマニュファクチャー生産による商品供給量での限界を抱えていた。やがて，新需要の拡大をみせていた紡績・織布部門における新しい機械の発明が，産業全体の生産技術と経営組織に大変革をもたらすのである。

イギリスは，1760年代から1820年代にかけて産業革命の時代を迎えて，綿工業を基軸とする産業資本的蓄積と海外貿易，海外投資の増大による資本蓄積を進展させる。①生産面では，作業工程の機械化が進み，多くの熟練労働部分を単純労働化させ，生産費用面で競争優位が確立された。②資金面では，世界貿易の独占は，資金蓄積を高め，銀行機構の整備によって資金供給機構を確立させた。資金供給量の潤沢は，銀行からの借入金の利子率を低下させる効果をもち，産業家が銀行からの資金調達を容易にでき，手形によって運転資金を借入することで生産拡大を実現する。③生産費面では，綿工業を軸とする製品輸出と植民地貿易，植民地への資本投資が世界市場を牽引したのである。これらの発展は個人資本の結合形態である個別資本を発展させることになる。

第2節　個人資本の結合形態

個人資本の結合形態をなす個別資本の企業形態は，個人企業，合名会社，合資会社，株式会社という形態変化の発展である。企業形態の内容は産業資本，商業資本，金融資本などのさまざまな個別資本の様相を示す。なかでも，最高度の資本調達を発揮したのが株式会社であった。

株式会社は多数の株主が「社会化された個別資本」の形で現れる[3]。株式会社は資本市場において株式を発行して多くの社会的遊休資金（社会的に使われてない資金）をもつ不特定多数の個人，企業，投資機関などから株式を購入

してもらい，資本市場に大量の資金を動員させることで諸個別資本の結合なる形で，より大きな一個別資本へ集中する形態である。

では，企業諸形態の発展的相互関連と違いは何か。それは資本集中の量的違いである。歴史的には，資本結合の基本形態は合名会社と合資会社である。

① 合名会社は，資本集中の最小形態である。合名会社は全出資者が負債に対する無限責任を負い，中心的無限責任者が経営職能を担当し，機能資本家や機能資本家団の相互的結合関係の資本的結合を実現する。その原形は中世のイタリアのソキエタス（societas）である。

② 合資会社は，合名会社に比して出資者に有限責任者を加える分，より高い資本集中形態となる。負債に対する無限責任者が機能資本家として経営職能を担うのが一般的である。一方，負債に対する有限責任者は持分資本家として利益の一部分の分け前のみを預かる無機能資本家となる。その原形はコンメンダ（commenda）である。

　コンメンダは，中世イタリア・ジェノヴァの用語から由来している。コンメンダは「委託する」を意味し，資産家の貸主は資金を商人に委託し，海上商業を担わせて利益の分配の 3/4 を得たという。損失の場合は借主の商人が無限責任を負い，資金委託者は出資金を放棄する有限責任を負った[4]。

③ 株式会社は，最高度の資本集中形態としての企業形態である。株式会社の発生がオランダの東インド会社（1602年）といわれる。同社は，株主総会の欠如，中心的取締役団（有限責任の機能資本家であり，経営職能者）による専制的支配形態を残してはいたが，有限責任制の確立と取締役会（執行機関としての会社機関）を具備し，資本の証券化と自由譲渡も認めていた。

　また，近代株式会社制度の原形は 1662 年イギリスの東インド会社といわれる。同社は社員総会（株主総会）を備える民主型株式会社形態であった[5]。

株式会社では，経営職能は少数の中心的機能資本家に独占され，経営職能者は会社の経営を支配する。その他多数の一般株主は出資者として利益配当を受ける持分資本家＝無機能資本家となる。株式会社では経営職能者の企業支配の形態が合資会社の「無限責任的人的支配」[6]と異なるのは，株主総会，取締

役会，監査役，または各種委員会などの会社機関に客観化され，機関制度に内在化されている点にある。中心的機能資本家は大株主として，株主総会における議決権の多数を制し，取締役会，監査役会に対して人的支配権を通して経営権を支配する。

株式会社がほかの企業形態と質的に異なるのは，全出資者の有限責任制にある。そのほかに，会社機関の存在，譲渡自由な等額株式制，確定資本金制と永続性があげられる。しかし，株式合資会社でも後者三点は見出せるので，全社員有限責任制がほかの企業形態と質的なる差異である[7]。

確定資本金制は株式の自由譲渡によって企業への資金の出入りが激しくなっても，企業業績を反映して株価の上昇が見込まれる場合は，株式売却以上に株式購入が上回り，株価の上昇を含めて資金の入りが増勢を示すので，出資者の個人的事情とは無関係に確定資本金として，経営者は長期固定的に資金を活用できる。また，一般株主は経営執行には無関心である利潤証券の性格を目的に利益配当のみを求める無機能資本家となる。

株式会社の企業経営者は，株式発行で調達した莫大な資金を巨大な固定資本，巨額事業に充当し長期に資金を固定化する願望をもつ。一方，株主は，資本市場への投資額を早期に利益配当や株式売買の利鞘を得て回収する願望をもつ。このように資本市場では企業家と株主の思惑の矛盾が生じるが，企業業績の好調さによる企業の株価上昇は，当該企業株を売却する株主数を上回る購買を求める投資家層の存在によって，発行株式数が一定であっても株価が上昇することで当該企業の資本総額が増加し，安定的な資金の資本化を可能とする。

個別資本の結合形態による資本規模の拡大は，2つの方法で実現する。ひとつは，自己の利潤の一部を蓄積して資本化し，自分の力で拡大していく資本集積の場合である。もうひとつは，多数の個別資本相互間での競争において，一方がほかを吸収あるいは合併することで，より大きな個別資本へ結合する資本集中の場合である。

企業は市場競争において蓄積衝動を刺激し，獲得した利潤を部分的に蓄積して資本化し大規模な企業に生成していく。こうした個別企業の集積は金融機関

からの借入という信用を媒介して加速される。集積の進行は社会的生産過程の拡大再生産ないし社会的総資本の蓄積をもたらす。他方，集積を高めた個別資本は競争と信用を介する市場競争で集中を加速させ，弱小資本を吸収，合併，結合して市場から弱小資本を淘汰しつつ，より大きな個別資本になることで効率的な経営を実現し巨大経営化するのである[8]。

次に，巨大企業出現をもたらした資本集中の企業結合をみてみよう。

第3節　資本集中の企業結合

イギリスは綿工業を基軸に個人企業やパートナーシップ形態による製鉄業経営で世界の工場としての地位を確立した。だが，1873年恐慌からはじまり1894年まで続いた大不況期では大型汽船が鉄や石炭需要を引き起こし，産業構造の重工業化を促進させた。イギリスの製鉄業は個人企業，パートナーシップ形態での経営であったために重工業化への需要に対応する資金調達ができず，株式会社への改組も遅れ資本集中を阻止する要因となった。それに対して，ドイツ，アメリカは製鉄業分野において株式会社形態での巨額の資金調達による固定資本投資によって発達を開始する。

かくして，19世紀半以降はドイツ，アメリカが株式会社制度を活用した巨大な固定資本投資を基軸とする金融資本と産業資本の融合に支えられた重工業化を推進する。その転換の始点は1856年のベッセマー法の発明であった。鉄鋼業は旧来の反射炉における銑鉄の精錬技術の攪拌という職人技能に依存する障害を，ベッセマー転炉による熔融鋼生産の技術によって克服し機械化を促進した。また，燐の除去は塩基性転炉による脱燐法で解決され，鉄鋼業を大規模化する契機となった[9]。

製鉄法の技術革新は巨大な熔鉱炉，製鋼炉を必要とした。熔鉱炉は製鋼，圧延，コークス生産，鉱石，石炭採掘に直接結合され生産効率を高める。資本蓄積に乏しいドイツ，アメリカは自国内所有の鉄鉱石，石炭，石灰資源を利用する地理的利点を有し，株式会社制度を利用して多額の社会的資金を動員し，銀

行の産業株の引き受け発行や株式発行の引き受けシンジケート団として銀行団の資金的支援の下で個別資本間の資本集中を介して一挙に巨大資本投資を実現し，鉄鋼業を軸に急速に経済発展を実現したのである。

　株式会社制度利用が顕著であったアメリカは，1850－1860年代に鉄道や鉄鋼を中心とした株式市場の資金調達によって大規模な鉄道，鉄鋼業への投資が活発化し，個別資本の資本蓄積が鉄道網，電信網の全国的敷設を通した物流の加速化と取引の高速化によって市場の内包的拡大を実現した。1873年恐慌以降では，個別資本は過当な市場競争で利潤率低下傾向を加速させ，資本の集中による企業結合を通して，市場の安定化を必要としたのである。

　企業結合をみると，基本的結合には以下の形態がある。

① 横断的または水平的企業結合：同業種企業間の合併，吸収という形で市場占有率を高め，市場面での顧客確保を目的とする企業結合である。数社による価格制限，生産制限，販売協定などは景気変動の振幅からの負の影響を避け，安定利潤確保を通した市場支配を強める。カルテル，トラスト，事業者団体連合などが該当する。

② 縦断的または垂直的企業結合：生産工程，流通工程の合理化を目的に資材調達，製造，販売に至る一貫経営をひとつの資本下で行う企業結合である。コンビナート，コンツェルンなどはこの目的で作られ，市場支配を強める。

③ 資本的企業結合：出資関係から資本的結合を行うことを目的とする。財閥，金融機関が出資や融資，株式保有を通して業種を超えて企業を資本的人的にも支配を強化する。支配形態は持株会社を介して各業種の事業会社を支配する。財閥，金融型コンツェルンが該当する。

④ 計画的または統制的企業結合：国家が戦時中の価格変動を強制的に抑制させ，戦争遂行に必要な資材調達，生産・配給確保のために保護助成的に資本集中を行って生産の増大，配給の確保を図る[10]。

　こうした資本集中にみられる企業結合は，市場面での企業数の減少と数社の個別資本の巨大化をもたらした。また，巨大企業による市場独占，および数社

による市場寡占は，市場面での参入者の排除，価格，生産，販売規制を実現し，消費者に経済的損失をもたらす。

では，企業結合が市場支配の集中をもたらす内容をみてみよう。

第4節 資本集中形態の内容

1．カルテル

加盟企業の経営の独立性を維持しながら，同種または類似関連部門での特定製品の業務活動を制限する目的で行われる企業間協定である。カルテルは事業者団体の連合会で販売，購買，生産等に関して協定がなされる。協定範囲外では競争が激化するとともに，不況期には協定を破棄する加盟企業が多く現れ，維持困難になることが多い。

① 販売カルテルは，価格，条件，数量，地域，共販がある。
- 価格カルテル：加盟企業間での製品価格協定で価格引き下げ競争による不利益を回避する。
- 条件カルテル：販売条件，支払い条件，割引代金支払い方法，運賃・荷造の負担方法を取り決める。
- 数量カルテル：販売数量や販売を割り当てる。
- 地域カルテル：加盟企業間で販売地域を分割し，相互の地域を侵犯しない。
- 共販カルテル：加盟企業とは別個に，特別共同販売機構を設立し，加盟企業の全販売はこの機関を介して販売する。これはシンジケートとも呼ばれ，加盟企業各自は直接販売が禁止され，強度の拘束力をもつ。法律的には1つの組合，会社の共同出資の形態をとり，加盟企業の独立性が失われ，独占体の性格が強くなる。

② 購買カルテルは，購買活動上の競争制限を目的とする。原材料や製品不足の深刻な場合は，これらの購入が難しい企業に効果を発揮する。

③　生産カルテルは，生産制限，特殊化，特許利用などがある。
・生産制限カルテル：不況期の市場縮小にともなう過剰供給を回避するための加盟企業間での生産制限である。
・特殊化カルテル：生産合理化，市場独占を目的に加盟企業間で各企業の専門分野の製品を決めて製造する。
・特許利用カルテル：製造上の特許技術や秘密技術を有する企業同士相互に各自の技術を利用する。

2．トラスト

　トラストは同一産業部門における企業相互の出資を結合して，統一した意思の下で大資本の力で市場を支配する企業の複合結合形態である。19世紀後半におけるアメリカ資本主義の発展過程特有な支配集中の企業結合形態である。
　アメリカのトラスト証券方式による資本支配とは，規模的に劣る企業が事業規模を拡大するために資本市場で資金調達を必要とする。だが，当該企業は好調な業績にもかかわらず，全国的には無名に近く資本市場での株式発行で必要な資金調達を実現できるとは限らない。そこで，当該企業は，同一産業および関連産業に属する大手企業に資金調達を依頼し，自社株を提供し，大手企業から受託証券であるトラスト証券を受け取る。委託された大手企業は委託会社に代わり，自社名で株式を発行して資本市場から多額の資金を獲得して委託会社に資金を提供する。委託会社は調達された資金との交換でトラスト証券を受託会社に引き渡すが，委託会社が大手企業に提供した委託会社名義の株式は受託会社に保持されたままである結果，受託会社は委託会社の大株主として委託会社の株主総会の議決権を掌握して委託会社の経営に影響を与える。受託会社は委託会社を資本傘下に収め，資本的結合企業を形成するのである。
　また，委託会社は資金調達のほかに，受託会社からのトラスト証券を維持して受託会社の利益の再配分に預かることもできる。ここにトラスト証券を株式とする新会社が創設されたのである。委託会社にとっては経営の独立性を維持しつつ，巨額な資金調達を受託会社に委ねて実利を得る。一方，受託会社は委

託会社の大株主として経営権の支配集中を掌握する。

　トラスト方式による企業合同は，産業界に急速に普及し，1890年シャーマン法（Sharman Act）が成立して独占禁止法が法制化されたが，トラスト運動の拡大を阻止できず，持株会社形式でトラスト方式は拡大した。1914年クレイトン法（Clayton Act），同年，連邦取引委員会法（Federal Trade Commission Act）は持株会社方式を制限したが，1920年代の持株会社による企業合同を阻止できなかった。1936年，ロビンソン＝パットマン法（Robinson＝Patman Act）は独占による市場支配の制限を設けた(11)。

3．コンツェルン

　数個の企業が経営の独立性を維持しつつ資本所有や金融的繋がりで持株会社ないし，株式持合いによる企業結合となったものである。この企業結合の大規模なものをコンツェルンという。産業，販売，金融などの形態がある。

① 産業コンツェルンは，生産合理化を目的に複数関連企業を垂直的に結合し生産費を節約する。コンビナートはその部類に属し，製品の多様性や技術的関係を基礎にして原料，副産物，エネルギーなどの相互利用のために多数の企業が隣接地域で結合し，安定した原料供給，製品販路を確保する。

② 販売コンツェルンは，販売合理化を求めて販売網の確保や販売費用の節約と市場支配を行う。

③ 金融コンツェルンは，出資関係から長期貸付や株式所有などによって数種の企業と支配関係を結ぶ。戦前の財閥が該当する。

　また，コンツェルンの資本集中には，以下の方法がある。

・企業間相互で共同出資，株式交換による統一行動をとる場合である。

・単純な資本的支配の方法による場合である。
　強力な資本の企業が複数の企業に対して多額の出資を行い，多数割合持株を通して支配し，それらの関係会社を支配する。

・持株会社方式による支配の場合である。

持株会社は，ほかの多数の会社の経営支配を行うために，支配すべき多数の

会社の株式所有を目的にして設立された会社である。巨大株式会社は株式の顕著な分散が進行しているので，所有と経営，所有と支配の人的分離をみせ，持株会社は支配すべき会社の株式数の半数以下の所有でも当該会社の経営支配権を行使できる場合が多い。持株会社は，わずか程度の株式所有比率でも支配目的を達成できることになり，支配資本を節約できる。1997年12月にわが国で解禁になった純粋持株会社は各産業部門で設立された。

持株会社の支配構造をみると，持株会社はその支配下にある子会社に対する直接支配および子会社の支配下にある関連会社，孫会社，またその傘下にある会社の支配権を間接的に行使できる。すなわち，親会社Aは，子会社B，孫会社C，その傘下の会社D等と数段階の階層に位置する多数の会社をBの株式の半数以上の所有，ないし半数以下でも相当の株式所有比率で役員派遣の資本的人的結合関係を形成して支配する。さらに，AはBを通してBがCの株式の半数以上の所有，ないし相当数の株式所有比率による資本的人的結合を介してAはCへの直接出資なしにBへの資本的人的関係をもってCを支配する。持株会社支配は，持株会社Aを頂点に，すぐ下の階層に位置するBを過半数の株式所有，あるいは半数以下の株式所有比率で支配することによってB以下の階層段階の傘下会社を支配する構造となる。

持株会社には事業を行わずに株式所有を通して傘下にある事業会社の経営事業戦略に関与する純粋持株会社と，事業を行いながら自社が調達した資金の一部を自社の事業資金として充当し，ほかの一部は他会社の支配権行使のために株式投資に充当する事業持株会社とがある。持株会社は貸借対照表では所有資産の大部分は子会社や従属会社の投資株式から成り立つ。持株会社は自己資本を自社の株式を通じて多数の他会社から調達するとともに，その調達された自己資本は主要部分を他会社への株式投資に充当する[12]。

純粋持株会社による支配は，わが国では戦後独占禁止法第9条で禁止されていた。その理由は，軍産による軍事経済拡大の元凶が財閥による事業支配力の過度の集中にあったためである。財閥が市場支配を通して国内市場の狭隘化を生み出し，その解消として植民地を求めて軍部と一体化して侵略戦争を行った。

その結果，戦後の日本統治主体者であるGHQは持株会社を禁止した。それは，①財閥本体の解体後も持株会社による再結集を恐れたこと，②企業間での株式相互所有が非関税障壁を作り，海外企業の日本市場への参入を阻止する弊害をもたらすこと，③株式の相互所有や大資本による株式所有支配は市場の透明性，開放性に障害をなし，閉鎖的経営が戦前の日本市場のような歪んだ市場を形成する危険性があること，からであった。

だが，1990年代のアメリカ資本を軸とするグローバル化の進展は，日本の資本市場への投資増大，日本企業に対するM&A攻勢をもたらすと同時に，日本企業側が産業再編成にともなう企業経営の支配行使に純粋持株会社の効率的な経営権の支配集中を不可欠とした。これを与件に，純粋持株会社は日本市場へ投資する外国資本の圧力と，わが国の産業界，および当時の通産省（経済産業省）からも業界編成や買い占め対策として求められ，1997年12月に解禁された。

翌年に金融持株会社が各事業会社の株式の提供で設立された。この純粋持株会社は事業を行わずに，各傘下にある銀行，信託，証券，保険，リース，クレジットなどの事業会社の利益配当から収益を得る形である。純粋持株会社はグループ全体の経営方針，事業遂行の戦略的意思決定，傘下企業のトップ人事権を掌握し，グループの個別的な利害を排除して，グループ全体の利益の観点から戦略的事業の策定や戦略的意思決定を行う立場にある。

利点としては，以下の点があげられる。

① 各事業会社の経営人事戦略：グループ全体の収益効率が図れる。
② 意思決定の迅速化：事業権限は各事業会社に委譲し，持株会社はグループ全体に関する戦略的意思決定に特化する。
③ 買収・合併の効率化：持株会社の下で事業の選択と集中が迅速に行われる。グループ全体の利益の観点から，各自の事業会社では困難となっている不採算事業の売却，統廃合，グループ内での事業会社の重複組織の再編成と事業の分社化，子会社の設立による新たな事業への参入を図る。

持株会社は，各事業会社相互の事業補完を行い，機動的な経営戦略と産業再

編成に都合がよい方針を講ずることができる。

　企業結合形態をみると，①吸収合併形態では，A＋B→A，②対等合併形態では，A＋B→C，③純粋持株会社による合併形態では，A＋B→Cその下にA，Bが配置される。こうした純粋持株会社形式による資本統合は事業会社や金融機関の業態枠を超越した形で業界編成を加速しつつある。

第5節　企業結合の展開と課題

　企業結合は企業規模の拡大による規模の経済性の実現によるコスト削減追求と市場占有率を高めることで，当該企業の価格支配力を強め，新規参入者の阻止と安定した利潤確保を狙いとする。現在は世界市場での競争優位を目的とした多国籍企業による企業結合や資本提携が各分野で進行しつつある。

　現状の企業結合の基本的な資本集中運動が第2次大戦後のアメリカ企業の合同運動の手法を受け継いでいることがわかる。

1．1960年代のコングロマリット（conglomerate）

　1960年代のアメリカ経済は世界の主導的地位から欧州，日本の台頭とベトナム戦争への泥沼的介入によって畸形的な半軍事経済体制の下，後半には経済の衰退に苦悩する状況であった。当時のアメリカ企業の動きの特徴は，ひとつは国内市場の縮小への対応として成長著しい欧州，日本に生産拠点を構え，外国市場で売り上げを確保する動きを積極化させた多国籍企業の動きである。もうひとつは国内市場に留まりながら事業の多角化を図って異業種企業の買収による株価の増加で利潤確保を狙った企業の動きである。後者は独占禁止法に触れずに，異業種分野の企業との合同を行う目的で資本市場での株式交換による企業結合で急成長を示した複合企業＝コングロマリット企業の動きである。

　ベトナム戦争の長期化によって，アメリカは金保有高を枯渇させ，貿易収支は若干の黒字を維持したが，国内市場では鉄鋼などの成熟産業が技術革新への取り組みに遅れ，労働生産性において西欧，日本等の製品に敗れ，生産性の劣

図表 3 - 1　株式交換による合併

	発行株式数	税引き後利益	1株利益金	株価収益率	実勢株価
A社	100万数	100万ドル	1ドル	45倍	45ドル
B社	100万	100万	1	15	15
AB社	133万3,333	200万	1.50	45	67.50

出所：奥村（1990），43ページから引用。

る産業で企業倒産を増大させた。その結果，政府は税収の落ち込みによる深刻な財政危機に陥ったのである。政府は予算の自由度を戦争関連支出に拘泥され，柔軟な経済政策運営の財政的基盤を喪失しつつあった。国内市場の悪化のなかで，経営者は利潤確保と株主への配当を強要される。

そこで，経営者は1950年代から一般化していた資本市場における企業株価の決定方法を利用し，株式交換による合併によって1株当たりの株価が上昇することで利益を作り出す手法を考え出した。

株式交換による合併をみると，図表3－1は株式発行数，税引き後の利益も同じ規模であるA，B同士が合同して，新会社AB社になった時点での株価収益率と実勢株価を示す。両社の違いは株価収益率（PER：株価を1株当たり利益金で割った倍率を示し，株価が1株利益の何倍で買われているかで株価の指標になる。普通は10－20倍の範囲である。それ以上は株価が高いと判断され，それ以下は株価が低いと判断される）であった。

当時の株式市場では成長率に規定されて実勢株価が決定されていた結果，成長率の高い企業は株価収益率が高くなる。成長率の高い企業は見込み収益が高く，株式買いが増えて株価が高くなり，株価収益率 $\left(\frac{実勢株価}{1株利益金}\right)$ が高い。A社はB社の3倍速い成長率のため，B社に比して3倍高い株価収益率（A社45倍，B社15倍）である。A社の株価は1株利益1ドル×株価収益率45＝1株45ドルであるのに対し，B社の実勢株価は利益1ドル×株価収益率15＝1株15ドルである。両社の株式価値の差は3倍となり，合併後の株式交換では両社の株主の株式価値を平等にする必要がある。

発行株数と税引き後の利益が同じである両社が合併し，新会社ABが誕生すると仮定すれば，AB社は，A社の株主に対してはA社株1株に対してAB社株1株と交換し，B社の株主に対してはB社株3株に対してAB社株1株と交換することで，両社の株主の所有株に対する株式価値の3倍の格差を解消し平等を実現する。B社の株主ではAB社の株式数がA社株主の3分の1となる。

　新会社の発行株式数は，両社の株価の比率を調整した133万3,333株となる。税引き後の利益は両社とも100万ドルであったので，合計200万ドルである。AB社の1株利益は1.50ドル（税引き後の利益／発行株式数）である。この合併を資本市場ではA社がB社を吸収したと判断し，新会社の株価収益率はA社の株価収益率でつけられるため株価収益率は45倍となり，実勢株価は1.50ドル×株価収益率45倍＝1株67.50ドルとなり，合併前の両社の株価を上回るため，両社の株主は合併後の新株と旧株との株式交換だけで利益を得るのである。

　そのため成長率の高い企業から合併の申し出を受ければ，成長率の低い株価低迷の企業の株主は申し入れに賛同するのである[13]。

　コングロマリット企業は，事業部の分社化や直接事業と関係のない他業種企業の買収で企業株価，資産価値の吊り上げを目的にグループ全体の利益を上げる相乗効果を目的にするものである。だが，国内市場で外国企業との競争で劣位にあるアメリカ企業経営者は，株式相場の決定要素が企業成長率に基づく株価決定である点を利用して，絶えず成長率が低く資産規模の大きな企業を狙って，株式交換方式での企業結合を繰り返して株価の吊り上げと入手した資産の切り売りによる利潤増加を図った。合併後に事業継続を求めない経営者は，入手した資産を売却して解体することで技術開発に基づく生産性を高める経営から疎遠となったのである。一部の株主は利益を得るが，合併後に資産が売却されると，技術的には長期的視野での研究開発が途絶え，生産性が低下する。また，従業員は資産売却後に解雇されるのが一般的であった。

　1960年代半ばからのアメリカは，民需部門での失業者の増大，企業設備投

資の減少と自信喪失，法人税，所得税の減少，失業関係給付負担の公費の支出増大によって財政基盤の脆弱化が進み，国民経済の衰退と国際競争力の衰退を加速させたのである。

だが，1970年代になると，1973年石油危機による世界同時不況の進行にともなう株価上昇の頭打ちとともに，コングロマリット企業の収益悪化によって株価が下落をみせた。また，司法省がコングロマリット企業を反トラスト法で告発し，コングロマリット規制法によって，その力は急速に衰退していった。その状況下で有力なコングロマリット企業は，事業を分離分割し，中核事業に経営資源を集中させた。そのうえ，企業は1970年代後半からの規制緩和による競争にともなう価格破壊などの市場競争に直面し，市場の占有率の上位に入らないと収益確保が困難になるために，競争力の強い事業へ特化する傾向を強めた[14]。

規制緩和の背景には，第1次石油危機の発生によって市場はエネルギー不況に陥っていた市場の低迷からの脱却には競争市場の活性化を必要としたことである。石油価格の急騰は工業生産コストの上昇と大量エネルギー消費で実現していた大量生産型消費財需要の急縮をもたらした。企業が大型設備投資を控え，金融機関が融資先を失い貸出金を金庫に抱えた状態にあった1970年代の資本市場の低迷化は，資本市場での遊休資金の吸収機能を失った状況にあった。

企業の内部留保資金の設備投資への未投資金，金融機関の融資先の消失，オイルダラーの潤沢な存在は，1970年代に貿易収支，経常収支の双子の赤字に苦悩するアメリカの産業構造転換を行う資金として，高金利政策を通して世界中から資金を流入させ，企業の事業転換を促す資金源となった。1978年末－1979年初めにかけての第2次石油危機はアメリカ企業の肥大化した事業部門の事業再構築（リストラクチャリング）と組織全体の再設計（リエンジニアリング）を高金利によって流入した外国資金を活用してなされたのである。

2．1980年代以降のM&A（Mergers & Acquisitions）

アメリカ企業では，事業部門の再構築と事務系部門の削減をともなう組織の

再設計は情報ネットワークの構築を道具として組織内で展開された。また，不要な事業の売却や新たな収益確保を意図した分野への事業化は既存企業の買収を通して強行されたのである。敵対的 M&A は 1974 年カナダのインコ社 (1950 年には世界のニッケル生産の 85％を占めた) がアメリカの電池製造企業 ESB (エレクトリック・ストアリッジ・バッテリー) へ TOB 方式による合併をしたのが最初であった。同社は 1970 年代世界不況下でのニッケル需要の低迷に対処するため多角化経営を意図し，保守的なモルガン・スタンレーがインコ側にTOB 資金を提供した。それ以降，敵対合併に対する資金提供が激増するのである[15]。

そこで，M&A による企業結合の基本的手法をみてみよう。

① TOB (Take Over Bid) 株式公開買付けは，ある株式会社の経営権の取得を目的に，株式買付けを希望する者が，買付け期間，買取り株数，買取り価格を全国紙で公表し，資本市場外で取得先の株式会社の株主から直接に株式を買取る手法である。相場価格よりも若干高目の買取り価格を設定して，確実に株主から経営権獲得までの株式を買取ることで，株式市場からの買取りよりも総額では安く獲得できる。一方，株式市場からの取得先企業の株式買いは，取得先企業株を上昇させ，一般投資家も買いに殺到すると，獲得予定金額を超えた株価上昇を招き，買取り資金不足に陥り経営権取得に失敗することも起こる。

② LBO (Leveraged Buyout) は，企業買収手段のひとつで，買収対象企業の資産，または将来キャッシュフローを担保にした負債 (借入金・債権) を買収資金にして買収する方法である。買収資金の一部または大部分を自己資金ではなく負債を充当することで，少ない手持ち資金による企業買収も可能となり，レバレッジ効果によってキャピタルゲインの大幅な増加を狙うことができる。

一般的には，買収側が出資して受け皿会社を設立する。この受け皿会社が金融機関から融資を受けるが，社債を発行して買収資金を調達する。受け皿会社はこの資金で買収対象企業を買収し，その企業と合併して新会社

を発足するか，営業譲渡を行う場合もある。新会社が受け皿会社から継承した負債は，買収対象企業から継承した事業の利益（キャッシュフロー），あるいは資産売却の代金によって返済される。LBO は一般にいくつかのパートナー（機関投資家など）によって組織されたプライヴェート・エクイティ・ファンド（private equity fund：中長期での投資を主とし，公開・未公開企業に中長期の成長資金を供給する。または，投資先の企業に役員を派遣し，大規模な経営再建を図り，企業価値を高めて再建後に公開会社化し，第三者に売却する目的とするファンド）を主体とし，ジェネラル・パートナー（専門投資会社）が主導して行われる。特に，1980年代アメリカでは投資会社などが受け皿会社に資金供給するのを承諾すると，世界的な巨大企業も買収対象になった。

③ MBO（Management Buy-Out）は，買収対象企業の経営陣が買収側に参加する場合である。MBO は経営陣が株主からの圧力を避けて自分たちの経営を長期的視点で円滑に運営するために，MBO 後に上場廃止を行い閉鎖会社となる。また，MBO は株主によって雇用された株主の利益を守る代理人である経営者が，会社の資産を担保に資金を借入れて株主から株式を買取り，会社を奪うことになる。株式会社形態ではあるが，株式会社とはいえない営利企業体である[16]。

LBO による企業買収はイギリスでは 1960 年代に買収手法として売掛金，棚卸資産，固定資産など会計上の資産を担保とする借入資金で小規模に買収を行っていた。最初にアメリカで LBO を手がけたジェローム・コールバーグ（Jerome Kohlberg Jr.）は，数回の小規模な買収を経て 1976 年に LBO 最大手の KKR（Kohlberg Kravis Roberts）を創設した。当初は買収資金に銀行からの借入金を充当してコングロマリット企業の非中核事業の分離，再編，解体，中小企業の事業継承を投資対象にしていた。だが，1980 年代に入ると，ジャンク債（格付けの低い金利の高い社債）企業は金利やリスクが高いが，実際は倒産するケースが少なく，資金回収が可能であることからジャンク債が LBO 資金供給源として受け入れられた。買収資金としてのジャンク債の登場は，弁済

順位が低い劣後債での資金調達を容易にさせ，LBO 自体を目的とする買収が展開されるようになった。また，企業の借金依存に刺激を与える税制，借入金の金利軽減を図る金融技術の開発が LBO 方式による M&A を活性化させたのである。

　1980 年代から投資銀行，LBO ファンドは M&A 買収案件を企画して，小が大を飲み込む敵対合併，乗っ取り，企業解体，資産売却による投資資金回収，インサイダー取引を横行させるマネーゲームを大々的に展開する。だが，1989 年にはジャンク債取り扱いが増えてリスクが高まると，市場の不安定が顕著になり，1990 年にジャンク債取り扱い最大手のドクセル・バーナム・ランベール（Drexel Burnham Lambert Inc.）投資会社が倒産し，LBO のためのジャンク債市場からの資金調達が縮小することになった。

　では，1980 年代に LBO による M&A が盛んに行われた理由は何であったのか。また，買収の結果，企業にどのような事態をもたらしたのかをみてみよう。

　M&A 隆盛の理由は次の点にあった。

　①　1960 年代末から 1980 年代にかけてのインフレの進行である。

　インフレ下では，資本財価値が生産財価値を上回り，設備投資よりも既存設備購入の方が経済的であった。したがって，買収を試みる企業は，固定資産が大きい企業を買収対象として M&A を投資銀行やファンドの融資支援で企画すれば，買収後に買収資産を切売りしたほうが，それらの資産活用による生産に基づく利益率から決定される株価を基準にする資産価値よりも大となる。

　②　企業の現実経済へ対応する組織改革と収益構造改革である。

　それは産業構造の転換に必要な資金調達と収益事業分野における企業買収を介した市場開拓を意味する。

　③　資本市場における機関投資家の台頭である。

　1970 年代にはニューヨーク証券取引所の株式売買高の 70% が機関投資家によるものであった[17]。機関投資家は資金委託者の代理人として資金運用で利益を委託者に保証するために，株式運用の流動性を高め，株式の売買回転率を

高くする。それが資本市場の活性化を促進する効果をもつのである。

　④　専門経営者の短期利益経営である。

　専門経営者は機関投資家の株主としての発言力が強くなると，機関投資家の株主資本利益率（ROE）を高める圧力を絶えず受け，長期的業績よりも短期的業績を重視する経営へと移行するようになる。こうした経営者の行動の背景には，1960年代－1970年代にかけてのコングロマリット企業の合同運動のように数量化できる短期的な金融利益が重視されてきたこともある。

　株式・債券投資として考えだされたポートフォリオ理論が企業内部の経営にも応用され，資産の分散化が経営の鍵となった。その結果，経営者は数量化できるものを重視し，リスク回避をするようになった。生産部門は一定の時間とリスクをともない，資源を集中利用する経営を避ける傾向にある。それは，経営大学院出身者で財務管理の専門家が経営職に就くようになると，生産分野に数量化，計算，リスク分散という金融技術が導入され，数量的基準による経営が強化されたのも一因である。財務管理専門経営者は，コングロマリット型M&Aを通して多角化した事業部門を専門に担ってきた。1980年代の大型合併は財務管理専門職者によって担われ，1990年代には敵対合併から本業への回帰，事業再構築の進行とともに，不要事業部門のスピン・オフがなされた。

　現代企業のスピード経営において財務に長けた企業経営者は企業結合や投資活動を世界市場で展開している。また，企業経営者は，自社の年金基金の運用成績が良ければ企業の拠出金が少なくて済むため，年金ファンドマネジャーや銀行信託部の年金マネジャーに株式の運用利回りを上げるように圧力を加えている。ファンドマネジャーはその委託資金をLBO，TOBに出資することでM&Aの活性化を主導するのである。その結果，企業買収，資産売却のような財務的操作のために有能な人材が生産部門からペーパーアセット部門への異動が生じている。経営者は乗っ取りやその防止に経営を集中する傾向を強め，生産，流通の現場を軽視するようになった。また，企業買収や買収防衛，自社株買戻し等に借入金を充当する結果，企業は借金漬け体質となり金利負担が景気の後退時に経営を一挙に圧迫させる[18]。

わが国でも1990年代以降にアメリカ型のM&Aが展開されている。日本の場合，1997年12月の持株会社の解禁によって事業会社の株式を傘下に収める資本グループとして各分野で形成されてきている。1990年代の不良債権問題解消手段として持合い株の放出が加速され，外国人投資家の日本株買いが高まり，経営破綻した銀行，証券，保険，不動産，ホテル等が外資系ファンドの買収対象になった。最近では2006年4月日本法人ボーダフォン株式会社を1兆7千億円でのソフトバンクによるM&Aが注目される。ソフトバンクが2,000億円，ヤフーが1,200億円出資し，残りはLBOによる資金調達での買収であった[19]。

　資本集中が進行し，巨大企業の市場支配をもたらした時代から経営者による企業資産の収奪といえる新たな資本集中をM&A型の企業結合や資本集中の成果でみることができるであろう。企業結合の成功の結果は，専門経営者の自己利益追求による高額報酬の要求を常態化したのである。現状は，アメリカでは外部独立役員による報酬委員会を設置したとしても，専門経営者の自己利益追求の暴走を阻止するには，コーポレート・ガバナンスの制度強化が急務であろう。

【注】

（1）大塚（1969），40ページ。
（2）同上書，441ページ。
（3）同上書，17ページ。
（4）同上書，111ページ。
（5）同上書，343－345ページ。
（6）同上書，22ページ。
（7）同上書，25－26ページ。
（8）同上書，27－30ページ。
（9）大島（1976），34－36ページ。

(10) 古川栄一『経営学通論』同文舘出版，1956年，50－53ページ。
(11) 同上書，53－59ページ。
(12) 同上書，61－62ページ。
(13) 奥村（1990），45－47ページ。
(14) 同上書，45－47ページ。
(15) 同上書，48－49ページ。
(16) 同上書，58ページ。
(17) 同上書，52－55ページ。
(18) 同上書，68－72ページ。
(19) 「M&A Review」vol. 21. Jan. 21.

◆参考文献◆

「M&A Review」vol. 21, Jan. 21, 2007.
大島清編『経済学入門』東京大学出版会，1976年。
大塚久雄著作集第1巻『株式会社発生史』岩波書店，1969年。
奥村宏『企業買収』岩波新書，1990年。
佐久間信夫・三浦庸男『現代経営学要論』創成社，2007年。
中村道義『株式会社論』亜紀書房，1969年。
古川栄一『経営学通論　第4改訂版』同文舘出版，1980年。
山本哲三『M&Aの経済理論』中央経済社，1997年。

第2部

企業統治

第4章
日本の会社機関と企業統治

第1節　会社機関と日本における企業統治問題の経緯

1．日本における企業統治問題の議論

　日本における企業統治（コーポレート・ガバナンス，corporate governance）の問題は，近年活発に議論されるようになった。

　そもそもこの問題は，アメリカにおいて議論されたことに端を発するものである。

　つまり，株式会社の構造として，会社の所有者たる株主が経営についての専門的な知識，経験をもち合わせていないために，会社の事業活動における意思決定を取締役に委任するが，この取締役で構成される取締役会も日々の経営に関する意思決定は行わず，社長以下の経営陣がこの任を委ねられている。そのため，企業統治におけるポイントは，この経営陣をいかに規律づけるかということにある。

　アメリカにおける企業統治の問題は，1960年代より活発に議論されてきたが，実はこの問題はアダム・スミス（Adam Smith）の『国富論』にも「企業の取締役は，自分の資金ではなく，他人の金を管理しているので，パートナーがパートナーシップの資金を管理する際によくみられるような熱心さで会社の資金を管理するとは期待できない[1]」と企業統治の問題が指摘されているように，近年急にもち上がった議論ではなく，古くから存在した問題であった。アメリカにおける議論は次章において解説される。

しかし，日本における会社統治の問題は1990年代になってようやく議論されるようになった。このきっかけはバブル経済の破綻からの企業業績の悪化とそれにともなう株価の低迷，頻発した企業不祥事[2]である。

　それまでにも，可能性としてあげれば，1960年代の公害問題が起きた際に，その問題の対応にあたって企業統治の問題が議論されることも可能であったはずであるが，現実には企業統治の問題に関する議論は低調に終わり，日本ではアメリカに30年ほど遅れて議論が活発になった。

　この日米間の議論の高まりのタイムラグの原因はどこにあるかと考えると，それは日本における経営者の規律づけの仕組みにあると考えられる。

　つまり，それまで日本企業の経営者は，株主を重視してこなかったが，1990年代に入り，証券市場において年毎にその持株比率を高めていった外国人投資家，なかでもその主体となっていたカリフォルニア州公務員退職年金基金（カルパース，CalPERS (California Public Employees' Retirement System)）をはじめとする機関投資家が，日本企業に対して積極的な発言，要求をしてきたことに抗しきれず，企業統治の問題に目を向けざるえない状況に追い込まれたことも1つの要因である（図表4－1）。

2．株主を顧みてこなかった経営者

　それではなぜ，日本企業の経営者は株主を顧みずともやってこれたのだろうか？　戦後高度経済成長を担った日本企業の経営陣は何によって規律づけられてきたのだろうか？

　いくつかの理由が考えられるが，最も広く認知されているのが日本企業のガバナンス構造におけるメインバンク（和製英語。当該会社に対する融資残高，株式所有比率が競合銀行間で最も多く，多くの場合役員を派遣し，決済口座をもつことで当該会社の財務情報をチェックでき，信用に関する審査業務を暗黙の了解のもとで担当している金融機関，「主力銀行」とも呼ばれる）の存在である。

　代表的な論者である青木昌彦によると，日本企業のガバナンス構造は「状態依存型ガバナンス」として捉えられている。これは当該会社の業績が良好な状

図表 4 − 1　投資部門別株式保有比率の推移（単位：社，％）

年　度	会社数	政府・地方公共団体	金融機関	証券会社	事業法人等	外国人	個人・その他
昭 45	1,584	0.6	31.6	1.3	23.9	4.9	◎ 37.7
46	1,602	0.6	32.3	1.7	26.2	5.2	34.1
47	1,631	0.5	34.3	1.6	29.5	4.5	29.6
48	1,684	0.5	34.1	1.4	29.9	4.0	30.2
49	1,706	0.4	35.1	1.2	28.4	3.2	31.7
50	1,710	0.4	35.5	1.4	27.0	3.6	32.1
51	1,719	0.4	36.1	1.4	27.0	3.7	31.4
52	1,723	0.5	37.8	1.5	25.9	3.0	31.3
53	1,707	0.4	38.0	1.6	26.5	○ 2.7	30.7
54	1,723	0.4	38.5	1.9	26.6	3.0	29.5
55	1,734	0.4	38.2	1.5	26.2	5.8	27.9
56	1,749	0.4	38.2	1.6	26.6	6.4	26.9
57	1,771	0.3	38.6	1.7	25.4	7.6	26.3
58	1,790	0.3	37.4	1.7	27.6	8.8	24.2
59	1,806	0.4	38.0	1.8	29.5	7.4	23.0
60	1,833	0.3	39.8	1.9	28.8	7.0	22.3
61	1,881	◎ 0.9	41.5	2.1	30.1	5.3	20.1
62	1,924	0.5	42.5	2.3	◎ 30.3	4.1	20.4
63	1,975	0.4	◎ 44.1	◎ 2.3	29.0	4.3	19.9
平 1	2,030	0.3	43.5	2.0	29.5	4.2	20.5
2	2,078	0.3	43.0	1.7	30.1	4.7	20.4
3	2,106	0.3	42.8	1.5	29.0	6.0	20.3
4	2,120	0.3	42.9	1.2	28.5	6.3	20.7
5	2,161	0.3	42.3	1.3	28.3	7.7	20.0
6	2,211	0.3	42.8	1.2	27.7	8.1	19.9
7	2,277	0.3	41.1	1.4	27.2	10.5	19.5
8	2,339	0.2	41.9	1.0	25.6	11.9	19.4
9	2,387	0.2	42.1	0.7	24.6	13.4	19.0
10	2,426	0.2	41.0	○ 0.6	25.2	14.1	18.9
11	2,472	○ 0.1	36.5	0.8	26.0	18.6	○ 18.0
12	2,587	0.2	39.1	0.7	21.8	18.8	19.4
13	2,656	0.2	39.4	0.7	21.8	18.3	19.7
14	2,661	0.2	39.1	0.9	21.5	17.7	20.6
15	2,679	0.2	34.5	1.2	21.8	21.8	20.5
16	2,775	0.2	32.7	1.2	21.9	23.7	20.3
17	2,843	0.2	31.6	1.4	21.1	26.7	19.1
18	2,937	0.3	31.1	1.8	○ 20.7	◎ 28.0	18.1
19	2,957	0.4	○ 30.9	1.6	21.3	27.6	18.2
20	2,909	0.4	32.4	1.0	22.4	23.6	20.1

（注）1.　昭和60年度以前の信託銀行は，都銀・地銀等に含まれる。
　　　2.　◎は最高，○は最低記録。
出所：東京証券取引所『平成21年度株式分布状況調査結果の概要』より作成。

況下では当該会社の経営陣が経営を担当する。しかし，経営が窮地をむかえると，メインバンクは当該会社の経営を審査し，その結果，当該会社を支えるとなれば経営の実権は当該会社の経営陣からメインバンクに移る。メインバンクは当該会社の経営に積極的に関与し，金融支援や役員派遣により再建を図るというガバナンス構造である[3]。このため会社経営陣は，メインバンクのチェック機能により規律づけされてきたと考えられた。

このメインバンクの機能とともに経営者が株主を顧みてこなかった要因の1つが戦後の株式持合い構造とそれと密接に関係した会社機関の機能不全であった。

本章では所有構造とこの会社機関について，以下企業統治の改革の視点から概観する。

第2節　所有構造と会社機関

1．株式所有構造

前述したように，メインバンクと当該会社は株式の持合構造をもつが，日本企業は取引先を中心としてさらに広く株式を持合ってきた。経営権の安定，株価の安定，株主総会の円滑な運営，事業取引の安定といった機能をもつこの株式持合いは，6大企業集団（三菱，三井，住友，芙蓉（富士），三和，第一勧銀）を筆頭に，メインバンクとなる都市銀行を中心として網の目のように構築されてきた。

この株式の持合いは戦前から一部に存在していた。しかし，株式の持合いが広く行われるようになったのは戦後のことである。これは戦後の財閥解体によって財閥家族が主体となっていた大株主が消え，独占禁止法，過度経済力集中排除法により財閥傘下の大企業が分割され，証券民主化運動の名のもと株式も分散した。結果として起きたのが，簿価を大きく上回る不動産を所有する旧財閥系企業を標的とした株式の買占めであった。

代表的な事例として三菱本社の不動産部門を引き継いだ陽和不動産（後の三

菱地所）の株式が買い占められた事件がある。買い占められた株式は三菱銀行が旧三菱財閥系企業に資金を融通し，買い戻したうえで分散所有する形で決着がつけられた。現在でいえば，この買い占めたものはグリーン・メーラーであった。これを契機に株式の買占め防衛策として旧三菱財閥会社等の旧財閥系企業は会社間で株式の持合いを積極的に行うようになったのである[4]。

　このように戦後の株式相互所有は乗っ取りの防止策，つまりは経営権の安定がそもそもの目的であったのであるが，株式の持合いの広範化，高度化は持合いの機能を拡大させ，後述するように白紙委任状による相互信任をもたらし，株主からの経営者の規律づけは相対的に機能しなくなった。

　さらに，その会社形態から一方的な株式所有を行う生命保険会社も，株式所有する当該会社を団体生命保険の顧客として位置づけるため，欧米の機関投資家の投資先に対する行動とは異なり，物言わぬ株主（サイレント・パートナー）として行動してきた。このことも日本企業経営者が株主に対する認識を低くしてきたことに寄与したといえる。

　この所有構造の特徴が直接影響を及ぼしたのが株主総会の場である。

2．株主総会

　株主はその権利として大きくわけて自益権および共益権をもつ。自益権には剰余金の配当を受ける権利，残余財産の分配を受ける権利等があり，共益権には株主総会における議決権等があり，会社法105条において規定されている。さらに株主総会における議決権は一株一議決権の原則により，議決が決定される。そのため発行済み株式数に対する持株比率が株主総会の議案の可否に大きな影響力をもつ。

　株主総会は，株式会社の最高意思決定機関であり，法令に定められた事項に関する決定がなされる。

　本来，株主が一同に会し，活発な議論がかわされ，経営者の経営方針や経営行動について厳正な審査，評価がなされるべき機関である。これにより所有者たる株主によって経営者は規律づけがなされるはずであった。

しかし，これまで多くの日本企業での株主総会は特定日に集中して開催され，短時間で終了してしまうということが恒常化していた。その主たる要因としてあげられるのが前述の株式相互持合いによる影響である。

　株式相互持合いをしている会社間では，メインバンクを含めて，それぞれの株主総会において経営側にたった株主行動をとったのである。また，株主総会に出席しない際にもお互い委任状を提出しあったのである。

　その結果，経営陣は個人的に自社の株式を所有していなくても，持合い会社からの委任状を手にすることで持合い相手先が所有する自社株式数に見合った議決権を自身が所有しているかのごとく行使可能となる。

　株式相互持合いの構造が広範かつ高度化していけば，委任状の交換行為によってわざわざ株主総会に出ずとも，互いの経営陣同士が互いの経営を白紙委任しあうことで，それぞれの会社における支配権が確立してしまうのである。

　さらに，従業員持株会や前述した生命保険会社等による一方的な所有においても，経営陣に対し積極的に関与することはしてこなかったため，株主総会はその機能不全に陥った。結果，究極的にいえば当該会社の経営者が株主総会での決定権を手にすることとなり，株主総会は形骸化をまぬがれない。

　このことは株主総会の所要時間に端的に表れてくる（図表4－2）。経営者は株主総会をいかに短時間のうちに切り抜けるかに心血を注いだのである。議案に対する十分な議論がなされることなどなく，まして経営陣に不都合な意見は経営陣側の株主によって封じ込められ，短時間のうちに総会は閉会を迎えるという状態が1990年代まで続いた。これには総会屋対策の名のもと，特定日に多くの企業が一斉に株主総会を開催したことも少なからず影響した。

　しかし，1996年，当時の橋本首相によって指示されたいわゆる金融ビッグバンの一環で時価会計の導入が図られた。これは所有する株式の評価が従来の取得原価主義から時価評価主義に転換することを意味し，時価の変動が企業業績に影響を及ぼすことになった。このことは株式を大量に保有する金融機関をはじめとして企業に保有株式の売却をすすめることになった。

　再び，図表4－1をみてもらいたい。この時期に金融機関はその持株比率を

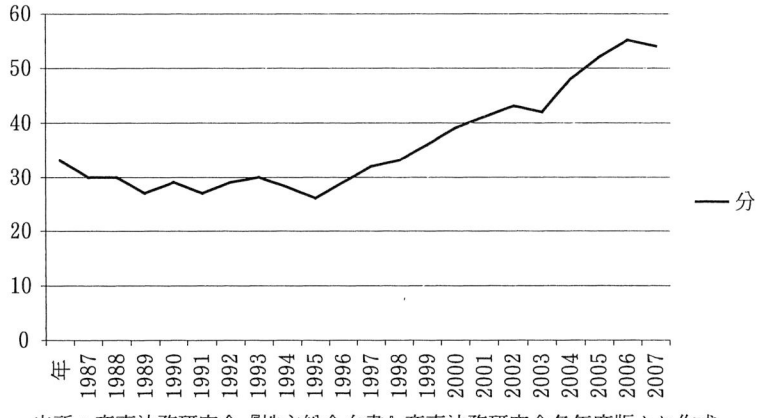

図表4−2　株主総会平均所要時間の推移

出所：商事法務研究会『株主総会白書』商事法務研究会各年度版より作成。

下げる。逆にその持株比率を上げたのが外国人投資家である。金融機関から売却された株式の買い手となったわけである。中心となったのは前述した海外の機関投資家であり，この時点で従来の企業統治構造は転換点を迎える。

それまで経営者は株式の相互持合いによって互いに白紙委任状を差し入れ，株主総会において，自らの議案を通してきた。しかし，持合い構造が狭小化するに従い，外国人機関投資家をはじめとして物言う株主から，株主として法令に則った要求としての株主価値向上に向けた提案が出されるようになった。増配や自己株式の取得といった株主還元策や遊休資産の売却，事業の集中に関する提案，さらには役員派遣の要請や，逆に買占め防衛策としての役員の退職金の支払い（ゴールデンパラシュート）に対する反対案が出てくるケースが増加してきたのである。

さらには，2006年には大阪製鐵による東京鋼鐵の完全子会社化に対し，反対する投資ファンドが株主総会でその議案を否決してしまうという事態まで起きている。これは完全子会社化に際し，東京鋼鐵との株式交換比率が低すぎるというもので，経営者の意思決定に対し，株主が株主総会を機能させることにより無視しえぬ存在となったことを象徴する事件である。

3. 取締役会

　取締役会は意思決定機関であり，代表取締役の選任や業務執行の決定，執行の監督といった業務を行う。

　ところが，これまで株主総会が機能不全に陥っていたことにより，経営者に対する監視機能が働かなくなり，株主総会で選任される取締役の人事権も結果的には経営者が握ることになっていた。

　そのため取締役会も問題点を抱えることとなった。

　第一に，内部出身者の取締役が圧倒的に多いという状況に陥るということである。これは株主総会で選任される取締役人事権を握った経営者からすれば，自分を監督する立場の取締役会に自らの部下を送り込むことで自らの立場の安定を図ることができるからである。日本における外部取締役の比率は欧米に比べ極めて低い。

　第二に，取締役会に序列が存在するということである。前述の通り取締役のほとんどは当該会社の内部出身者で業務執行担当者であるため，社長より上位の立場に取締役会がありながら，社長，副社長，専務，常務，部長といった社内の職位をもつ人物がそのまま取締役会に取締役として出席する。取締役会は業務執行の監督をしなければならないが，代表取締役社長をはじめとして社内序列のはっきりした取締役会では本来の監督機能は不全化する。

　第三に，業務執行とそれを監督するという2つの機能が分離できないという状況を生み出すということである。取締役に内部者が多いということは，業務執行を担当しながら取締役会では監督者となるわけで，そこでは自らが担当する業務執行に対する厳正な監督は期待できない。

　第四に，取締役の絶対数が多いことである。クーンツによれば「5名以下の取締役会ではほとんどその効果が期待できないし，また取締役会の意思決定に必要な自由な論議と十分な相互理解を得るには，その構成員を13名ぐらいにとどめるのがよい[5]」との具体的な人数まで指摘もあるが，日本企業においては欧米に比べ取締役の人数が多く，50名を超える企業も存在する。

　さらにこの取締役の数の多さは，そのまま内部のどのレベルから取締役とな

るかということと直結し，日本企業の取締役には部門管理者が含まれる例が多かった。このことは取締役会の前提として全社的な見地からの意思決定という要件に対し，「部門最適」を志向しやすいミドル・マネジメントの部門管理者とトップ・マネジメントの志向する「全体最適」が一致しない場合，利害の衝突が生まれ，取締役会の機能を阻害することになる。

4．常務会

さまざまな問題を抱え形骸化した取締役会が存在しても日本企業がその経営をなしえたのはなぜかというと，会社の意思決定の場が別にあったからにほかならない。それは常務会とも，経営会議，常勤役員会，戦略会議ともいわれる。法的に定められた会社機関ではないため会社によりその名はさまざまであるが，代表取締役社長以下，副社長取締役，専務取締役，常務取締役といったメンバーで構成される。メンバーの数は取締役会より少なく，月一度程度しか開催されない取締役会に比べ，常務会は頻繁に開催される。そのため実質的に会社の意思決定機関となっている。

5．執行役員制

また，問題点を数多く抱えた取締役会に対し，1990年代後半より改革の動きがみられるようになった。その代表的な事例としてあげられるのがソニーにおける執行役員制である。

この執行役員制は商法の規定に基づく制度ではないが，肥大化した取締役会をスリムにすることを目指したものである。取締役会は本来の経営に専念する取締役によって構成され，執行役員は取締役会には出席せず，業務執行に専念するというものである。

ソニーは1997年，それまで38名いた取締役を10人にまで減らし，しかも社内取締役は7名にまで減らした。そのうえで新たに執行役員が選任された。この結果，執行役員は個別業務執行を担い，スリムになった取締役会は意思決定を迅速化し業務執行の監督を担うことが可能となったとされる。

6. 監査役（会）

　監査役は株主総会で選任され，取締役の業務監査および会計監査を担当する。取締役に営業報告を求めたり，業務および会社財産状況を調査する権利をもつ。さらに違法行為についてはそれを差し止める権利をもつ。

　しかし，広い法的権限をもつ監査役ではあるが，これまで監査役はその機能をほとんど果たしてこなかった。最大の原因は監査役を選任する株主総会が，現実的には社長にコントロールされているため，監査役の人事権は社長が握っているからである。厳正な監査活動を社長が望むことはない。そのため，経営陣からすれば監査役の機能を無力化する方向へバイアスがかかる。結果として株主総会での選任にあたっては社内出身の取締役が任期終了とともに監査役に就くことが多い。社内出身の監査役が経営陣に対して独立性を保って監査することは不可能であった。

　1990年代に入って監査役の任期がそれまでの2年から3年に延長され，大規模会社においては監査役の人数が3人以上に増員すること，社外監査役の義務付け，監査役会制度新設等が図られた（1993年）。

　しかし，この社外監査役も当該会社と深い関係をもつ企業や金融機関の出身者であることが多いという調査結果もあり[6]，社外取締役だからといって独立性は担保されていないことが明らかである。

第3節　2000年以降のコーポレート・ガバナンス改革と会社機関

1. 2006年会社法施行までの改革

　まず2001年商法改正においては監査役の監視義務の強化が図られた。さらに社外監査役の資格について，それまで就任前5年間，当該会社または子会社の取締役，従業員でなかった者とされていたが，この5年間という猶予期間規定が外され，まったく関係のない人物ということになった。また，監査役が任期途中で辞任する場合には，株主総会にて監査役に辞任理由を述べる機会を与

えることとなった。

　取締役に対しては責任軽減が図られた。これは一見，ガバナンス改革の後退ともみられるが，1993年の商法改正により，株主代表訴訟の訴訟手数料が一律8,200円となったことで訴訟が相次ぎ，2000年12月の大和銀行株主代表訴訟の第1審判決では大和銀行経営陣に対し，巨額の賠償責任を認めたことが背景にある。改正によって過大な責任負担の軽減策が図られる一方で，社外取締役の責任軽減も図られ，この点では無過失責任を負うことが免責された。これは社外取締役の成り手がなくなる事態を防ぐことを目的としている。

　2002年の商法改正においては，それまでのコーポレート・ガバナンス構造について最も大きな変更をもたらした。

　つまり，委員会等設置会社の導入が可能となったことである。この委員会等設置会社とは，アメリカの会社のコーポレート・ガバナンス構造をモデルとしたもので，

① 指名委員会[7]，監査委員会[8]，報酬委員会[9]および執行役[10]を設置することが義務づけられている。
② 各委員会は3人以上で構成され，その過半数が社外取締役。
③ 監査役は廃止。
④ 取締役会は経営方針の決定，執行役を監督する。

といったガバナンス・システムをもった会社形態である。

2．会社法における会社機関

　2006年には新たに会社法が施行された。この会社法では規模と公開非公開の2つの基準により，株式会社の機関設計の選択の幅が広がった。

　株主総会，取締役は従来通り必須機関とされたが，取締役会，監査役（会），会計監査人，委員会および会計参与を設置するか否か，さらには設置義務があるか否かにより，合計39通りの機関設計が可能となった。

　これにより大企業は監査役会設置会社か委員会設置会社の2択が求められることとなったが，委員会設置会社を選択する大企業は少数である。多くの大企

業が監査役会設置会社形態を選好する背景には，新しいアメリカ型コーポレート・ガバナンス構造を受け入れるより，従来のコーポレート・ガバナンスの延長線上にある監査役会設置会社形態のほうが，経営者が支配する会社のガバナンスの構造改革にあっているということがいえる。

【注】

(1) Smith（邦訳），331ページ。
(2) 総会屋関係の不祥事では1990年，日本合成化学，不二越。1991年，平和堂。1996年，高島屋。1997年，味の素，第一勧業銀行，松坂屋，日立，東芝，三菱地所。1998年，旭硝子，日本航空などが利益供与をしたとされている。
決算関係の不祥事では1991年，日東あられ，マクロス。1992年，アイペック。1995年，東京協和信用組合。1998年，三田工業などの事件が発生している。
(3) 詳しくは青木・白鳥（1996）等を参照のこと。
(4) 詳しくは奥村（1989）等を参照のこと。
(5) Koontz（邦訳），174ページ。
(6) 詳しくは伊藤（1994）を参照のこと。
(7) 株主総会に提出する取締役の選任および解任に関する議案を決定する。つまり，従来社長が実質的に握ってきた取締役の人事権を指名委員会がもつことにより，取締役会の独立性が高められることになる。
(8) 取締役および執行役の監査を担当し，株主総会に提出する会計監査人の選任および解任，さらには不再任に関する議案の決定を行う。従来問題視されてきた監査役の機能不全に対し，監査役の権限，機能を強化することにより，独立性が高まることでコーポレート・ガバナンスに貢献することが可能となる。
(9) 取締役および執行役の個別の報酬内容を決定する。これは，従来取締役の報酬の決定は，社長が実質的に行っていたが，執行役を含め，報酬委員会が個別の報酬を決定することにより，取締役の無機能化を防ぐ。
(10) 取締役会から委任を受けた事項に関し，実際の業務執行を行う。委員会等設置会社の法定機関であり，いわゆる執行役員とは異なる。

◆参考文献◆

Koontz, H, *The Board of Directors and Effective Management*, McGraw-Hill, 1967. (長島敬識訳『取締役会』東洋経済新報社, 1970 年)

Smith, A., *The Wealth of Nations*, Ward Lock, 1838. (山岡洋一訳『国富論』(下) 日本経済新聞社, 2007 年)

青木昌彦・白鳥正喜訳『日本のメインバンク・システム』東洋経済新報社, 1996 年。

伊藤智文「商法改正 2632 社の社外取締役の実態」『1995 年版企業系列総覧』東洋経済新報社, 1994 年。

奥村宏『買占め・乗取り・TOB』社会思想社, 1989 年。

商事法務研究会『株主総会白書』商事法務研究会, 各年度版。

東京証券取引所「平成 21 年度株式分布状況調査の調査結果について」東京証券取引所, 2010 年。

第5章
アメリカの会社機関と企業統治

第1節　トップ・マネジメント組織と企業統治

　アメリカでは会社法は州ごとに異なっており，日本のような統一的な会社法は存在しない。しかし，アメリカの多くの大企業はデラウェア州で設立されているため，デラウェア会社法がアメリカにおける会社法のひとつの標準と考えることができる。

　アメリカの一般的な大企業においては，株主総会，取締役会，最高経営責任者（Chief Executive Officer：CEO）などの機関が設けられている。大企業においては株式が広範に分散しており，したがって所有と経営が分離しているのが一般である。取締役は株主総会で選任されるが，その過半数は社外取締役（outside director）によって占められるのが普通である。取締役会は年間に10回程度開催され，全社的な意思決定と経営の監視を主要な任務としている。取締役会は株主のために経営を監視する受託機関として位置づけられている。取締役会のなかにはいくつかの委員会が設置され，それぞれ専門的領域の職務を担当するが，たとえば監査委員会などは経営者すなわちCEOを頂点とする業務執行担当者の業務の監視が主たる任務となるため，委員には経営者と利害関係をもたない，独立性の強い社外取締役が選任されることになっている。

　業務執行は取締役会によって任命される，少数の執行役員（executive officer）によって担当される。CEOは日本の代表取締役社長に相当し，極めて大きな権限をもつが，アメリカでは取締役会会長を兼任することが多く，会長

兼CEOはさらに大きな権限をもつことになる。法律上は株主総会が取締役会に権限を委譲し，取締役会がCEOなどの執行役員に権限を委譲するという形で責任と権限の関係が形成されている。したがって，株主総会が取締役の任免権を，取締役会がCEOの任免権を握っていることになるのであるが，アメリカの大規模株式会社は長い間こうした法律の規定通りには機能してこなかった。

　アメリカ企業では多くの副社長（vice president）が任命されることが多く，かれらは部門管理者であるのが一般である。多数の副社長がいる場合には，執行副社長（executive vice president），上級副社長（senior vice president）などのように副社長のなかに序列がつくられている。

　CEO（経営者）はひとたびその地位に就任すると強大な権力を握り，取締役の選任も次期CEOを含む執行役員の選任もCEO自身が行うばかりでなく，企業の広範な意思決定の権限までCEOが掌握するというような状況がアメリカの大企業に広がっていた。これがいわゆる経営者支配といわれる企業支配形態である。株式会社は株主のものであり，株主の利益のために経営されなければならないのであるが，株主に代わって経営者を監視することを任務とする取締役会や株主総会が形骸化し，その機能を果たさないばかりでなく，むしろ経営者が経営者自身の地位を強化するためにこれらの機関を利用するというような事態が長い間続いてきた。

　アメリカで1980年代後半から活発になった企業統治（corporate governance）活動は，もともと株主が株主の利益のために企業を経営するように経営者を監視していこうとする活動である。企業統治活動は，上述のような理由から，形骸化し，CEOによって掌握されてしまった取締役会を株主の手に取り戻し，独立的な社外取締役を積極的に選任することによってCEOの経営行動に対する株主の監視機能を回復させることを目的とする活動であった。

　ところで，現代の大企業はたんに株主の利益のためだけに運営されてはならない。現代の大企業の行動は，従業員，消費者，供給業者，地域社会，債権者など，いわゆるステークホルダー（stakeholder，利害関係者）に対して極めて大きな影響を与えていることは周知のとおりである。現代の大企業はこれらのス

図表5-1 アメリカ企業のトップ・マネジメント組織

```
株主総会
(general meeting of stockholders)
    │
    ▼
取締役会 (board of directors)
会長 (chairman of the board)
  ┌─────────────┬─────────────┐
  │ 社外取締役    │ 社内取締役    │
  │(outside     │(inside      │
  │ director)   │ director)   │
  └─────────────┴─────────────┘
    │
    ▼
執行役員
  最高経営責任者
  (Chief Executive Officer)
  最高執行責任者
  (Chief Operative Officer)
  最高財務責任者
  (Chief Financial Officer)
  最高情報責任者
  (Chief Information Officer)

委員会
  監査委員会
  (audit committee)
  報酬委員会
  (compensation committee)
  指名委員会
  (nominating committee)
  執行委員会
  (executive committee)
  財務委員会
  (finance committee)
  企業統治委員会
  (corporate governance committee)

副社長      副社長      副社長      副社長
(vice      (vice      (vice      (vice
president) president) president) president)
```

テークホルダーの利益も考慮して経営されなければならないのである。なぜならば，元来企業は社会の創造物であり，企業がこれらのステークホルダーの利益を損なうような事態になれば，社会は法律を改正するなどしてこれまでのような企業の存続を許さなくなるからである。すでに以前からアメリカの大企業はこのような観点からさまざまなステークホルダーの利益を経営に反映させる仕組みを取り入れている。たとえば，アメリカの企業においては，取締役会の

メンバーに少数民族や女性，環境問題の専門家などを迎え入れ，彼らの利益を経営に反映させることを試みてきたのである。

このように企業統治は株主と経営者の（会社機関構造を介した）関係，および企業とステークホルダーの関係という2つの概念で捉えることができる。前者は狭義の企業統治，後者は広義の企業統治であり[1]，本章ではアメリカの株式会社の会社機関構造を狭義の企業統治の視点からみていくことにする。

第2節 株主総会

アメリカの企業経営者は株主総会を広報活動の一環と位置づけ，株主の好意を得ることや株主総会が好意的に報道されることに注意を払っている。デラウェア会社法は，会社の合併や解散，定款の変更などの重要な事項が株主総会の承認を得なければならないことを定めているが，ほとんどの株主総会は取締役の選任が中心的議題となっており，また「取締役会は，会社監査役の選任および一定の役員報酬計画の承認を求めることが多い」[2]。一般にCEOまたは取締役会会長が議長となって総会が運営される。

近年のアメリカのコーポレート・ガバナンスの特徴は機関投資家の活動の活発化であるが，機関投資家は株主総会の場以外にも経営者と非公式に接触し，経営者に意見を述べ，経営者に説明を求める。最近の機関投資家は常に経営者の監視を行っており，機関投資家と会社のこうした関係はリレーションシップ・インベストメント（relationship investment）と呼ばれている。

デラウェア会社法は，株主総会の定足数を議決権株総数の1/3以上と定めている。わが国と同様，大会社において1/3の議決権をもつ株主が実際に総会に出席することはほとんど不可能であるため，経営者は広く委任状の勧誘を行うことになる。ほとんどの株主は総会に出席せず，個々の議決事項について指示を与えた委任状によって議決権を行使することになる。「したがって，年次株主総会に至るまでの委任状の勧誘の過程が会社支配に対する株主の参加の中心となっているのであって，実際の株主総会の方はこの過程を締めくくる段

階であるにすぎなくなっている」[3]。つまり，株主総会において株主や経営者の間に対立する問題があるような場合には，争いは委任状勧誘競争において行われることになるのである。従来，委任状勧誘機構は経営者の会社支配にとって極めて有利なものとなっていた。1970年代前半までのアメリカの大株式会社において経営者支配が優勢であると結論づけたブランバーグは，①個人株主への株式の分散，②「ウォール・ストリート・ルール」に基づいて行動する機関投資家，③委任状勧誘機構に対する経営者の支配の3つを経営者支配の根拠と位置づけた[4]。そしてこのなかでも特に経営者支配にとっての積極的な根拠と考えられる委任状勧誘機構に対する経営者の支配は「主として州会社法，ならびに証券取引委員会の委任状規則が生み出した結果である」と述べている[5]。すなわち，ブランバーグは州会社法と委任状規則が，経営者にとって有利なものとなっていることが経営者支配の重要な要因のひとつであると考えたのである。

しかし，経営者支配の有力な根拠の1つを提供していたSECの委任状規則がしだいに緩和されたことにより，経営者に反対する株主が従来よりも容易に委任状勧誘に参加できる制度へと変わっていった。

従来，株主が経営者に対抗して委任状を勧誘しようとする場合，株主は2つの点で経営者に対して不利な立場に立たされていた。すなわち，経営者は委任状説明書を作成し，委任状を印刷・郵送する費用やSECへの届出のための費用などを会社の経費として支出することができるのに対し，株主がこれを行おうとする場合にはその莫大な費用を自ら負担しなければならなかった。さらに，経営者に対抗する株主が委任状を勧誘しようとする場合，株主間のコミュニケーションに制限が設けられており，株主にとって著しく不利なものとなっていた。1991年6月の第1次委任状規則改正案，1992年6月の第2次委任状規則改正案を経て1992年10月15日に発表されたSECの委任状規則改正は，経営者に対抗する株主が経営者と公平に戦えることを目指したものであった。アメリカにおいてはこれまでもわが国とは比べ物にならない程活発な株主提案が行われ，しかもそれが無視できない賛成票を集めてきたため，このSECの委任状規則

図表5－2　機関投資家などの株主グループによるコーポレート・ガバナンス提案
（1996～2005年）

	1996年	1997年	1998年	1999年	2000年	2001年	2002年	2003年	2004年	2005年
ポイズン・ビル廃止	13	12	6	17	18	21(5)	50(9)	76	50	23
無記名投票	5	3	3	4	3	7(4)	5(0)	0	3	10
経営者報酬	1	8	13	9	11	38(28)	25(14)	163	141	113
ゴールデンパラシュート	10	4	1	3	0	13(9)	18(13)	16	26	20
取締役会関連	34	28	20	15	12	52(14)	58(31)	52	82	109
任期がばらばらの取締役会廃止	40	21	13	20	20	42(12)	39(15)	38	36	44
監査関係	NA	NA	NA	NA	NA	NA	20(19)	19	16	7
累積投票	2	1	1	2	2	18(1)	18(0)	19	22	18
その他	29	21	19	29	22	50(8)	40(9)	44	38	31
合計	134	98	76	99	88	241(81)	273(110)	427(246)	414(220)	375(215)

（注）1. 2001年以降については，機関投資家などの株主グループによる提案だけではなく，個人株主による提案も含んでいる。2001年と2002年については，機関投資家などの株主グループと個人株主の区別がなされていたため，括弧内に機関投資家などの株主グループによる提案数を示している。2003～2005年についても，合計の部分のみ，括弧内に機関投資家などの株主グループによる提案数を示している。
2. Georgeson Shareholder, *Annual Corporate Governance Review : Shareholder Proposals and Proxy Contests 2001～2005* を基に作成。
出所：今西宏次「会社機関とコーポレート・ガバナンス」佐久間（2007），73ページ。

改正は経営者に対する株主の圧力を飛躍的に高めることになった。この1992年のSEC委任状規則の改正は1980年代後半から活発な活動を展開してきた機関投資家の強力なロビー活動の成果の1つであった。

第3節　取締役会

　機関投資家のコーポレート・ガバナンス改善の要求は，機関投資家と経営者の非公式な接触，株主提案，委任状勧誘などの方法を通して取締役会の改善に

向けても行われた。アメリカの取締役会は，日本と異なり，以前から比較的多数の社外取締役によって構成されていたが，80年代以降の企業統治運動は，社外取締役を取締役会の過半数にまで増員すること，および経営者と利害関係をもたない独立の社外取締役を選任することを目指すものであり，今日その目標はほぼ達成されている。取締役会のなかにはいくつかの常任委員会が設けられており，独立の取締役が重要な役割を果している。取締役会は1カ月に1回程度開催され，業務執行はCEOを中心とする執行役員によって担当されているが，CEOと取締役会会長を同一の人物が兼務することによって意思決定と業務執行の権限を集中させている会社が多い。

取締役会の中に設置された常任委員会には執行委員会 (executive committee)，監査委員会 (audit committee)，報酬委員会 (compensation committee)，指名委員会 (nominating committee)，倫理委員会 (ethics committee) などがある。取締役会の開催は年間10回程度と比較的少なく，会議時間も限られている。巨大な多国籍企業の場合は取締役が世界各地に分散していることも多い。常任委員会は取締役会のこうした限界を補うとともに，これによって取締役がそれぞれの専門の問題に取り組むことが可能になる。1997年のアメリカ巨大株式会社500社における各常任委員会の設置状況は監査委員会が100%，報酬委員会が99.5%，指名委員会が86.9%，執行委員会が61.7%であった[6]が，一般に規模が大きいほど設置率が高い。

執行委員会はすべての常任委員会のなかで最も大きな権限をもつ委員会であり，取締役会が開催されていないときは，日常的な事項に関する限り，取締役会のもつ権限のすべてを行使できる。つまり執行委員会は，会社の定款の変更，合併，買収，解散等の重要な事項を除き，事実上取締役会の意思決定を代行する機関として機能している。

監査委員会は通常，社外取締役のみによって構成され，その構成メンバーの数は3名から5名程度である。監査委員会の任務は会計監査，内部管理についての監査，不正の調査，外部監査人（公認会計士）の選任等である。ニューヨーク証券取引所に上場する企業には社外取締役だけから成る監査委員会の設置が

図表 5 − 3　取締役会に設置されている取締役会委員会（単位：％）

委員会の役割	2005 年	2001 年	1995 年	1989 年	1980 年
監　　査	100	100	100	96.6	98.3
報　　酬	100	99	99	91.1	83.3
ストック・オプション	81	86	56	NA	43.5(1)
指　　名	97	72	73	57.3	52.4
エグゼクティブ	46	56	65	73.5	77.3
コーポレート・ガバナンス	94	48	35	NA	NA
財　　務	30	35	32	33.5	32.3
後継者育成	36	30	31	NA	NA
投　　資	15	19	21	NA	NA
会社責任	17	21	19	18.3	16.1(2)
取締役報酬	48	30	NA	NA	NA

（注）1. 1976 年の数値である。
　　　2. 比較のため公共問題委員会（9.5％）と会社倫理委員会（6.6％）の合計 16.1％を会社責任委員会とした。
　　　3. 1995 年, 2001 年, 2005 年については, L. B. Korn & R. M. Ferry, *32nd Annual Board of Directors Study*, New York, Korn/Ferry International, 2006, p. 39 を基に作成した。1989 年の数値については, L. B. Korn & R. M. Ferry, *17nd Annual Board of Directors Study*, New York, Korn/Ferry International, 1991, p. 17 を基に作成した。1980 年については, D. Windsor, "Public Policy and Corporate Ethics Committees", in G. C. Greanias & D. Windsor eds., *The Changing Board*, Houston, Gulf Publishing Company, 1982, p. 101 を基に作成した。
出所：今西宏次「会社機関とコーポレート・ガバナンス」佐久間（2007），82 ページ。

義務づけられている。

　報酬委員会も全て社外取締役によって構成されるのが普通である。役員報酬には給与，ボーナス，インセンティブ・プランなどのほかに，退職金，年金，医療費，生命保険などの付加給付がある。長期のインセンティブ・プランはストック・オプション（stock option）が一般的である。報酬委員会は外部のコンサルタントに委託するなどしてこれらの役員報酬を決定する。

　指名委員会は，取締役，会長，CEO の候補者を推薦することおよび取締役

の評価などを主要な任務としている。この委員会においても独立取締役が重要な役割を果たしており，委員の 75% 以上が独立取締役によって占められるのが普通である。従来，取締役候補者の推薦はもっぱら CEO（会長兼 CEO であることが多い）によって行われ，その結果取締役の人事権を CEO が握る会社が多くを占めた。CEO が取締役の人事権を握ることになると取締役会の経営者に対する監視機能が働かなくなり，企業統治の観点から極めて重要な問題となってきた。

　アメリカでは 90 年代の企業統治改革によって，取締役等の事実上の指名権が指名委員会に大きく移行した。しかし，現在でも「会長兼最高経営責任者の影響力は依然大きく，社外取締役のみで候補者を選定する企業は 7％ の少数派で，46％ においては会長兼最高経営責任者の意向を考慮して社外取締役より構成される指名委員会が候補者選定にあたり，39％ においては指名委員会の結論が取締役会で審議される」[7] との調査結果もある。現在の経営者が取締役等の選任になお大きな力をもっているとはいえ，経営者による経営者の選任，すなわちいわゆる「経営者支配」が崩れつつあることは極めて大きな意味がある。近年，指名委員会はコーポレート・ガバナンス委員会に名称を変更したり，あるいは両方の委員会をもつ企業も増えている。

　取締役会は業務執行を監督する立場にあり，自ら業務執行にあたることはない。業務執行は取締役会によって選任された CEO を中心とする執行役員によって担当される。取締役会に内部取締役が少ないことからも明らかなようにトップ・マネジメントの機関は意思決定と経営の監視を担当する取締役会および業務執行を担当する執行役員との区別が比較的明瞭である。取締役会は受託機関，すなわち，株主の利益を代表する機関として位置づけられている。

　アメリカの取締役会と執行役員には，コーポレート・ガバナンス改善の観点から次のような批判がなされてきた。すなわち，経営者が極めて高額の役員報酬を獲得し，これが長い間批判されているにもかかわらず一向に是正されないこと，CEO に権限が集中しすぎること，また CEO が自分と親しい人物を社外取締役に選任する傾向があるため，CEO に対する監視が不十分であること

などである。

　ここでアメリカの CEO と取締役会との関係について，その現状と最近の動向について簡単にみていくことにしよう。アメリカ企業においては会長が CEO を兼任し，1 人の人物に意思決定と業務執行の権限を集中する傾向がみられる。この会長兼 CEO は取締役会の議長として最高意思決定の任にあたるのはもちろん，従来は指名委員会を支配し取締役の選任や役員人事に大きな力を及ぼしてきた。彼はまた，業務執行の最高責任者として全般管理者たちを統括することになる。

　このような会長兼 CEO への過度の権限集中に対して，コーポレート・ガバナンスの観点から厳しい批判が行われ，大企業において改善が進んだものもみられる。主要な改善策は第 1 に，会長と CEO を分離することであるが，この点についてはあまり改善がみられず，今なお約 80％ の企業で CEO が会長を兼任している。第 2 は，社外取締役の比率を高めることであり，すでに大企業では社外取締役が 3 分の 2 を超えるのが普通になっている。第 3 は，CEO からの独立性の高い指名委員会の設置である。CEO ではなく，事実上指名委員会が取締役を選任する企業が増加している。これまでもアメリカ企業の取締役会は社外取締役の比率が高かったが，実際には CEO が個人的に親交のある人物を社外取締役として選任し，CEO の権力基盤の補強をはかる傾向が強かったため，CEO の指名委員会への介入の排除が求められていた。

第 4 節　エンロンの破綻と企業改革法

　2001 年 12 月 2 日，約 12 兆円の売上げ高をもつアメリカ最大のエネルギー卸売り会社エンロンが経営破綻した。アメリカ史上最大の倒産劇となったこの経営破綻は，同社の企業統治における問題点を次々に明るみに出すことになった。この事例は企業統治先進国アメリカにもなお多くの企業統治問題が存在することを示した。

　エンロンをめぐっては，破綻後あまりにも多様かつ深刻な企業統治上の問題

点が次々に浮上したため，アメリカの企業統治の水準が日本のそれと同等程度であるような主張もみられるが，このような主張はアメリカの企業統治の歴史と企業統治の本質を見誤った主張といわざるをえない。アメリカの企業統治活動には1960年代からの長い歴史があり，株主提案の件数や内容，委任状争奪戦の激しさなどをみても日本とは比較にならない程企業統治が機能している。特に70年代に整備された企業統治のための法律や制度，自主規制団体のルールなどは日本とは30年以上の格差があることを示している。エンロンの破綻によって明らかになったのは，企業統治のシステムが整備されており，株主をはじめとするステークホルダーの企業統治活動が活発であっても企業統治の形骸化は起こりうるということであり，経営者による企業統治システムの骨抜きがいかに容易であるかということであろう。

　エンロンはアメリカのガス・電力の卸売りで最大の企業であったが，不透明な簿外債務が次々に明らかになったことにより，株価下落と債券格付けの低下が生じ破綻に追い込まれた。エンロンの企業統治上の問題として指摘されているのは，①取締役会がほとんど機能していなかったこと，②監査法人が不正な会計処理に加担していたこと，③証券アナリストや格づけ機関が監視機能を果さなかったこと[8]，などである。

　まず取締役会の問題についてみていくことにしよう。エンロンの取締役会は14人の社外取締役とケネス・レイ会長兼CEOの15人で構成されていた。社外取締役は企業経営者，金融コンサルタント，大学教授，イギリスの上院議員などで占められており，独立性の点からも社外取締役の比率の点からも，取締役会の監視機能は形式上は万全であるように思われた。現にエンロンはイギリスの経済紙によって企業統治の最も優れた会社と評価されていた。しかし，それにもかかわらず，取締役会は巨額の簿外債務の存在を把握し，適切な対処をすることができなかった。エンロン問題表面化の端緒となったのは2001年8月に，CFOの部下だった従業員が同社の会計処理の不正を指摘した内部告発である。レイ会長に宛てた内部告発の手紙は8月に書かれたのにもかかわらず，社外取締役がその事実を知ったのは10月になってからであり，取締役会に簿

外取引問題を検討する特別委員会の設立が決定されたのは，それからさらに2週間後のことであった。それはエンロンの破綻の2カ月前であった。取締役会が無機能化した理由は，エンロンの社外取締役が会社からあまりに巨額の報酬（現金と株式の合計で年間1人約5,300万円）を得ていたことや，議員に対する政治献金があったこと，社外取締役の所属する組織に会社から多額の寄付があったことなどにより，同社の社外取締役の独立性が失われていたためである。

　この事件ではエンロンの多数の経営者がインサイダー取引きを行っていた疑惑も浮上していた。それは「不正経理の行き詰まりを感じた幹部らが，一般投資家には強気の見通しを示す一方，株価急落前に大量の自社株を売り抜けて多額の収入を得ていた」というものであり，「レイ会長や29人の役員や経営幹部が，99年から01年半ばまでに」株式を売却して得た現金は総額1,400億円にのぼった[9]。

　この事件では，監査法人の監査機能の空洞化にも厳しい批判の目が向けられた。アメリカの監査法人は同一企業に対し監査業務のほかにコンサルタント業務も提供しており，厳正な監査を確保するためには両業務を分離すべきであるとの主張が以前から行われていた。監査法人は利益率の高いコンサルタント業務を失いたくないため，厳正に監査することをためらうという理由によるものである。

　エンロンの監査を担当していた，世界5大会計事務所のひとつアーサー・アンダーセンは，すでに01年2月にエンロンの簿外取引を深刻な問題としてとらえ，同社との関係解消さえ検討していたにもかかわらず，「破綻までの10カ月間に何の措置も取らなかった」[10]。そればかりでなく，「アンダーセンの主任会計士は昨年10月，SECがエンロンに資料の提出を要請したことを知った直後，担当者を集めて緊急会議を開き，文書を破棄するよう指示した」[11]。

　エンロン事件は，監査業務とコンサルタント業務の分離にとどまらず，アメリカの監査制度を根底から見直す契機となった。イギリスでもエンロン事件における監査法人の問題を重く受けとめ，監査法人を定期的に交代させることや，複数の監査法人による監査の導入をすることになった。

アメリカの証券会社のアナリストたちはエンロンの不正な会計処理が発覚し，株価が下落しはじめてもなおエンロン株を推奨し続け，ムーディーズなどの社債格付け機関はエンロンの破綻のわずか2カ月前まで投資適格の格づけをしていた。この事実は，経営者を市場から規律づける企業統治システムもまた有効に機能していなかったことを示している。

　一方，アメリカのエネルギーの約25%を取り扱っていた巨大会社エンロンの破綻は多くのステークホルダーに深刻な影響を与えることになった。アメリカのシティグループとJPモルガン・チェースは当時エンロンに対して，両行あわせて10億ドル以上の巨額融資を行っており，エンロンの破綻によって大きな損失を被った。同様に，エンロンに融資していたドイツ銀行などの欧州の金融機関やアメリカの保険会社も大きな損失を被った。またエンロンとエネルギー受給契約を結んでいる企業や団体は28,500にのぼり，これらの契約者にも大きな影響を与えた。さらに同社はアメリカの上院議員71人と下院議員187人に政治献金をしていたことがわかった。大統領をはじめ，下院エネルギー・商業委員会の23人の委員のうちの19人も献金を受けていたことが明らかになったが，この献金によってアメリカのエネルギー政策が歪められていた可能性が指摘されている。

　ステークホルダーのなかでも特に深刻な打撃を受けたのが従業員である。会社の倒産によって退職金ももらえず失業することになった上，年金として積み立てていた資金もそのほとんどを失うことになってしまった。アメリカでは401K（確定拠出型年金）が広く普及しているが，「エンロンの401Kは投資先の6割が自社株。一時90ドルを越えたエンロン株は1ドルを割るまでに急落したため，50～60代で50万ドル前後の年金を失った人が」[12] 多数にのぼった。エンロンの経営陣にはインサイダー取引きによって高値で自社株を売り抜けながら，従業員には自社株を推奨してかれらの年金のほとんどを奪ったことに対して厳しい批判が向けられた。

　2001年12月のエンロン破綻以降，2002年7月のワールド・コム破綻まで，アメリカでは大企業の倒産や会計上の不祥事が相つぎ，そのたびに企業統治の

不全が指摘されることになった。アメリカ企業に対する不信から株式が売却され，アメリカ以外の国に資本が逃避した。アメリカ企業の株価下落とドルの為替レートの下落が同時に進行したのである。アメリカの企業統治と経済体制に対する信頼の失墜をくい止めるため，ブッシュ大統領は2002年7月に企業改革法（Sarbanes-Oxley Act）を成立させた。この法律はエンロンにおける企業統治の不全に対する反省をふまえて制定されたものであることから，以下のような内容を特徴としている。

① 会計監査法人を監視する機関である上場企業会計監視委員会（PCAOB: Public Company Accounting Oversight Board）を設置した。
② 同一会計監査法人が監査業務とコンサルタント業務を同一企業に提供することを禁止し，監査法人の独立性を確保した。
③ CEOやCFOに対し財務報告書に虚偽記載がないことを保証させ，そのために報告書への署名を求めた。
④ 経営者に内部統制報告書の作成を義務づけた。
⑤ インサイダー取引きを行った経営者の罰則を最長で禁固25年に引き上げるなど，経営者の不正に対する罰則を強化した。
⑥ 証券アナリストは利益相反がある場合にはそれを開示しなければならないことになった。

第5節 アメリカにおける企業統治活動の歴史

アメリカでは1960年代に公民権運動や反戦運動などの社会運動が盛んになったが，これらの社会運動家は企業に対してもさまざまな要求を行った。社会運動家は企業の株式を取得したり，委任状を獲得することによって企業の株主総会で議決権を行使するといった方法で企業に対して圧力をかけた。60年代のアメリカの企業統治活動は，社会運動が企業を舞台に繰り広げられた時代と特徴づけることができる。70年代になると，ペンセントラル社の倒産やクライスラー社の経営危機をきっかけに，株主が企業統治活動に参加することにな

った。一方70年代にはSEC，ニューヨーク証券取引所，労働省のような政府機関およびその他の自主規制機関がアメリカの企業統治を改善するための法律や制度の整備を進めていった。そして80年代後半には，M&Aブームを契機に，年々増加する運用資金を背景に急速に発言力を強めてきていた年金基金を中心に，激しい企業統治活動が展開されることになるのである。広義のコーポレート・ガバナンスは一般公衆，政府，地域社会，債権者等々の利害関係者と企業との関係を意味するものであるが，1980年代後半からの機関投資家の企業統治活動の法的・制度的な整備は，1960年代の広義のコーポレート・ガバナンス活動および70年代の企業統治改革運動を通して進められてきたのである。

以下，1960年代から80年代までのアメリカのコーポレート・ガバナンスを振り返ってみることにしよう[13]。

イーストマン・コダック（Eastman Kodak）社のわずかの株式を取得した黒人差別撤廃運動家が，同社の株主総会で黒人の雇用問題を取り上げようと大量の委任状を獲得した。またベトナム戦争において，ナパーム弾を製造していたダウ・ケミカル（Dow Chemical）社に対して，反戦活動組織がナパーム弾販売中止についての株主提案を要求した。さらに，「GMに責任ある行動をとらせる運動」(the Campaign to Make General Motors Responsible)，いわゆる「キャンペーンGM」はGMに公衆の利益に合致した方向で事業を運営させることを目指し，株主提案権を行使した。1970年，71年の株主総会における「キャンペーンGM」の株主提案はいずれも3％の賛成票を獲得することができなかったものの，GMの経営者はこの総会をきっかけに公民権運動家を取締役に指名したり，社会的問題（social issue）にいかに対応しているかの報告書を作成するなど，GMの経営者に社会的問題への取り組みを促すうえで大きな効果をあげる結果になった。社会運動の側面からの企業統治活動はこうした社会運動それ自体の沈滞とともに沈静化していった。

1970年代にはアメリカの巨大企業が倒産や経営危機にみまわれ，株主が大きな損失を被る事件が相次いだ。その結果，株主の経済的利益を守る側面から企業統治への関心が高まることになった。株主の立場から企業統治を見直すべ

っかけとなったのは，年間9,000万人の乗客を運び，95,000人の従業員を擁するペンセントラル鉄道が50億ドルの負債を抱えて倒産した事件である[14]。この倒産は従業員，債権者，顧客，地域社会などのステークホルダーにも大きな影響を与えることになったが，特に人々の関心を集めたのは，ペンセントラル社の企業統治機能に大きな欠陥があったことである。すなわち，同社の取締役会は，経営者が行っていた粉飾決算やインサイダー取引の慣行を見逃していたことが倒産の後に明らかになった。社外取締役も企業統治の機能をまったく果たしていなかったのである。

このほかにもロッキード社の経営危機（1971年），ウォーターゲート事件（1973年），クライスラー社の経営危機（1979年）など，70年代には企業統治の欠陥に由来する事件が相次いで発生し，株主の経済的利益を守るための企業統治の改善の必要性が強く認識されることになった。このような社会的背景から，1970年代には，国家機関や行政機関，自主規制団体などによる企業統治改善への意識が高まり，これらの組織による法律的・制度的整備が進展した[15]。証券取引委員会は1974年，取締役会に監査委員会，指名委員会，報酬委員会が設けられているかどうかを委任状説明書に記載することを求めた。これらの委員会は経営者に対する監視という観点から，したがって企業統治の観点から今日最も重視されている委員会である。ニューヨーク証券取引所（New York Stock Exchange）は1978年，社外取締役のみから成る監査委員会の設置を義務づけた。

また，1974年従業員退職所得保証法（Employee Retirement Income Security Act），いわゆるエリサ法が成立した。この法律は年金基金の管理・運用者に受託者としての責任を果たすことを義務づけるものであり，年金基金は労働省の監督の下に年金加入者への情報開示，株主総会での投票などに関して受託責任を果たすことが義務づけられたのである。さらに，株主総会での投票が年金基金の受託義務のなかに含まれることが「エイボン・レター」に明記されたことによって，年金基金の積極的な企業統治活動はいっそう促進されることになった。「エイボン・レター」は，1988年2月に労働省の次官補代理がエイボン・

プロダクツ社の企業内年金の代表に宛てた手紙のことで,「株主総会で諮られる事項は,投資価値に大いに影響を与えるものであり,投票権の行使は年金基金の権限の与えられているインベストメント・マネジャーの権限の範囲内であり,インベストメント・マネジャーが投資者に対して負う信認義務である」[16]と明記している。

　さらに,アメリカ法曹会（American Bar Association）やアメリカ法律協会（The American Law Institute）などの団体も企業統治の改善についての提言を行った。すなわち,アメリカ法曹会は1976年に『取締役ガイドブック』（Corporate Director's Guidebook）を発表し,アメリカ法律協会は1978年から『企業統治と構造の原理』（Principles of Corporate Governance and Structure）の作成を開始した。1982年に公表された『企業統治と構造の原理』は企業の経済的目的が「法の遵守」「倫理的考慮」「慈善寄付行為」などによって損なわれることを容認し,また社外取締役による企業統治機能の強化を重視している。すなわち,CEOと家族関係やその他の利害関係になく,また会社と雇用関係や取引関係のない「独立的な」社外取締役が取締役の過半数を構成することによって取締役会の経営者に対する監視機能を強化すべきことを勧告している。

　『企業統治と構造の原理』は企業統治問題についての活発な論争を喚起すると同時に多くの批判も受けることになった。アメリカ法律協会はこうした批判に応える形で1984年,『企業統治の原理』（Principle of Corporate Governance）を発表した。『企業統治の原理』はビジネス・ラウンドテーブル（the Business Roundtable）などの厳しい批判を受け入れ,会社に対する強制的な規範という色彩を弱め,その採用を原則的に会社の意思に委ね経営における柔軟性を大幅に認める提言となった。

【注】

（1）出見世（1997），8 ページ。
（2）ディビット・G・リット，池田・川村訳「米国における株主総会」商事法務 No. 1300，1992 年 10 月 5 日，39 ページ。
（3）同上稿，40 ページ。
（4）Blumberg（1975），p. 145.（中村（1980），191 ページ）。
（5）Ibid., p. 145.（同訳書，192 ページ）。
（6）染宮秀樹「米国コーポレート・ガバナンスの展開：株主と経営者の攻防」『財界観測』1998 年 7 月 10 日，151 ページ。
（7）吉森（2001），167 ページ。
（8）朝日新聞，2002 年 1 月 23 日。
（9）朝日新聞，2002 年 1 月 16 日。
（10）朝日新聞，2002 年 1 月 19 日。
（11）朝日新聞，2002 年 1 月 19 日。
（12）朝日新聞，2002 年 2 月 15 日。
（13）以下のイーストマン・コダック，ダウ・ケミカル，キャンペーン GM の事例については次を参照のこと。出見世，前掲書，82－88 ページ。
（14）同上書，90－92 ページ。
（15）同上書，94－97 ページ。
（16）海外事業活動関連協議会（1995），63 ページ。

◆参考文献◆

Blumberg, P. I., *The Megacorporation in American Societies*, 1975.（中村瑞穂監訳『巨大株式会社』文眞堂，1980 年）
海外事業活動関連協議会編『米国のコーポレート・ガバナンスの潮流』商事法務研究会，1995 年。
佐久間信夫編著『コーポレート・ガバナンスの国際比較』税務経理協会，2007 年。
佐久間信夫・大平義隆編著『改訂版 現代経営学』学文社，2008 年。
出見世信之『企業統治問題の経営学的研究』文眞堂，1997 年。
吉森賢『日米欧の企業経営―企業統治と経営者』放送大学教育振興会，2001 年。

第6章
イギリスの会社機関と企業統治

　イギリスの企業統治システムは，法規制によらずにロンドン証券取引所の上場規則により運営されている。その上場規則の基盤となるものは，イギリスの企業統治改革を推進するために作成された「統合規範」である。これは，キャドバリー報告書，グリーンブリー報告書，ハンペル報告書の勧告を合わせて作成したものである。

　これらの報告書が作成されたきっかけは，イギリスにおいて1980年代から1990年代にかけて頻発した大企業の不祥事および業績低迷を背景に企業統治（Corporate Governance）システムが注目されたことである。

　1991年のマックスウェル（Maxwell）社の倒産[1]などイギリスの大企業の不祥事の共通点として，経営陣のトップに座る人物の個性が強く，その独走をほかのマネジメントが抑制できなかったこと，業務内容が正確かつ適切に開示されなかったことなどが指摘され，企業統治問題が台頭した。こうした状況のなかで，1990年代以後，企業統治の改革の一環として企業統治に関する委員会の設置およびその委員会による企業統治規範に関する報告書が作成され，「最善慣行規範」（Code of Best Practice）が提示された。この「最善慣行規範」は，企業統治に関する各委員会が，企業統治に関連する各団体から多くの企業で行われている業務慣行をベースに意見をまとめて作成したものであり，企業統治の改革を促し，企業統治の有効性を向上させるためのものである。

　本章では，イギリスの上場規則に盛り込まれた「統合規範」の土台となる3つの委員会によるそれぞれの企業統治規範に関する報告書の主要内容を検討し，イギリスの企業統治構造および特徴を提示する。

第1節　イギリスの企業統治問題

　イギリスの企業統治改革はキャドバリー報告以降，進められた。イギリスの企業統治改革以前のイギリスの企業統治は，1980年代から1990年代にかけてみられた大企業の不祥事や倒産がもの語るように，十分に機能していなかった。企業統治改革以前，すなわち，キャドバリー報告書の作成にあたってキャドバリー委員会により，議論されたイギリスの企業統治の問題点を中心にみていこう[2]。

　第1に，非業務執行取締役の独立性の欠如および兼任の問題である。

　非業務執行取締役の選任が当該企業の代表取締役によってなされている。これは，代表取締役が自分の学縁を通じた友人やゴルフコースのメンバーであるゴルフ仲間を経営陣として選任するといったいわばイギリスの伝統的に強い「クラブ意識」による行動であるといわれている。また，特定の有力財界人や大物の政治家が複数の企業の非業務執行取締役として就任しているケースや当該企業を退職した人物が非業務執行取締役に選任されるケースも数多くみられ，このような実態に対してキャドバリー委員会は「英国主要企業における非常勤取締役の選任は，その約80％がいまだにカレッジ仲間 (the old boy network) 意識に基づいている」と批判し[3]，非業務執行取締役の独立性の確立の重要性を指摘した。

　第2に，監査委員会の機能が公正に果たされる環境が整えられていない。

　監査委員会が当該会社の不正を発見した場合，多くのイギリスの企業においては，当該企業の取締役会へ自動的に報告されており，その不正に対して外部の専門家の助言を得たり，しかるべき機関に報告したりして不正を防止するといった適切な対応が取られにくい。このため，監査委員会が公正な対応をするための議論がなされていた。

　第3に，取締役の選任および指名に関する情報が不十分である。

　取締役の選任は株主総会で株主の委託・承認を得てなされるのが原則である

が，新規上場企業以外の企業の取締役に関する情報の公開が十分に開示されていないことが多く，当該企業の取締役の職務経験や取締役の経営能力を判断する素材など，株主や機関投資家に提供されるべき取締役の情報が不足していることが問題とされ，株主や機関投資家に対する企業情報の公開が議論された。

第4に，取締役の不透明な報酬システムである。

企業が事業活動を経て得た利益は，企業を運営するのに必要な経費を除いて社内で留保し，最終的には株主に還元するのが原則であるが，イギリスの企業の間で，取締役の独断により，利益の一部分を取締役の報酬に上乗せするケースがみられ，株主や機関投資家から批判を浴びるようになった。そのため，キャドバリー委員会においては取締役の報酬について「業績に応じて支払う部分と基本給の部分に分ける」など，取締役の報酬の透明化を推進した。

第2節 イギリスの企業統治規範

最初にロンドン証券取引所に設置されたキャドバリー（Cadbury）委員会は，非業務執行取締役（Non-Executive Director）の導入による取締役会の機能強化を中心に企業統治の改革を勧告する報告書を1992年に発行した。その後，1995年のグリーンブリー（Greenbury）委員会による役員報酬制度の明示および適正な運用を求める報告書が発表され，1998年にはキャドバリーの後継委員会のハンペル（Hampel）委員会による「最善慣行規範」に対する企業の対応状況と「企業統治の原則」をまとめた最終報告書が発表された。これらの企業統治に関する報告書をまとめ，1998年7月に「統合規範」（The Combined Code）を作成したロンドン証券取引所は，新上場規則に「統合規範」を盛り込んでいる。

1．企業統治規範その1──キャドバリー報告書

キャドバリー委員会の正式な名称は「企業統治の財務的な側面に関する委員会」（Committee on the Financial Aspects of Corporate Governance）である。

キャドバリー委員会はエイドリアン・キャドバリー卿（食品会社キャドバリー・シェエップス元会長）を委員長として財務報告審議会，ロンドン証券取引所，会計士団体の働きかけで，学界，監査法人，法曹界，イングランド銀行からなる12名の委員で1991年5月に設立され，1992年12月に全9章からなる報告書を発表した。この報告書の目的は，企業統治の水準の向上と財務報告及び会計監査に対する信頼の向上に資することである。

キャドバリー報告書の2.5によると「企業統治とは，会社が指揮され，統制されるシステムである」と定義されている。また，取締役会については，取締役会は企業統治に対する責任を負うとし，取締役会の責任には，「会社の戦略目標の設定，その目標を実行するためのリーダーシップの提供，その事業経営の監督，スチュワードシップ（stewardship：受託責任，業務実行責任）についての株主に対する報告が含まれる。取締役会の活動は，法規制そして株主総会における株主に従うべきである」とし，取締役会の責任と活動について具体的に明示している。企業統治における株主の役割については，「取締役および会計監査人を選任し，妥当なガバナンス構造が整備されていることを確認することである」として株主の企業統治への役割を明確にしている。キャドバリー報告書は，このように企業統治における取締役会および株主の役割の重要性について指摘し，キャドバリー報告書の主要な内容になっている。

報告書のなかで注目すべきことは，企業が遵守すべき「最善慣行規範」を勧告している点である。報告書の第9章において「最善慣行規範」の原則（公開性，誠実性，アカウンタビリティー）を基に，①取締役会，②非業務執行取締役（社外取締役に相当する），③業務執行取締役，④報告とコントロールについての最善の慣行規範を勧告している。この報告書の「最善慣行規範」はイギリスの上場会社の取締役会を対象にしているが，上場会社以外の多くの会社に対しても「最善慣行規範」の要請を受け入れるよう勧めている。

キャドバリー委員会は上場企業に対し，年次報告書に「最善慣行規範」の勧告の遵守状況を説明し，遵守していない場合はその理由の記載を求めた。なお，同委員会は「最善慣行規範」の勧告の遵守状況に関する開示をロンドン証券取

引所の上場規則に求め，1993年7月より適用されるようになった。

「最善慣行規範」の主要勧告は，下記の通りである。

① 取締役会
- 取締役会は定期的に開催され，会社に対する統制を保持し，業務執行経営陣を監視すべきである。
- 一個人が無制限な意思決定権を持たないよう配慮し，会長が最高業務執行取締役を兼務する場合，取締役会には独立した有能な上級メンバーを置くべきである。
- 取締役会には，取締役会の意思決定に重要な役割を果たすのに十分な資質と員数の非業務執行取締役を置くべきである。

② 非業務執行取締役
- 非業務執行取締役は戦略，業績，重要な役職を含む資源，行動基準などに関わる事項に対して独立した判断をすべきである。
- すべての取締役会は3人の非業務執行取締役を必要とし，そのうち2人は独立した者でなければならない。
- 非業務執行取締役の過半数は取締役報酬および持株は別として経営者から独立し，彼らの独立した判断の行使を妨げるような事業上そのほかの関係を免れているべきである。
- 非業務執行取締役は一定の任期をもって選任されるべきで，再任は自動的になされるべきではない。
- 非業務執行取締役は取締役会によって正規な手続きに従って選任されるべきである。

③ 業務執行取締役
- 取締役の任期は株主の承認を得ずに3年を超えるべきではない。
- 取締役全員と会長についてはその報酬総額の明確な開示がなされるべきである。
- 業務執行取締役への報酬額は非業務執行取締役のみ，または非業務執行取締役で構成される報酬委員会の勧告に従って定められるべきである。

④　報告とコントロール
- 取締役会は 3 名の非業務執行取締役で構成された監査委員会を設置すべきである。
- 取締役会は会社の内部統制システムの実効性を報告すべきである。

2．企業統治規範その 2――グリーンブリー報告書

　グリーンブリー委員会の正式名称は「役員報酬問題を検討する研究会」(Study Group on Director Remuneration) である。民営化された一部の企業の経営陣の法外な高額報酬に対する国民の批判が高まるなか，イギリス政府からの依頼を受けたイギリス産業連盟の働きかけで，グリーンブリー卿（流通業者マークス・アンド・スペンサー会長）を委員長とした役員報酬問題を検討するグリーンブリー委員会が 1995 年 1 月に設立され，同年 7 月には全 8 章からなる報告書を発表した。この報告書の目的は，取締役の報酬を決定する際に好ましい慣行を明らかにし，その慣行規範を作成することである。

　同委員会の特徴は，委員会のメンバーが石油大手 BP (British Petroleum) 社の会長，通信大手 BT (British Telecom) 社の会長など産業界において影響力のある現役の企業会長らで構成されている点である。

　グリーンブリー報告書の第 2 章において①報酬委員会の設立，②情報開示および承認手続き，③報酬方針，④任用契約および補償についての「最善慣行規範」が提示されており，報酬委員会の設置状況の公開が 1995 年 10 月よりロンドン取引所の上場規則に適用された。

　その主な内容は下記の通りである。
①　報酬委員会の設立
- 取締役会は非業務執行取締役から成る報酬委員会を設置する。報酬委員会の委員長は取締役の報酬に関する株主の質問に答えるために，株主総会に出席する。

②　情報開示および承認手続き
- 報酬委員会は会社が株主に対して取締役報酬に関する説明責任を果たすた

めの主要手段として毎年株主宛ての報告書を作成すべきである。
- 報酬委員会の報告書に業務執行取締役の報酬の水準，取締役の報酬の構成要素，業績評価基準と方法，年金条項など業務執行取締役の報酬に関する会社の方針を提示すべきである。

③　報酬方針
- 取締役の報酬を業績に連動させる。
- ストックオプション制度のような業績連動要素には，取締役および株主の利益を一致させ，取締役に最高水準に業績を上げることへの強いインセンティブを与えるべきである。

④　任用契約および補償
- 執行委員会は取締役が早期に退任する場合，その原因が不十分な業績による場合に，任用契約上，どのような補償債務が発生するか検討するべきである。
- 業務執行取締役の任期は1年あるいは2年までとし，それより長い期間とすることは避けるべきである。

3．企業統治規範その3——ハンペル報告書

　ハンペル委員会の正式名称は「企業統治委員会」(Committee on Corporate Governance)である。キャドバリー委員会は慣行規範や勧告をその後の事情に合わせて見直すことを目的に，キャドバリー委員会の後継委員会としてハンペル卿（化学会社インペリアル・ケミカル・インダストリーズ会長）を委員長としたハンペル委員会を1995年11月に設立した。同委員会は，キャドバリーおよびグリーンブリー委員会同様，ロンドン証券取引所や英国産業連盟などの支援を受けて調査を行い，1997年8月に中間報告をまとめ，1998年1月に最終報告を発表した。この報告書は，企業統治，企業統治原則（Principles of Corporate Governance），取締役の役割，取締役の報酬，株主の役割，説明責任および監査，まとめおよび勧告と7章から構成され，キャドバリーおよびグリーンブリーの慣行規範に独自の企業統治原則を作成して加えた。

ハンペル委員会は「最善慣行規範」と「企業統治原則」を区別している。詳細なガイドラインである「最善慣行規範」は「それがどの程度遵守されているか」が問われているのに対し，「企業統治原則」は「実際にそれをどのように適用するか」が問われている。

ハンペル報告書は，企業統治の重要性について「事業の繁栄とアカウンタビリティに貢献することにある」(ハンペル1.1)とし，事業の繁栄とアカウンタビリティのバランスが重要であるとの考え方を示し，「好ましい企業統治とは，単に特定の会社組織の構想を規定して，多数の厳格な規則を遵守させるという問題ではない。一般原則が必要とされる。そのうえですべての関係者は，こうした原則を柔軟さと常識をもって個々の企業におけるさまざまな事情について適用すべきである」(ハンペル1.11)とし，より柔軟性をもつ企業統治の原理を重視し，その実現に関しては各企業に任せることにしている。また，機関投資家は投資先企業を評価する際に個々の企業の事情を考慮し，長期的な視野に立ち，投資を行うべきであるとしながら，機関投資家が投資先企業への企業統治を機械的にチェックする空欄チェック（box ticking）方式を批判している（ハンペル1.14）。このようにハンペル報告書の特徴は，企業統治に関する規則を企業に適用する際に，より柔軟性をもって適用するようにしている点である。

以下，「企業統治原則」の内容である。

① 取締役会
- すべての上場会社は，取締役会が会社を指導し統制すべきである。
- すべての公開会社の経営首脳は取締役会の運営と事業運営にかかわる業務執行責任者の職務を明確に分担し，特定の個人に意思決定権が集中しないよう，権力と権限のバランスを確保する。
- 取締役会は，業務執行取締役および非業務執行取締役によりバランス良く構成されるべきである。
- 取締役会には，その職務遂行をするのに十分な情報が適時に提供されるべきである。
- 取締役の任命は，正式かつ透明なプロセスによって行われるべきである。

- 取締役は，3年ごとに再選手続きを経る必要がある。
② 取締役の報酬
- 報酬の水準は取締役が経営をするのに魅力ある額であるべきで，報酬の一部は業績に連動させる。
- 取締役の報酬手続きを透明にし，年次報告書に報酬の明細を記載すべきである。
③ 株主との関係
- 機関投資家は株主として議決権を行使する責任を有する。
- 機関投資家は会社と対話を行う。
- 会社は年次株主総会を個人投資家との意見交換に利用する。
④ アカウンタビリティおよび会計監査
- 取締役会は健全な内部統制システムを維持しなければならない。
- 取締役会は当該会社の会計監査人と適切な関係を維持するため，公式かつ透明な仕組みを確立すべきである。
- 外部監査人は独立の立場から株主に対する報告を行うとともに取締役会に対して財務報告と内部統制に基づく職務の履行状況を保証するものとする。

4．企業統治規範のまとめ——統合規範

　統合規範（Combined Code）はロンドン証券取引所がキャドバリー委員会およびグリーンブリー委員会が定めた「最善慣行規範」にハンペル委員会の最終報告である「好ましい企業統治原則」を追加して作成した規範である。つまり，上記の3つの規範を統合して作成したものである。

　統合規範の構成は，第1部の「好ましい企業統治原則」と第2部の「最善慣行規範」から成っており，それぞれ上場会社部門（取締役，取締役の報酬，株主との関係，アカウンタビリティおよび会計監査）と機関投資家部門（機関投資家）に分けて勧告している。第1部では，企業統治原則の適用の有無について上場会社の説明が義務づけられたが，説明書の書式や内容については企業の自主性に任せられた。第2部では，統合規範に対する遵守状況や遵守しない場合につい

て上場会社の説明が求められた。すなわち，上場企業が上場規則に組み込まれた「最善慣行規範」や「企業統治原則」をどの程度遵守しているかという遵守状況を年次報告書や会計書類に開示することが義務づけられた。

統合規範の特徴は，勧告の対象を上場会社以外に機関投資家にも「最善慣行規範」を示したことである。機関投資家の企業統治における役割の重要性についてはキャドバリーやハンペル報告書においても指摘されているように，その趣旨を生かして機関投資家には株主として議決権を行使し，会社との対話を行い，会社の企業統治の仕組みを評価する際にすべての関連要素を考慮して行わ

図表6-1 イギリスの企業統治規範

	その1	その2	その3
報告書名	キャドバリー	グリーンブリー	ハンペル
設定年度	1992	1995	1998
背景	取締役会と会計監査機能に絡む企業不祥事が発生したため	民営化された公益企業の役員報酬が法外に高額であることへの批判が高まったため	キャドバリーおよびグリーンブリー両委員会が両報告内容の実施状況を後継の新委員会において調査するように勧告したため
目的	企業統治の水準の向上と財務報告および会計監査に対する信頼の向上に資すること	取締役の報酬を決定する際の好ましい慣行を定めること	慣行規範や勧告をその後の事情に合わせて見直すこと
主要内容	取締役会，非業務執行取締役，業務執行取締役，報告とコントロールについての「最善慣行規範」の提示	報酬委員会の設置，情報開示および承認の手続き，報酬方針，任用契約および補償についての最善慣行規範の提示	キャドバリーおよびグリーンブリー報告書の慣行規範の趣旨に独自の企業統治原則の提示

⇩

統合規範
ロンドン証券取引所が上記の3つの報告書の規範および原則を
まとめて作成し，上場規則に盛り込む

出所：各参考資料を基に筆者作成。

なければならないとし，外部監視機関としての監視機能を果たすように求めた。なお，統合規範は1998年6月にロンドン証券取引所の新上場規則に盛り込まれた規範であり，上場企業には年次報告書に統合規範の内容をどの程度遵守しているか，遵守していない場合はその理由を説明する，いわゆる遵守状況の開示（comply or explain）が求められた。

第3節　イギリスの企業統治の構造および特徴

　取締役会会長と最高業務執行取締役の分離，監査委員会などの社内委員会の設置，社内委員会の委員の3分の1以上を独立した非業務執行取締役で構成することなど取締役会のあり方を中心としたキャドバリー報告書，非業務執行取締役からなる報酬委員会を設置し，報酬委員会による役員の報酬の決定を中心としたグリーンブリー報告書，企業統治原則を提案したハンペル報告書とこの3つの報告書の規範を合わせて作成された統合規範によってイギリスの企業統治改革が進み，ロンドン証券取引所の上場規則が改訂され，現在のイギリスの企業統治制度になっている。イギリスの企業統治制度はこのように会社法などの法律による強制的な規制ではなく，自主的な勧告がこれらの委員会による報告によってなされており，企業の自主性を尊重するところがイギリスの企業統治制度の最大の特徴である。

　イギリスの企業統治構造はアメリカ同様，①所有と経営の分離を前提としたバーリ＆ミーンズモデル，②会社機関として監査役および監査役会が存在しない単層構造，③株主を重視するシェアホルダー主義がベースになっている。

1．取締役会と企業統治

　イギリスの株式会社は証券取引所を通じて株式を不特定多数の人々に発行することができる公開会社（public company）と証券取引所への上場による資金調達が認められていない非公開会社（private company）に分類されており，公開会社および非公開会社には基本的に会社法が適用される[4]。イギリスの会

社法は取締役および取締役会に関する詳細な規定を設けておらず，企業の自主性に任されており，現在のイギリスの取締役会の構造は，上記の企業統治に関する報告書の勧告に基づいている。

イギリスの取締役会は業務執行に対する意思決定は取締役会が担当し，監視機能は監査役会にあるドイツの二層構造とは異なり，アメリカ同様，取締役会内に監視機能を内包する単層構造である。株主総会で選任された取締役で構成される取締役会が業務執行の意思決定機能と監視機能を果たす。取締役の任期は3年で，取締役会の3分の1以上は非業務執行取締役が占める。非業務執行取締役は過半数が会社と利害関係をもたない独立取締役である。

取締役会内に監査，指名，報酬委員会と3つの委員会の設置が求められている（キャドバリー報告書 4.21）。監査委員会は3名以上の非業務執行取締役で構成され，非業務執行取締役の過半数は独立したものでなければならない（キャドバリー 4.35）。報酬委員会は全員または大半が非業務執行取締役で構成され，非業務執行取締役が委員長を務め，業務執行取締役の報酬について取締役会に勧告する（キャドバリー 4.41）。指名委員会は取締役任命について業務取締役や非業務執行取締役を問わず，新任候補者を取締役会に対して提案する責任を担い，指名委員会の過半数が非業務執行取締役で構成されるよう求められている（キャドバリー 4.30）。このように非業務執行取締役は取締役の指名，報酬，会計監査といった重要な役割を担っており，公平な判断をするよう，会社や業務執行機能から独立している非業務執行取締役であるべきであるとされている。

また，アメリカにおいては取締役会会長と最高経営責任者（CEO）を兼任している場合が多い反面，イギリスにおいては取締役会の独立性を高めるために最高業務執行取締役と取締役会会長との分離を勧めており（キャドバリー 4.9），多くの企業において実施されている。

2．イギリス企業における取締役会の「最善慣行規範」遵守状況

キャドバリー委員会は，1993年9月から1994年12月にかけて上場会社684社を対象に「最善慣行規範」の遵守状況を調査し，1995年5月にその調査結

果を発表した(5)。その調査結果によるとほとんどの上場企業は「最善慣行規範」の勧告を多く受け入れ，遵守しており，特に企業規模の大きい企業ほど，遵守率が高いことが示された。

　企業の規模が上位500社（時価総額120百万ポンドまで）の企業の場合，会長職・最高業務執行取締役が分離されている比率は80％で，それ以下の企業においても70％を越えている。取締役会における非業務執行取締役の人数を3人以上任命している比率は，企業規模が上位500社の企業は80％以上で，それ以外の企業においても40％以上を占めている。3名の非業務執行取締役による監査委員会の設置比率は，企業規模の大きい企業ほど比率が高く「最善慣行規範」の導入後（1993年以後）は設置比率が高まっている。上位100社の企業では90％，上位500社の企業では70％以上が監査委員会を設置している。

　非業務執行取締役のみによって構成される報酬委員会および「最善慣行規範」で勧告されていない指名委員会についても企業規模の大きい企業ほど設置率が高く「最善慣行規範」の導入後設置比率が高まっている。上位100社の報酬委員会の設置比率は90％以上（導入前約60％），上位500社は80％以上（導入前約20％），それ以外の企業においても50％以上（導入前10％未満）が設置している。指名委員会の設置比率は上位100社が70％（導入前10％未満），上位500社が約40％（導入前該当企業無し）を占めている。

　非業務執行取締役の全員または過半数が独立している会社の割合も企業規模が500位までの企業においては80％（導入前30％未満）を超えており，それ以外の企業においても約60％（導入前10％未満）を超えている。

　キャドバリー委員会の報告書が出されて以来，多くの上場企業において「最善慣行規範」が遵守されており，イギリスの企業統治の改革がイギリスの上場企業において進んでおり，定着しつつある。

3．株主総会と機関投資家の役割

　イギリスの株主総会も日本の株主総会と同様，取締役の選任および解任を行う最高意思決定の会社機関である。イギリスの会社法は会社機関に対して詳細

な規定がなく,これを補完する勧告としてキャドバリー報告書,グリーンブリー報告書,ハンペル報告書および上場規則を通じて,株主総会の役割や機能を提示している。それらによると,株主総会は株主としての機関投資家および個人投資家と会社とのコミュニケーションを取る重要な場として位置づけており,株主の会社経営への参加を促している。また,2003年の改訂統合規範においては会社の取締役も株主総会に出席するよう求められている(6)。

イギリスにおいては1980年代のサッチャー政権下で国有企業の民営化が推進され,多くの株式が市場に流れた。個人株主と機関投資家による株の保有比率が高まったが,株価の上昇にともない個人株主の株の売却が進み,個人の株式保有比率は減少する一方,保険会社や年金基金などの機関投資家へ株式が集中し,機関投資家が企業統治において積極的な役割を果たすべきであるという意見が高まった。

2001年度におけるイギリスの株式保有構造をみると保険会社が20%,年金基金が約16%,投資信託が約14%と機関投資家の株式保有比率が約50%を占めており,イギリスにおいて機関投資家が占める株式保有割合は高いことが分かる。さらに外国人の持株比率が30%を超えており,国内外の機関投資家の持株比率を合わせると80%に達する(図表6-2)。

図表6-2 イギリスの株式保有構造(単位:%)

	1963	1969	1975	1981	1989	1994	1997	1998	1999	2000	2001
外国人	7	6.6	5.6	3.6	12.8	16.3	24	27.6	29.3	32.4	31.9
保険会社	10	12.2	15.9	20.5	18.6	21.9	23.5	21.6	21.6	21	20
年金基金	6.4	9	16.8	26.7	30.6	27.8	22.1	21.7	19.6	17.7	16.1
個 人	54	47.4	37.5	28.2	20.6	20.3	16.5	16.7	15.3	16	14.8
投資信託等	12.6	13	14.6	10.4	8.6	10.1	10.6	9	9.7	8.4	13.9
その他	10	11.8	9.6	10.6	8.8	3.6	3.3	3.5	4.6	4.3	3.3

(注)その他(銀行,事業会社,公共部門,非営利団体),投資信託など(ユニット・トラスト,インベストメント・トラスト,その他金融機関)。
出所:「通商白書」2003年度,34ページ。

外国人の持株比率が増大した理由は，サッチャー政権下で1986年にはじまった「金融ビッグバン」によってイギリス証券市場が対外的に広く開放されたことに加え，近年の国際分散投資の受け皿になっているためである[7]。このように多くの株を保有しているイギリスの機関投資家は，企業に対する影響力が大きく企業統治に対してイギリスにおける機関投資家の役割が重要である。

　イギリス政府もマックスウェルの不祥事をきっかけに企業統治における機関投資家の役割の重要性を認識し，1995年に健全な年金基金の運用のために年金基金の監督機関の整備，投資原則ステートメントによる情報開示などを盛り込んだ「年金法」を制定した。また，企業と機関投資家の長期的な関係強化の重要性を提示するため，1996年にイギリス貿易産業省が作成した「マイナース勧告」[8]がある。この勧告は年金基金を対象にしており，強制力はもたないが，この勧告を遵守できない場合はその理由を説明するように求められている。

　上記の各報告書においても企業統治における機関投資家の企業に対する影響力を認識し，機関投資家が企業統治に対して積極的な活動を行うよう勧告している。キャドバリー報告書では，議決権の積極的な行使，投資対象企業の経営陣との定期的な会合，取締役のチェック機能を確認するように勧告するなど，機関投資家が企業統治において重要な役割を担うよう求めた（キャドバリー6.9～6.16）。さらに，ハンペル報告書では，機関投資家の役割を認めつつ，機関投資家が投資先企業の企業統治を評価するうえで空欄チェック方式を利用して会社の遵守状況を形式的にチェックすることを批判し（ハンペル1.14），機関投資家に対して柔軟性をもって企業とのコミュニケーションに努めるように求めた（ハンペル5.10～5.12）。統合規範では，上場企業向けの規範とともに機関投資家向けの規範も示した。

　1993年に企業規模上位550社を対象に行われたマーストン調査結果によると企業とアナリストおよびファンドマネジャーとのミーティングに最高経営責任者の約84％が出席し，財務取締役は約96％と高い出席率を示している[9]。このようにイギリスの企業は，政府や各委員会の報告書の勧告の影響を受け，

機関投資家と企業とのミーティングに積極的に参加していることがわかる。

　以上のようにイギリスにおける企業統治への取り組みは，政府，産業界，証券取引所，法曹界，会計士団体，監査法人，英国産業連盟など多方面にわたり，企業経営と関係をもつさまざまな団体より意見を収集し議論を重ねて企業統治規範を作成し，その運営については企業の自主性に任せている。イギリスの企業経営の慣習や企業が受け入れやすい規範を企業統治規範に取り入れたことや法規制で縛るのではなく，あくまでも企業の自主性に委ねる方法が各方面より大きな支持を得てイギリスの多くの企業において企業統治規範が遵守された。これは，イギリスの企業統治の有効性の向上にも貢献している。また，イギリスにおいては企業統治において株主の役割，とくに機関投資家の役割の重要性を認識し，企業と株主のコミュニケーションを積極的に図るように求めている。

　イギリスの企業統治は企業が受け入れやすい企業統治構造を作り，強制的な方法ではなく，企業が自主的に運営できる方法を取っており，自主的な企業の行動が企業統治を向上させるうえで有効であることを示唆している。

【注】

（1）メディア事業を営むイギリスの大企業であるマックスウェル・コミュニケーション・コーポレーション（Maxwell Communication Corporation）およびミラー・グループ・ニュースペーパー（Mirror Group Newspapers）を所有していたロバート・マックスウェル卿が従業員向けに蓄えられた会社の年金を着服するなどの不正行為により，3万人の従業員の年金受給者の年金がなくなり，多額の負債を抱え，1991年に倒産した。
　　マックスウェル事件については，平田（2008），197-204ページを参照。
（2）安達，ラーラ（1992），54-58ページ。
（3）同上書，55ページ。
（4）吉森（2001），186ページ。
（5）日本コーポレート・ガバナンス・フォーラム（2001），312-331ページ参照。
（6）統合規範は1998年以後，2003年7月に改訂され，その後も2006年6月に改訂，

最新の改訂版が 2008 年 6 月に発表されている。2003 年の改訂で注目すべき点は，会社と株主のコミュニケーションを従来以上に深めるよう積極的に求められている点である。取締役全員が株主との対話を行う責任を負い，会社のガバナンスについて主要株主と対話をし，株主の意見を取締役全体に伝えなければならないとしている。また，取締役全員が株主総会に出席すべきであるとしている。他方，機関投資家である主要株主は株主総会へ出席し，会社と対話を積極的に行うべきであるとしている。

（7）経済産業省（2003），35 ページ。
（8）マイナース勧告は，投資会社のガートモア社会長のマイナース卿を委員長として，主要な企業，機関投資家および投資顧問会社の要職にある委員で構成される委員会が作成したもので，「成功するパートナーシップ構築のため，企業と機関投資家が協調する方法」という題で，機関投資家とイギリス企業が長期投資の観点に立ち，所有と経営の好ましい関係を構築する必要性を提示し，機関投資家，会社，年金受託者が果たすべき役割を提案している。この勧告は統合規範にも引用されている。関（1998），6 ページを参照。
（9）Jonathan Charkham, *Keeping Good Company, a study of corporate governance in five countries*, 1994, pp. 292-293. 菊池（2007），80 ページ再引用。

◆参考文献◆

Jack Keenan, Corporate Governance in UK/ USA Boardrooms. Corporate Governance : An International Review, Vol. 12, No. 2, pp. 172-176, April 2004. Blackwell Publishing Ltd.

安達精司，ラーラ・ダハティー「英国におけるコーポレート・ガバナンスをめぐる論議［上］」『商事法務 No. 1300』商事法務，1992 年 a，53－59 ページ。

安達精司，ラーラ・ダハティー「英国におけるコーポレート・ガバナンスをめぐる論議［下］」『商事法務 No. 1301』商事法務，1992 年 b，24－31 ページ。

海外情報「英国におけるコーポレート・ガバナンスの検討状況―ハンペル委員会最終報告書―」『商事法務 No. 1486』商事法務，1998 年，40－41 ページ。

菊池敏夫『現代企業論―責任と統治―』中央経済社，2007 年。

金在淑「会社機関構造とコーポレート・ガバナンス」佐久間信夫編著『アジアのコーポレート・ガバナンス』学文社，2005 年。

金在淑「韓国の企業統治改革」菊池敏夫・平田光弘・厚東偉介編著『企業の責任・統治・再生―国際比較の視点―』文眞堂, 2008年。
キャドバリー報告書, The Financial Aspects of Corporate Governance. The Cadbury Report, 1992. http://uksa.org.uk/Corporate Governance Cadbury 1992. pdf
グリーンブリー報告書, Directors Remuneration. The Greenbury Committee, 1995. http://uksa.org.uk/ Directors Remuneration Greenbury 1995. pdf
経済産業省『通商白書2003―毎外のダイナミズムの取り込みを通じた日本経済の再活性化』「企業を取り巻く経済システムの変化―企業システムの多様性とその改善の方向性における共通性―」2003年, 28-63ページ。
関孝哉「英国の統合コーポレート・ガバナンス規範とその特徴」『商事法務 No. 1511』商事法務, 1998年, 4-8ページ。
関孝哉「イギリスの企業統治構造」佐久間信夫編著『企業統治構造の国際比較』ミネルヴァ書房, 2003年。
統合規範, The Combined Code Principles of Good Governance and Code of Best Practice. The Committee on Corporate Governance, 1998.
http://www.ecgi.org/codes/documents/combined_code.pdf
平田光弘「英国における企業統治改革の実践」菊池敏夫・平田光弘偏著『企業統治の国際比較』文眞堂, 2000年, 77-94ページ。
平田光弘「不祥事企業の経営再生―英国企業の不祥事―」菊池敏夫・平田光弘・厚東偉介編著『企業の責任・統治・再生―国際比較の視点―』文眞堂, 2008年, 191-204ページ。
日本コーポレート・ガバナンス・フォーラム編「コーポレート・ガバナンス関連報告書(翻訳)」『コーポレート・ガバナンス―英国の企業改革―』社団法人商事法務研究会, 2001年。
ハンペル報告書, Committee on Corporate Governance Final Report. The Committee on Corporate Governance and Gee Publishing Ltd, 1998.
http://www.econsense.de/_CSR_INFO_POOL/_CORP_GOVERNANCE/images/hampel_report.pdf
吉森賢『日米欧の企業経営―企業統治と経営者―』放送大学教育振興会, 2001年。

第 7 章
ドイツの会社機関と企業統治

第 1 節　ドイツのコーポレート・ガバナンスの特徴

　ドイツの会社機関と企業統治は，その特色あるスタイルによって世界の注目を集めてきた。その特徴としてあげられるのは，次の3点である。第1に，株式会社における会社機関として，取締役会が「監査役会」（Aufsichtsrat）と「執行役会」（Vorstand）からなる二層型システムを採用している点である。執行役会は業務執行に専念する一方で，監査役会は執行役会の業務執行を監督する役割を担うことが期待される。第2は，労使の共同決定方式があり，企業規模により割合は異なるが，労働者の代表が監査役会のメンバーとして加わる点である。すなわち，従業員がコーポレート・ガバナンスへ制度的に組み入れられている。第3に，企業と銀行が緊密な関係にあり，ハウスバンク（メインバンク）と呼ばれる特定の銀行の企業に対する影響力が大きい点である。銀行による企業への株式保有や監査役の派遣などを通じて，その役割はこれまで非常に大きかった。だが，近年，資本市場のグローバル化を背景に銀行の影響力は若干低下してきているともいえる。

　このようなドイツのコーポレート・ガバナンス・システムは，いつ頃どのように形成されてきたのだろうか。ドイツにおける監査役会は，19世紀後半の商法典において登場し，株式会社において設置が義務づけられた。監査役会は，執行役会の業務執行を監督する役割を担い，監督と業務執行は明確に分離されている。また，監査役会のメンバーは，株主側および労働側代表から選出され，

執行役は監査役会の指名によって選ばれる。

この二層型取締役会制度と並んで，ドイツの企業制度の特徴とされる共同決定制度は，20世紀前半から検討されはじめ，1951年に石炭業と鉄鋼業における大企業を対象とする「モンタン共同決定法」が制定された。さらに1976年には従業員数が2,000名を超える大企業に適用される「共同決定法」が制定された。これらの法律により，従業員が監査役会に参加する権限が定められ，ドイツの特徴あるコーポレート・ガバナンスの制度についての規定が成文化された。

多くの大企業に採用されている1976年共同決定法について，具体的に述べると従業員数が2,000名を超える場合には，監査役会の半数が労働側代表（当該企業の従業員および外部の労働組合団体などから選出）によって構成されなければならないことを定めている。また，監査役の人数については，従業員数が1万名以下の場合は12名，1万名超えの場合は16名，2万名超えの場合は20名と定められている。監査役会の決議が半数同士で二分された場合には，株主代表である会長が決定票を有している。したがって，監査役会での株主側の優位が実質的には確保されて諸手続きがすすめられることになる（図表7－1参照）。

以上のような監査役会における共同決定制度とともに，事業所における業務レベルでの共同決定制度がある。1952年に成立した「経営組織法」（Betriebsverfassungsgesetz）は，業務レベルでの共同決定を定めており，事業所における共同決定は，「事業所協議会」（Betriebsrat）を通じて従業員代表がさまざまな形で行使する権利が確保されながら行われる。たとえば，賃金，勤務時間，福利厚生などの労働条件に関しては提案権を，採用，配置転換に関しては同意権を有し，提案権と同意権は労働側代表の同意が必要とされている点で共同決定事項である。また，この経営組織法のもとでは，従業員数が500名超え2,000名以下の中規模会社（株式会社，株式合資会社，有限会社など）は，監査役会の3分の1が労働側代表とされている。

共同決定制度のメリットは，一般的にいえば，労使のコンセンサスを重んじることで，たとえば工場閉鎖の際にも雇用維持の確保に向けた努力がなされる

図表7－1　ドイツの二層型取締役会制度

監査役会	
株主側代表 6人 8人 10人	労働側代表 6人 8人 10人

↓

執行役会

など，労働争議の回避に役立つ面があったことである。この点について，周辺諸国に比べても，ドイツの労働争議は少なかったことはメリットとして考えられて良い。一方で，1990年代に起こったいくつかの企業不祥事の発生の際に論じられたように，監査役会の執行役に対する監督能力が不足している点が指摘されたりもした。また，ドイツ企業の国際競争を考えるうえでは，意思決定面での迅速な対応が課題とされており，それを不安視するような見方もある。したがって，共同決定制度がドイツ企業の国際展開を達成していくうえでの制度面の障壁として考える向きもないではない。

　このような共同決定制度の下にある会社の数は，1998年の報告書によれば，ドイツ国内において約800社，従業員数は約550万人とされる[1]。また，ドイツの企業形態としては，従来，株式会社を採用する会社の数は比較的少なかったが，1990年代後半に急増し，1995年の約3,780社が，2004年には16,002社に達した[2]。株式会社が急増した背景としては，法制度の規制緩和によって，中小会社の株式公開化が促進したことによる。一方，付加価値総額上位100大企業においては，その約75％が株式会社を採用しているものの，残りの25％は有限会社や合資会社などを採用しており[3]，株式会社以外の諸形態も重要な機能が期待されていることも特徴として考えられてよい。

　ちなみに，二層型取締役会の具体的な事例として，ダイムラー社をとりあげると，監査役会は20名からなり，株主側代表と労働側代表がそれぞれ10名ずつを占め，会長は株主側代表から，副会長は労働側代表から出されている。ま

た，執行役会の構成メンバーは6名であり，執行役会長のディーター・ツェッチェはメルセデス・ベンツ・カーズ統括を兼ねている（2009年12月時点）[4]。また，取締役会の実際の運営状況の例としては，たとえば，ドイツテレコム社では，監査役会の定例会議を年に4回開催しており，2009年には臨時会議も2回開催され，さらに同社の戦略的編成についての重要な会議も1回開催された。また，執行役会は，通常，週1回開催されている[5]。

共同決定制度については，ドイツ以外にも，オーストリア，オランダ，北欧などで採用され，フランスでも選択的に同制度の採用が可能である。また，2004年には，「欧州会社法」（European Company Statute）のもとで，新しい企業形態である「欧州会社」（Societas Europaea：SE）の採用が可能になったことで，ドイツ国内における企業形態をめぐる議論が活発化するようになった。この点は，後でふれていくことにしたい。

第2節　ドイツ企業の所有構造と資金調達

ドイツの企業統治の仕組みを支える背景として，重要な役割を担ってきたのが銀行である。銀行は融資先企業の株式保有を行い，また寄託議決権を優先的に行使してきた。さらに，役員を監査役会メンバーとして派遣することにより企業に対して影響を及ぼしてきた。ここでは，株式所有構造と資金調達の特徴を眺めながら，銀行の役割と近年の変化を明らかにしていきたい。

ドイツの株式所有構造の特徴は，まず，銀行を中心とする金融機関および事業会社による保有が大きいことである。また，大企業であっても，主に創業者一族やその財団などによる特定の大株主が存在する場合が多く，上位株主への集中度が比較的高い。

欧州証券取引所連合（Federation of European Securities Exchanges：FESE）の資料によると（図表7－2参照）[6]，2007年において，事業法人（39.3%）の持株比率が高く，また近年増加しているものの外国人（21.3%）の持株比率がそれほど高くないことがドイツの特徴としてあげられる。この比率の変化を時系

図表7-2 ドイツの株式所有構造（単位：％）

所有者／年	1994	1996	1998	2000	2002	2004	2006	2007
事業法人	43.2	42.2	38.0	37.8	36.8	37.3	36.4	39.3
金融機関	24.5	26.8	29.5	30.6	31.5	28.2	27.9	24.2
個 人	18.6	17.8	16.8	16.8	13.8	14.9	15.2	13.3
外国人	9.0	9.1	11.8	12.5	14.8	16.6	18.4	21.3
公的セクター	4.7	4.1	3.9	2.3	3.1	3.0	2.1	1.9
合 計	100.0	100.0	100.0	100.0	100.0	100.0	100.0	100.0

出所："FESE Share Ownership Structure in Europe", DEC. 2008.

列で眺めると，事業法人は1995年の44.0％がピークで，近年はやや低下してきている。また，金融機関については，2002年に31.5％のピークとなった後，2007年には24.2％に低下している。金融機関の内訳として，銀行の株式保有は1990年代に12〜13％程度であったが，その後若干の低下を続け，2007年には9.7％となった。一方で，保有割合が増加したセクターをみると，外国人が1995年に8.2％であったのが，2007年には21.3％に増加している。また，機関投資家の保有割合は，とりわけ大企業において，彼らの投資対象としての関心が高まり，1990年代に急増した。

このような株式所有構造の変化を受けて，企業行動も従来と異なる様式が現れ，ドイツにおいても海外企業による企業買収が見られるようになった。たとえば，イタリアのタイヤメーカーのピレーリ社によるドイツのコンチネンタル社への買収提案や，イギリスの携帯電話会社ボーダフォン社によるマンネスマン社への敵対的買収などが行われるようになり，ドイツ企業が資本市場のグローバル化のなかでさまざまな影響をこうむるようになった。

また，ドイツの株式所有構造を考えるうえでは，従来，銀行が預託株式の議決権を大量に保有してきた点が重要である。だが，後に詳しくみていくが，1998年の「企業領域におけるコントロールと透明性に関する法律」(Gesetz zur Kontrolle und Transparenz im Unternehmensbereich : KonTraG) により，銀行

は相手先企業の株式を5％超えて所有すると，その議決権を放棄しなければならなくなった。そのような背景も，金融機関の持株比率の低下を促した1つの要因とみなせよう。

　次に，ドイツ企業の資金調達面での特徴として，銀行の役割について述べたい。ドイツでは，銀行業務と証券業務の双方を提供できるユニバーサル・バンク制度が採用されているため，銀行は企業に対して大きな影響力をもつようになった。また，ドイツ企業の資金調達面での特徴として，銀行を通じた間接金融の割合が比較的多かった。

　しかしながら，このような銀行の役割は，1999年に起こった建設会社フィリップ・ホルツマン社の経営破綻により大きく変化を遂げていく。同社のハウスバンクとして，ドイツ銀行はそれまでの慣例に従い，同社への緊急融資と再建支援をほかの取引銀行に求めたが，ほかの銀行は結果的にこの協力要請を断った。この結果，ドイツ銀行単独による再建支援が困難となって，ドイツ政府が同社への公的資金の投入を決定したのである。しかし，ホルツマン社は早くも翌2000年に再び経営危機に陥り，倒産するに至った。

　すなわち，金融市場での国際競争に直面している銀行は，企業としての競争力強化を優先していくようになり，融資先企業への救済支援体制は後退せざるをえなくなった。また，従来，企業の資金調達は間接金融に依存するところが大きく，とりわけドイツ銀行をはじめとする三大銀行の役割が重要であった。しかし，近年，資本市場の発達による企業の直接金融化が進展したこともあって，銀行融資の役割は低下してきている。また，銀行による監査役の派遣についても，近年，派遣人数が減少している。すなわち，従来，資金や人材の提供を通じて，銀行による監督能力がコーポレート・ガバナンスのうえで期待されてきたが，監査役会による監督は必ずしも効果的に機能しなかった。この間，ホルツマン事件の顛末をみて，ドイツ政府としても，企業への安易な資金供給を繰り返すことはできず，コーポレート・ガバナンス改革へと乗り出していくことになったのである。

第3節　近年におけるドイツの企業統治改革

1．法規制を中心とするガバナンス改革

　ドイツのコーポレート・ガバナンス改革の動きは，1990年代に起こった企業不祥事や経営破たんを契機に推し進められることになった。1993年の非鉄金属業メタルゲゼルシャフト社で起こった石油先物取引の巨額損失（約13億ドル相当）や上述のホルツマン社の経営破たんなどの事件に対しては，監査役会を中心とする会社内部の監督機関が十分に機能しなかったことが問題視されるようになった。また，グローバルな企業競争の激化や世界的な金融ビッグバンの進展により，ドイツ固有のコーポレート・ガバナンス・システムは変革を必要とするようになった。

　ドイツのコーポレート・ガバナンス改革の動きは，まず法改正を中心とする規制面からはじめられた。すでに1990年に入った段階で，欧州市場統合を見据えた環境のもと，金融市場規制を見直す動きとして，「資本市場振興法」(Finanzmarktforderungsgesetz) が施行されてきた。資本市場振興法は，1990年の第1次から，2002年の第4次まで実施されており，ドイツの資本市場のグローバル化への対応のための規制緩和や投資家保護の強化が図られた。

　このうち，コーポレート・ガバナンスに関係するものとして，たとえば，1994年の第2次資本市場振興法では，この過程で「株式法」(Aktiengesetz) の規制緩和も行われ，従業員数500名未満の株式会社に対し，共同決定制度の適用が免除された。また，1998年の第3次資本市場振興法においては，KonTraGがさまざまな市場規制改革とともに制定された。この法律は株式法等を改正することによって，監査役会の責任や監査の権限を強化し，さらに決算監査人の独立性を改善することを志向したものである。具体的には，監査役の兼任会社数を制限し，一方で監査役会の開催数を増やすようにして，監査機能の向上を企図した。また，決算監査人については，執行役会でなく，監査役会と契約を行うようにさせることで執行役会の決算監査人への影響力を弱めて，

決算監査人の独立性への配慮を行った。

　このKonTraGの成立をふまえて，2000年1月にはフランクフルト大学のバウムス（Baums, T.）教授を座長とするフランクフルト・グループと呼ばれる民間の委員会によりコーポレート・ガバナンス原則が発表され，次いで2000年6月にはベルリン工科大学のヴェルダー（Verder, A.）教授らベルリン・グループによるコーポレート・ガバナンス原則が公表された。

　これら民間の動きをふまえて，シュレーダー首相は，2000年5月にバウムス教授を中心とした政府委員会を設置し，ドイツのコーポレート・ガバナンス・システムの見直しと具体的な勧告を行うよう指示し，2001年7月にその報告書が提出された。このバウムス委員会による報告を受けて，ドイツ司法省は，上場企業が従うべきコーポレート・ガバナンス原則を策定するために，2001年9月にはティッセン・クルップ社のクロンメ（Cromme, G.）氏を委員長とする政府委員会を設置し，2002年2月に同委員会は「ドイツ・コーポレート・ガバナンス規範」（Deutscher Corporate Governance Kodex：Kodexと略す）を公表した。

2．ドイツ・コーポレート・ガバナンス規範

　Kodexはそれ自体に強制力はないが，その実効性を高めるために，2002年7月に「透明性と開示に関する法律」（Transparenz und Publizitätsgesetz：TransPuG）が施行され，株式法のもとで上場会社に対し「遵守か説明か」（comply-or-explain）の原則を義務づけた[7]。すなわち，Kodexには「勧告」（Empfehlung）と「推奨」（Anregung）の項目があり，勧告規定に対しては，遵守していない場合，その旨の開示を行わなければならない。一方，推奨規定については，開示なしの離脱が可能である。したがって，勧告項目と推奨項目いずれの項目とも従うか従わないかは一応，会社側の自由であるが，勧告項目については遵守状況の開示が義務づけられている。そのような情報開示規制は上場企業に義務づけられ，内容は連邦広報において公示されることになった。

　Kodexは，EUの方針およびアメリカの「企業改革法」（Sarbanes-Oxley Act：

SOX法）の影響なども受けて，政府委員会によってほぼ毎年見直しが行われており，最近では2010年5月に改訂が行われている（図表7－3参照）。内容としては，執行役会と監査役会の協力と透明性を明確に強調しており，とりわけ，監査役会の監督能力の向上を重視して，監査役会に多くの項目を定めている。このような情報開示規制によるエンフォースメントの効果は大きく，Kodexに対しての上場会社の遵守率は多くの項目で非常に高いものとなった。

　Kodexの遵守状況についての調査として，ヴェルダーによる報告を紹介しよう。2007年6月に改定されたKodexは，勧告項目は80件，推奨項目は23

図表7－3　ドイツ・コーポレート・ガバナンス規範
（2010年5月26日改定）

```
1. 序　文
2. 株主と総会
    2.1  株　主
    2.2  株主総会
    2.3  株主総会の招集，郵送による投票および議決権の代理人
3. 執行役会と監査役会の協力
4. 執行役会
    4.1  任務および責任
    4.2  構成および報酬
    4.3  利益相反行為
5. 監査役会
    5.1  任務および責任
    5.2  監査役会会長の任務と権限
    5.3  委員会の設置
    5.4  構成および報酬
    5.5  利益相反行為
    5.6  効率性の審査
6. 透明性
7. 年次決算書の開示と監査
    7.1  会計報告
    7.2  決算書の監査
```

出所：ドイツ政府委員会資料。下記より取得。
　　　http://www.corporate-governance-code.de/eng/download/
　　　kodex_2010/German-Corporate-Governance-Code-2010.pdf

件からなり，フランクフルト証券取引所の株価指数を構成する主要企業DAX 30社の遵守状況は，2008年の株主総会終了後において，勧告項目については96％に達し，90％以下の遵守率を示した項目は，5項目のみであったとしている。DAX 30社については，外国の機関投資家やドイツの年金基金が投資対象として関心をもつため，株主価値経営を推進していかざるをえない経営方針をもつ。そのため，遵守率については，上場企業のなかで企業規模が大きいほど遵守する傾向がみられるとしている。したがって，この数値を詳細に眺めると，遵守しない傾向をもつ項目も浮かび上がる。たとえば，役員賠償責任保険に関する規定については，Kodexでは，役員は会社経営に責任をもつべきだとして，保険を導入すべきでないとしているが（3.8条），多くの企業はこの保険を取り入れている。そのほか，指名委員会の設置についてもDAX 30社においては，96％と高い遵守率を示すが，上場企業全体としての遵守率は48％となっており低い[8]。

また，役員報酬の個別開示については，2005年8月に「役員報酬開示規制」(Vorstandsvergütungs-Offenlegungsgesetz：VorstOG) が強化されたことで，コーポレート・ガバナンス報告書の一部をなす報酬報告書において開示を行わなければならなくなった。そのため，それまで開示に消極的であった企業もそれに従わざるを得ず，遵守率は上昇することになった。

このようにドイツでは，2000年に入って，政府委員会のもとでKodexが作成され，株式法という法律によってKodexに対する情報開示を上場企業に義務づけた点が特徴である。この方式は，イギリスの「遵守か説明か」の原則を見習ったものであり，ドイツを含めたEUの主要な国々がそれを取り入れた後に，EU全体のルールとして採用されていったものである。そういう意味では，コーポレート・ガバナンス規範（原則）に対するエンフォースメントの方式として，情報開示を促す規制（法律あるいは証券取引所のルール）を用いたのが，近年の欧州におけるコーポレート・ガバナンスの取り組みの特徴である。次にその経緯と近年の動向を眺めていくことにする。

第4節　EUの規制とドイツの対応

　近年において，ドイツのコーポレート・ガバナンス改革が進められた背景を考えるうえで必要な視点は，EU（欧州連合）加盟国間での調和化が進められてきたことである。コーポレート・ガバナンスの制度においても，加盟国間での収斂への傾向がみられる点を考慮せねばならず，この点がドイツに及ぼした影響も大きいといえる。

　コーポレート・ガバナンスに関わるEU規制は，主に「指令」（Directive）と「勧告」（Recommendation）によって行われている。指令については，加盟国がおおむね数年以内に国内法化していく義務を負う。また，勧告については，強制力はないがガイドラインとしての性格を有し，司法等で解釈を要するときに引き合いにだされる性質をもつ。したがって，EU規制に基づいて，加盟国はそれぞれの国に応じた形で制度化を急ぐ必要がある。そのため，欧州諸国のコーポレート・ガバナンス制度については，個別の国の動向を論じるのみならず，EUのコーポレート・ガバナンス政策に関心を増していかざるを得ないのが現状であるといえる。

　このような近年におけるEUの動向に関して，関孝哉はEU諸国間のコーポレート・ガバナンスの共通点を次のように指摘している[9]。

　第1は，EU加盟国において，「遵守か説明か」の原則が採用されるようになり，それがEU域内の上場企業における共通した取り組みとして大きな作用を与えるようになったことをあげている。この「遵守か説明か」の原則は，1992年にイギリスの民間の委員会が提案したもので，望ましいベスト・プラクティスに対して，遵守していない場合はその理由を説明しなければならないとするルールである。イギリスでは，このルールにより上場企業の情報開示が大幅に拡充し，コーポレート・ガバナンスの実効性が各方面から認められるようになった。そして，その後，EU全体のルールとして採用されていったのである。前述のとおり，ドイツにおいても，EU各国の動向を眺めながら，2002

年に「ドイツ・コーポレート・ガバナンス規範」(Kodex) が作成され，それに対して「遵守か説明か」の原則を株式法に依拠する形で採用した。

第2は，「アカウンタビリティ」という概念がEU加盟国において浸透するようになったことをあげている。とりわけ，株主をはじめとするさまざまなステークホルダーへの説明責任を果たしていこうとする経営環境の要請が強まり，それが各国の政策レベルで，あるいは機関投資家・年金基金のレベルで，コーポレート・ガバナンスに関係する規範 (code) を作成していこうとする機運を生じさせた。このような各種の規範に基づいて，企業側の情報開示がすすめられるようになったのである[10]。このような2つの共通認識を基礎にすえることで，EUにおいてコーポレート・ガバナンス面での近年の調和化が進展したといえる。ここでは，そのプロセスについて簡潔にそれを確認しておこう。

EUの政策提案主体として重要な役割を担うのは欧州委員会 (European Commission) であるが，2000年代以降，同委員会はコーポレート・ガバナンスの方向性を定めるための手続きをすすめた。具体的には，2001年9月に，会社法の専門家による委員会を設置し，2002年11月にそれは「ウインター報告書」としてとりまとめられた。同報告では，情報開示の充実や株主権の強化，取締役の説明責任など，コーポレート・ガバナンスに関わる項目についての提案が行われた[11]。そして，それを受けて，2003年5月に欧州委員会は「会社法アクションプラン」を公表し，これによってEUのコーポレート・ガバナンス構築の方向性が明らかになっていく。同プランでは，短期・中期・長期に分けてそれぞれ優先すべき項目を提示し，たとえば短期的課題の1つとして加盟国間のコーポレート・ガバナンス改革を調整するための組織として，欧州コーポレート・ガバナンス・フォーラム (European Corporate Governance Forum : ECGF) の開催を定めている。ECGFは2005年1月に第1回会合がもたれ，年2, 3回のペースで開催されてきたが，その役割はコーポレート・ガバナンスのグローバルな側面を考慮しつつ，欧州委員会に対して専門的な政策を提言していくことにある。とりわけ，ECGFは「遵守か説明か」の原則を重視しており，2006年3月には同原則による情報開示のスタイルを強く支持する声明

を出した。それを受けて、欧州委員会は 2006 年 6 月に会社法規則修正の「指令」を公表し、EU 域内で上場する会社を対象に、年次報告書にコーポレート・ガバナンス報告書を含めることを規定し、各国で定められたコーポレート・ガバナンス規範に対して「遵守か説明か」の原則に基づく記載を求めることにした。

　このような EU の動きに対して、ドイツは先にみたようなコーポレート・ガバナンスにおける対応を進めたほか、政府は投資家の権利を拡大し、証券市場の透明性を高めるための施策を講じることで資本市場のグローバル化への対処を行っていった。さらに、ここでは、ドイツの国際企業競争を考えるうえで、2001 年に合意が成立した欧州会社法についてふれておきたい。

　欧州共通の新しい法人形態としての欧州会社（SE）が、2004 年 10 月に施行され、これにより従来の企業形態に加え、EU 法に基づく企業形態が導入された。EU で活動する企業にとって、このような EU 共通の制度による法人形態は、組織変更、移転、M&A などの局面で利用価値が高まることが期待された。とりわけ、EU 域内で国境を越えて活動している企業にとって、SE への移行は 1 つの選択肢として意識されるようになり、化学メーカー BASF 社や保険業のアリアンツ社など、いくつかの大企業はすでに SE へ移行した。そこでは、EU 域内のグループ企業運営の円滑化にかかわるメリットを見込むとともに、ドイツ企業にとっては、共同決定制度の経営上の制約を脱皮していく手段としての模索が行われている。すなわち、共同決定制度はドイツをはじめいくつかの欧州諸国に限られ、監査役会の構成および人数を固定化させるなどの制約を伴う。そのため、SE へ移行する会社は、共同決定制度を採用する国々に目立っているのが実情である。欧州会社法の施行を契機に、ドイツでは共同決定制度を再検討するための政府委員会が設置された。委員会の目的は、国際化が進むなかで共同決定制度の多様化を含めた近代化を検討することとされたが、2006 年 12 月の報告書においては、法制度の見直しについての合意には至らなかった[12]。

　このように、グローバルな企業競争をふまえたコーポレート・ガバナンスの

あり方をめぐる議論はなお尽きない状況にあるが，ドイツ固有の特色あるコーポレート・ガバナンスの仕組みが内外の経営環境の変化や EU 加盟国としての制度の調和化の影響を受けて，今後どのような変質をとげていくのかに注視していく必要がある。

【注】

（1）関（2008），254 ページ参照。
（2）松田健「ドイツの企業と資本構造の変化」高橋（2006），96 ページ参照。
（3）風間信隆「外部監視とコーポレート・ガバナンス」佐久間（2007），95-96 ページ参照。
（4）ダイムラーの『有価証券報告書』（2009 年版，EDINET 提出書類）参照。
（5）また，取締役は原則として 62 歳を超えてはならないとされる。ドイツテレコムの『有価証券報告書』（2009 年，EDINET 提出書類）参照。
（6）Federation of European Securities Exchanges, Economics and Statistics Committee, "FESE Share Ownership Structure in Europe", DEC, 2008
（7）イギリスでは，「規範条項」（Code Provision）を遵守しない場合，その理由を説明せねばならない。一方，ドイツでは，2002 年のこの時点では，遵守したかどうか，およびどの勧告を適用しているかを開示すればよかった。また，イギリスでは，法律でなく，証券取引所のルールとした点がドイツと異なる。
（8）ヴェルダーによる調査報告は毎年行われている。ここでは，吉森・齋藤（2009），153 ページを参照した。
（9）関孝哉「コーポレート・ガバナンス—世界各地で進められているガバナンスの議論」企業年金連合会，コーポレート・ガバナンス推進会議，第 13 回（2007 年 3 月 14 日）会議録参照。http://www.pfa.or.jp/jigyo/shisan/gava_giketsuken/suishin/files/cg_kaigi13_roku.pdf
（10）この点は，欧州における CSR の動向にも強く表われているといえよう。
（11）同報告書では，各国におけるコーポレート・ガバナンス・コードに対する「遵守か説明かの原則」の適用が提案されている。
（12）関孝哉「欧州会社法と主要欧州企業の対応」『商事法務』No. 1829（2008 年 4 月 5

日）を参照。

◆参考文献◆

Clarke, T. & Chanlat, J. F. (eds.), *European Corporate Governance, Readings and perspectives*, Routledge, 2009.

海道ノブチカ・風間信隆編『コーポレート・ガバナンスと経営学』ミネルヴァ書房，2009年。

菊澤研宗『比較コーポレート・ガバナンス論』有斐閣，2004年。

佐久間信夫編『コーポレート・ガバナンスの国際比較』税務経理協会，2007年。

佐久間信夫・水尾順一編『コーポレート・ガバナンスと企業倫理の国際比較』ミネルヴァ書房，2010年。

関孝哉『コーポレート・ガバナンスとアカウンタビリティ論』商事法務，2008年。

関孝哉「欧州会社法と主要欧州企業の対応」『商事法務』No. 1829（2008年4月5日）。

高橋俊夫編『コーポレート・ガバナンスの国際比較 ―米，英，独，仏，日の企業と経営』中央経済社，2006年。

正井章筰『ドイツのコーポレート・ガバナンス』成文社，2003年。

正井章筰「EUのコーポレート・ガバナンス ―最近の動向―」『早稲田法学』81巻4号，2006年。

吉森賢『企業統治と企業倫理』放送大学教育振興会，2007年。

吉森賢・齋藤正章編『コーポレート・ガバナンス』放送大学教育振興会，2009年。

第3部

企業と社会

第8章
企業の社会的責任

第1節　企業とステークホルダー

1．はじめに
　企業の社会的責任とは，企業の社会に対する責任であり，企業が社会において存在する以上すべての企業が社会に対する責任を負うことになる。かつて企業は財やサービスの生産・販売によって利潤を獲得する手段と考えられてきたが，企業と社会論では，企業はステークホルダーがその生活と繁栄を依存するような社会制度へと変わったとしている。したがって，企業の社会的責任とは，具体的には企業のステークホルダーに対する責任を意味する。

2．ステークホルダーの定義と分類
　ステークホルダーとは，企業との間で相互に影響しあう，あるいは依存し合う関係にある集団・組織・諸個人であると定義できる。ステークホルダーは企業との関係性の強弱をもとに，一次的ステークホルダーと二次的ステークホルダー，社会的ステークホルダーと非社会的ステークホルダーに分類できる。一次的ステークホルダーは企業と相互依存関係にあり，企業活動に影響を与える集団のことである。二次的ステークホルダーは，企業活動によって直接的・間接的に影響を受ける集団のことである。社会的ステークホルダーは企業に対して直接的な意志疎通が可能なステークホルダーであり，非社会的ステークホルダーは企業に対して直接的な意志疎通が困難なステークホルダーのことである。

一次的社会的ステークホルダーは投資家，従業員，経営管理者，顧客，納入業者，地域社会等である。二次的社会的ステークホルダーは労働組合，競合企業，業界団体，行政機関，市民的機関，有識者，報道機関，圧力団体などである。一次的非社会的ステークホルダーは自然環境，未来世代，人類以外の生物などがある。二次的非社会的ステークホルダーは環境保全団体，動物保護団体などがある。

3．企業のステークホルダーに対する責任

① 株主（投資家）に対する責任　株主は企業の出資者であるため，企業が第一に責任を果たすべき主体である。出資にともなう配当と株の売却益を

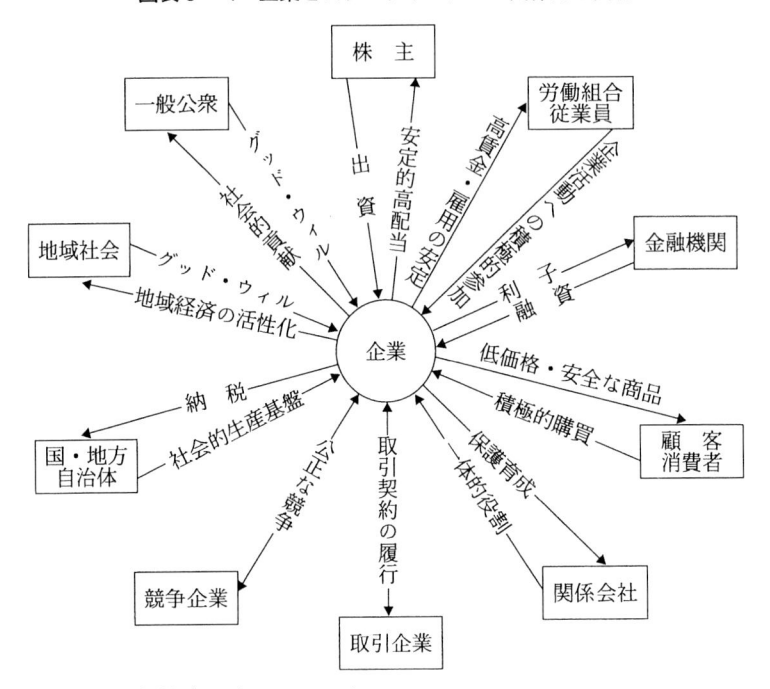

図表 8 − 1　企業とステークホルダーの具体的な関係

出所：佐久間（2006），37 ページ。

生み出して行くことが最も重要である。財務情報はもちろん非財務情報を含めた情報開示を行わなくてはならない。
② 従業員に対する責任　企業は安定的に雇用すること，給与・年金を支給することは最低限の責任であり，そのほかにも性差別，身障者差別，人種差別や採用・昇進における公平な扱いなどに責任がある。
③ 顧客（消費者）に対する責任　高品質な製品・サービスの向上，適正な価格設定・安全性の保証など顧客の満足度の向上に努めるという責任がある。顧客は企業にとって利益を生み出す源泉であり，顧客の動向は企業経営に大きな影響を与えることから重要な責任がある。
④ 地域社会に対する責任　最大の責任は地域環境の保護である。近年，地域社会への納税や寄付を含めた貢献なども重要な責任と考えられている。

そのほかにも納入業者（取引企業）に対しては安定的物資購入やその支払い，国・行政機関には法規制の遵守・納税・政策と適合した経営などの責任がある。

第2節　企業の社会的責任の基本概念

1．キャロルのピラミッド・モデル

　企業の社会的責任の基本概念として，広く知られているキャロルのピラミッド・モデルを示す。キャロルは，「企業の社会的責任は，ある時点において社会が組織にたいして求める経済的・法的・倫理的・フィランソロピー的な期待を包含するものである」と規定している。各々の責任をみると，
- 経済的責任とは，企業が社会から要求されているものであり，売上高を最大化したり，コストを最小化したりして，利益をあげることを意味する。
- 法的責任とは，これも企業が社会から要求されているものであり，環境保護法や労働法などの法律を遵守することを意味する。
- 倫理的責任とは，企業が社会から期待されていることであり，法律の規定がなくとも法律の精神に則って倫理的行動を行うことを意味する。正義にかなっていることや公正なことを行うこと，害を与えることを回避するこ

とであり，倫理的なリーダーシップをとることを意味する。
- フィランソロピー（社会貢献）的責任とは，企業が社会によって願望されるものであり，よき企業市民として地域社会に貢献し，生活の質を改善することを意味する。

すべての企業が社会に対して負う責任は，法的責任を意味し，また，企業と

図表 8 − 2　キャロルの CSR のピラミッド

```
フィランソロピー的責任
よき企業市民となること

倫理的責任
倫理的であること

法的責任
法を遵守すること

経済的責任
利益をあげること
```

出所：原田・塚本（2006）。

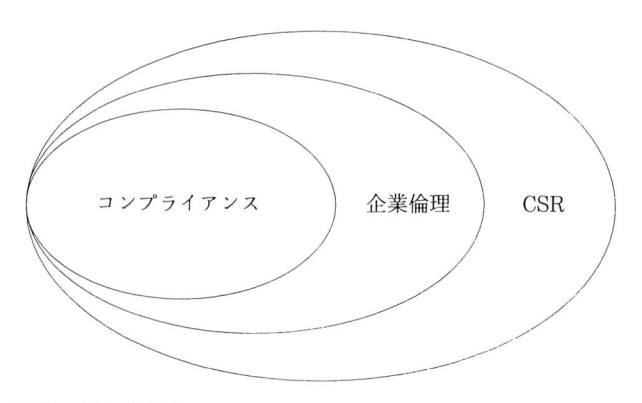

図表 8 − 3　コンプライアンス，企業倫理，CSR の関係イメージ図

コンプライアンス　企業倫理　CSR

出所：水尾（2005）。

して存続し続けるためには，経済的責任を果たす必要がある。倫理的責任とフィランソロピー的責任は，義務的ではないが社会から期待されている，あるいは望ましいと考えられている責任である。

2．企業の社会的責任の基本概念

1990年代以降，企業の社会的責任はCSRと呼ばれるようになるが，CSRと近似した概念であるコンプライアンスと企業倫理をみていきたい。

- コンプライアンスとは，法令遵守で，国家や地域の行政が定めた法律や条令を遵守することである。
- 企業倫理とは，企業が行動する際に基づく規範的な概念で，コンプライアンスのように法的責任の領域に留まるものではない。企業活動全般の指針となるので，経済的責任，倫理的責任の領域も含む。

CSRとの関係をみると，コンプライアンス，企業倫理とCSRは出発点が同じであり，コンプライアンスの法的責任が基盤に必要で，そのうえに経済的責任と倫理的責任を包含したのが企業倫理である。さらに，社会貢献的責任まで含めた概念全体がCSRの全体像である。

以上をまとめると，企業の社会的責任とは，企業が社会の求める経済的・法的・倫理的・社会貢献的な期待に自発的に対応して，ステークホルダーとコミュニケーションをとりながら，企業活動と相互に影響関係にある経済・社会・環境などの分野に配慮した責任ある行動をとることで，持続可能な社会の実現に貢献することである[1]。

第3節　企業の社会的責任の本質

1．企業の社会的責任からCSRへ

日本では，企業の社会的責任は1960年代から70年代には，公害問題でさかんに報道され，80年代には社会貢献活動などを通して一般化してきた。90年代になると，欧米企業のグローバル化にともなって従来とは異なった，新たな

重要課題として再度浮上し，大きな注目を浴びるようになった。従来の企業の社会的責任と，90年代以降のCSR（Corporate Social Responsibility）が異なるようになった背景には以下のものがある。①企業のグローバル化により，先進国と発展途上国との格差がクローズアップされた。②ITの発達が，世界中の人々に企業不祥事を伝え，公正さの必要性を痛感させた。③地球環境の悪化が，科学的根拠のもとに明白になり，環境問題に関心をもつNGO・NPOが世界的に結成された。

2．トリプルボトムライン

イギリスのサステナビリティ社のジョン・エルキントン氏が提唱した考え方である。企業は従来，利潤を追求する主体であるとの見方から，売上高，利益，シェア，株価といった経済的な観点から評価されてきた。しかし，企業活動が環境や社会に大きな影響を与えるようになり，企業活動を経済的観点だけでなく，環境的・社会的観点からも評価しようというものである。CSRで取り上げられる社会問題には，雇用，労使関係，機会均等，安全衛生，児童労働，強制労働等があり，顧客の健康・安全，製品のサービス，プライバシーの保護などの製品責任の問題，増収賄，政治献金，不正競争等の法律遵守の問題がある。投資家が株式投資をする際に，財務データ以外の環境対策，企業倫理，人権等の項目も企業評価の項目に加えて投資先を選別するSRI（Socially Responsible Investment, 社会的責任投資の略）のような投資ファンドを生み出す要因になった。

3．サプライチェーンにおけるCSR

自社ブランドの製品やサービスの一部を外部委託または調達する企業は，価格や品質面だけでなく環境問題や労働問題などの社会的課題への対応についても委託・調達先企業に対して要求し，サプライヤーを監視することで，危機を未然に防ぎ自社への影響を最小限にくい止める必要がある。そのため，コンシューマー製品を提供する企業を中心に，CSR調達が進みつつある。CSR調達とは，取引を開始し，または継続する基準として，財務や品質だけでなくコ

ンプライアンス，人権，環境，労働安全といったさまざまな CSR 上の観点から調達先企業のパフォーマンスや管理の程度を確認するものである。

　サプライチェーンから影響を受けた例に，委託工場が児童労働を使っているとして批判されたナイキ，出荷したゲーム機から基準を超える科学物質が検出されたとしてオランダ当局により製品の陸揚げを差し止められたソニーなどがある。

第 4 節　CSR の世界的潮流

1．CSR の国際基準化

　CSR の国際基準として主要なものには次のものがある。

（1）国連のグローバル・コンパクト

　企業が節度をもって行動しなければ，グローバル経済化への批判はさらに高まり，世界市場が弱体化することを懸念して，1999 年 1 月，当時のアナン国連事務総長は，ダボスでの「世界経済フォーラム」において「グローバル・コンパクト」を提唱した。これは，民間企業の創造力を結集し，弱い立場にある人々の願いや未来世代の必要に応えていくために，世界経済のリーダーに対し，よき企業市民として，人権，労働，環境など 9 つの原則（現在 10 原則）からなる企業活動のルールに賛同し，それを遵守する形での参加を呼びかけた枠組みである。世界の約 50 社の賛同を得て 2000 年 7 月正式に発足し，企業のみならず，市民団体，経済団体，労働組合にも参加団体が広がった。

　参加企業には，各社の影響力の及ぶ範囲内で，人権，労働基準，環境に関して，国際的に認められた規範を支持し，実践するよう要請している。狙いは，各企業がそれぞれの事業を遂行するなかで，これらの規範を遵守し，実践することを通じて，世界に積極的な変化をもたらすことである。企業の最高経営責任者は，取締役会の承認のもとに国連事務総長に書簡を送り，グローバル・コンパクト（とその原則）を受け入れると伝えれば，参加することになる。参加

図表 8 - 4 「グローバル・コンパクト」の 10 原則

人 権
原則 1. 企業はその影響の及ぶ範囲内で国際的に宣言されている人種の擁護を支持し、尊重する。
原則 2. 人権侵害に加担しない。

労 働
原則 3. 組合結成の自由と団体交渉権を実効あるものにする。
原則 4. あらゆる種類の強制労働を排除する。
原則 5. 児童労働を実効的に廃止する。
原則 6. 雇用と就業に関する差別を排除する。

環 境
原則 7. 環境問題の予防的なアプローチを支持する。
原則 8. 環境に対して一層の責任を担うためのイニシアチブをとる。
原則 9. 環境を守るための技術の開発と普及を促進する。

腐敗防止
原則 10. 強要と賄賂を含むあらゆる形態の腐敗を防止するために取り組む。

出所：所（2005），146 ページ。

企業はグローバル・コンパクト（とその原則）が自社の戦略，文化，業務の一部となるように企業活動を変更させ，年次報告等にグローバル・コンパクト（とその原則）を支持して行った活動を発表することなどが求められる。

(2) 持続可能性報告のガイドライン (GRI：Global Reporting Initiative)

GRI は，トリプルボトムラインの 3 つの側面から持続可能性（サステナビリティ）をテーマに，全世界で通用するガイドラインの立案を目的としている。ガイドラインの第一版は 2000 年 6 月に発表された。世界の主要企業が発行する「持続可能性報告書」のほとんどが GRI のガイドラインの考え方に準拠している。

2．ヨーロッパの動向

ヨーロッパの CSR は，欧州委員会が議論の受け皿を作り，そこにさまざまな立場のステークホルダーが参加し，対話を繰り返して CSR の本質について

合意を形成してきた。その結果，環境問題と失業問題が大きな社会課題となっているヨーロッパでは，持続可能な発展のための戦略的なツールとして CSR が位置づけられ，環境問題や労働問題を解決するものとしての期待が大きい。

2002年6月，欧州委員会の呼びかけでマルチ・ステークホルダー・フォーラムが設置され，産業界，労働団体，NGO が集まり，04年6月に最終報告書が提出された。この報告書による欧州の CSR の考え方は，①社会的，環境的課題の解決に軸をおく，②業務の遂行自体が問題の解決に貢献するよう，社会，環境問題への対応が業務から乖離しないようにする，③法的要請を上回る自主的なものとする。EU の WEEE 指令（廃電器電子機器に関する指令）や RoHS 指令（電気電子機器に含まれる特定有害物質に関する指令）は世界で最も厳しい環境規制といわれている。

国ごとに CSR への対応をみると，イギリスでは，2000年7月の年金法の改正にともない，年金基金に対して投資銘柄の選定，維持，売却にあたって，環境，倫理，社会の各側面の考慮を行っているかに関して，情報を開示することを義務づけた。01年4月，世界で初めて CSR 担当大臣が設けられた。フランスでも，01年5月に会社法が改正され，上場企業に対して財務，環境，社会的側面の情報開示が義務づけられた。02年5月には，イギリスに次いで世界で2番目に CSR 担当大臣が任命され，各企業の CSR に対する自主的な取り組みを促している(2)。

3．アメリカの動向

アメリカにおける社会的責任は，1960年代のベトナム反戦運動，公民権運動などの社会運動に遡る。そのうちの1つの消費者運動（コンシューマリズム）は，ラルフ・ネーダーが消費者の先頭に立ち，当時世界最大の自動車メーカーの GM の欠陥車の責任を追及したことに端を発する。70年代には，ウォーターゲート事件やロッキード事件などの経営者が責任感・倫理観が欠如していることが原因の企業関連の事件が続出し，それを背景として社会運動の潮流は，企業における社会的責任の議論の発展につながっていった。80年代以降，「企業

市民」という言葉がアメリカにおいて広く定着するようになった。その背景には，連邦政府が巨額の赤字を抱え，アメリカ社会が抱えるさまざまな社会問題に対応できなくなったためである。そのため，麻薬や銃による犯罪の撲滅や公立学校の荒廃対策，マイノリティ支援等，本来行政が担うべき仕事を企業が肩代わりするようになった。

アメリカにおけるCSRは，株主価値中心，利益優先の土壌から，地域貢献や寄付行為など，企業が社会に対して果たすべき社会貢献運動へと発展していった。アメリカにおける企業の社会的責任は「企業市民」の概念が基盤となり，社会貢献活動，地域社会への貢献，環境問題への配慮，寄付行為など，社会全体に対してよいことをするという「善行」の促進に重点がおかれた。その行為を行う主体は従業員であるが，行為が及ぶ対象は社内ではなく，外部環境や地域社会など広く社会全般となる。多くのアメリカ企業は，ボランティア活動を奨励しており，寄付金活動においても社員が投じた額と同額を企業が寄付する制度（マッチングギフト）を設けているケースが多い。

21世紀に入ると，エネルギー大手のエンロン社，IT大手のワールドコム社の大型倒産は，経営者の倫理問題を浮上させた。2002年，Sarbanes-Oxley Act（いわゆる企業改革法）が制定され，取締役に倫理規定が盛り込まれた。コーポレート・ガバナンスと社会的責任に関する問題も注目されている。

4．日本の動向

日本では，江戸時代の商家の家訓に，現在の企業の社会的責任に通じるものが見受けられるが，企業の社会的責任が注目されるようになったのは，公害問題が顕在化し，社会問題として大きく取り上げられた1960年代以降である。環境保護に配慮した経営を行うことも企業の社会的責任のひとつとして考えられるようになった。

1970年代の二度の石油ショックにより，高度経済成長が終わり低成長時代になると，企業の社会的責任は経済的責任に対する関心のみ高まっていった。

1980年代後半からはバブル景気にともない，フィランソロピーやメセナ

（文化・芸術支援活動）への関心が高まった。これはアメリカに進出した日本企業が，アメリカ社会からアメリカ企業と同様に「企業市民」，社会貢献を求められたことに影響されたといえる。経団連が1％クラブを設立し，経常利益の1％を社会貢献に回す企業を募り，『社会貢献白書』を発行するようになった。しかし，バブル景気が崩壊し，収益が悪化すると，この時期の社会貢献活動は後退した。日本企業の社会貢献は文化・芸術支援活動が主で，金銭の寄付が中心であるが，ボランティア休暇制度の導入など，徐々に多様な貢献活動に広がって行く傾向にある。

1990年代以降は，企業不祥事が多発し，企業の社会的責任，なかでも法的責任（コンプライアンス，法令遵守）と倫理的責任に関する注目が高まってきた。経団連は1991年に「企業行動憲章」を策定した。このころから日本でも企業の社会的責任はCSRであると認識されるようになり，2004年はCSR元年と呼ばれた。それまでの環境報告書をCSR報告書に改めたり，CSR会計を導入する企業も現れた。

しかし，日本では歴史的経緯もあり，CSRとは環境保護，社会貢献，法令遵守であると産業界を含め，広く一般的に解釈されている。法令遵守は重要な経営事項であるが，ヨーロッパでもアメリカでも社会的責任の一部ではなく，独立した問題として扱われている。

第5節　社会貢献と株主主権論

1．社会貢献と企業市民

近年，アメリカではCSR＝地域社会貢献＝よき企業市民と理解されているといわれるほどであるが，企業市民（Corporate Citizenship）という考え方が支持される理由は以下のとおりである[3]。

① 企業活動の規模が大きくなり，企業の社会に与える影響が大きくなった。
② 教育・福祉・文化などのさまざまな領域で，政府の活動だけでは不十分になっている。

③ 伝統的に市民・住民の手により，地域コミュニティを作り出し，守ってきた。

企業は経済活動以外に，市民と同様に社会貢献活動も行うよう要求される。それが企業もよき市民でなければならないという，企業市民の考え方である。社会貢献活動にはフィランソロピーと呼ばれる地域コミュニティのさまざまな活動に対する人的・物的支援とメセナといわれる美術・音楽・スポーツなどの文化事業への支援がある。

企業が社会貢献活動を行う理由は，企業市民という思想以外に啓発された自己利益の考え方も存在する。

2．株主主権論からみた社会貢献

株主主権論とは，株式会社においては出資者である株主が主権者であり，株主の委託を受けて企業経営の実務を担当している経営者は，株主利益の最大化を企業行動の目的に据えて活動しなければならないという考え方である。株主主権論の中心的存在であるミルトン・フリードマンは，

① 企業が最適効率とコスト削減を通じて利益の最大化を図れば，結果として社会に多大の利益をもたらす。これこそが企業活動の究極の目的であり使命である。
② 仮に企業が①以外の活動にかかわり，コスト負担を増大させれば，企業利益を圧迫し，株主をはじめとする多くの利害関係者に不利益をもたらす。
③ 多くの企業は社会的な諸問題に関与し，処理するだけの知見をもち合わせていない。
④ 現代社会における企業はすでに十分な社会的影響力を有しており，このうえさらに社会問題に関与させることは，企業権力のさらなる巨大化を招きかねない。
⑤ 企業は行政機関とは異なり，大衆に対する説明責任を有していない。したがって，大衆は社会問題への関与に関してコントロールする術をもたない，と主張している。

3．戦略的フィランソロピーとコーズ・リレイティッド・マーケティング

　企業は厳しい経営環境のなかで，株主利益と社会貢献活動の両立が考えられ，以下の方策が支持されるようになった。

① 戦略的フィランソロピー　企業の限られた資源を有効に活用し，フィランソロピー活動と企業の目的を関連づけながら戦略性をもって取り組むことである。

　　戦略的フィランソロピーの例には，マイクロソフト社の発展途上国へのソフトの無料提供がある。これには発展途上国における同社のブランドイメージの確立と将来の販路拡大が意図されている。

② コーズ・リレイティッド・マーケティング（cause-related-marketing，以下CRM）　社会的課題の解決のために企業のマーケティング力を活用し，売上やブランド力向上も同時に目指す手法である。コーズ（cause）とは，「主義，大義」のことであり，CRMは社会的に意義のある活動を支援するマーケティングである。CRMには，以下のような3つのスタイルがみられる。

　（A）コーズ・プログラムに基づき，商品の売上に応じて寄付する
　　　アメリカン・エクスプレスの寄付プログラム，エイボンの乳癌キャンペーンなど[4]
　（B）商品の販売・広告を通し当該団体やその扱う社会的課題を知らせる
　　　ボディ・ショップの人権キャンペーンなど
　（C）NPO／NGOのロゴを商品につけ，その使用料を支払う
　　　WWFのパンダマークなど

第6節　CSRとNPO

1．NPOとは何か

　今日行政改革と協働型社会の出現により，NPOが重要な役割を果たすようになっている。NPOは，国民の税金を使って営利に結びつかない公共的活動

を行う行政(政府)と営利を目的として行われる民間(市場)の間に存在する組織であり,「政府の失敗」と「市場の失敗」を補完する役割を担うと考えられている。NPOの概念は,世界的に統一されておらず,呼称もさまざまで,アメリカではNPO,フランスでは社会的経済,ラテンアメリカやアフリカではNGOと呼ばれている。NPOの定義で最も影響力をもつレスター・サラモンの定義は以下の6つである。①公式に設立されたもの,②民間(非政府)組織,③組織の所有者に利益配分をしない,④自主管理,⑤自発性,⑥公共性。

日本では,歴史的に非営利の活動は財団法人,社団法人等の公益法人を中心として進められてきた。これらに加え,阪神淡路大震災を契機として1998年に制定された特定非営利活動促進法(通称NPO法)により,NPO法人が急増している。

2. 企業とNPOの関係

多くのNPOにとって,企業活動が社会にもたらすさまざまな歪みや弊害を是正することが,主たる活動の目的であるため,従来は企業とは敵対関係になることが多かった。1960～70年代の公害による環境汚染問題や1989年に海洋汚染を引き起こしたバルディーズ号事件などがNPOによって批判されていた。

1990年代後半,経済性,環境性,社会性のバランスを重視するCSR経営へ企業が転換したことが,それまで疎遠であったNPOとの距離感を縮め,新たな関係を構築する契機となった。環境問題は世界的関心事となったため,企業の取り組みは急速な進化を遂げた。その過程で,企業はNPOを重要なステークホルダーとして認識するようになり,対立よりも協調を選択し,社会から受け入れられる存在を志向するようになった。その結果,それまでは考えにくかった企業とNPOとの協働が実現することとなった。

3. 企業とNPOの協働事例

● ノンフロン冷蔵庫の開発

国際環境保護団体グリーンピースは,オゾン層保護キャンペーンの一環とし

て，企業にフロンガス使用中止を働きかけ，まずドイツで環境負荷が少ない冷蔵技術を委託開発した。この技術をもとに，大手家電企業はノンフロン冷蔵庫を開発し，1993年には販売をはじめた。日本では，ドイツで開発された冷蔵庫をそのままもち込めないため，グリーンピース・ジャパンが松下電器（現パナソニック）に強い働きかけをしたことにより，開発が進められた。2001年，松下電器はノンフロン冷蔵庫の発売を発表し，その後国内主要家電メーカーから国産ノンフロン冷蔵庫が発売されている[5]。

● NECと環境文明21

　NECは，国際的に企業活動を展開するグローバル企業として，早くから環境を含むCSR経営を取り入れてきた。環境文明21は1993年に発足し，世界の環境の質の維持・向上に資する新たな文明のあり方を探求することを組織の使命としている。両者の協働は，NECが環境報告書の作成には企業側の視点だけでなく，ステークホルダーの視点も取り入れるべきであるとの発想から実現した。NECが環境文明21をイコール・パートナーとして認知し，両者が対話を重ねながら環境報告書を作成したため，この協働は一定の成果を上げることができた。

4．企業とNPOの協働の意義

● 企業の視点からみた協働の意義

　第一はコミュニティ活動を容易にするということである。第二はNPOの専門性を活用するということである。第三は企業戦略を実行する手立てを得ることである。第四は企業ガバナンスの向上である。

● NPOの視点からみた協働の意義

　第一は重要な資金源の獲得である。第二は企業のもつノウハウの活用である。第三は経営感覚を学ぶことである。第四は政治的影響力の獲得である。

第7節　CSRと社会的企業（Social Enterprise）

1. 社会的企業の台頭

1990年代以降，NPOの急速な成長の一方，資金源の構成も変化しつつある。寄付・補助金などの伝統的資金源の減少を背景に，NPOは市場での財・サービスの販売や，政府や営利企業との「契約」を通じて得られる事業収入に依存するようになっている。営利企業はステークホルダーに配慮した経営を志向し，営利セクターと非営利セクターの境界があいまいになりつつある。西欧やアメリカなどでは，非営利セクターで社会的課題の実現と組織の財政的持続性の向上のため，ビジネスの手法と企業家精神を積極的に活用しようとする動きがある。そうした企業家的志向をもつ社会的事業（Social Business）は近年，社会的企業（Social Enterprise）あるいは社会的企業家（Social Entrepreneur）と呼ばれている。

社会的企業とは「社会的課題の解決」を目指して，「収益事業」を展開する「組織体」を総称したものである。したがって，株式会社の形態を取るものやNPOという形態を取るもの，また，複数の事業形態を組み合わせたもの，さらには，新たに会社を起こすケースや既存企業がNPOと協働しながら取り組むケースもある。「社会的企業」とは，これら多様な事業体を包含する概念である[6]。

2. 日本の動向

日本ではこれまで社会的課題に自ら取り組み，満たされていないニーズを満たそうとする市民の動きは，西欧やアメリカのように活発ではなかった。社会的課題は政府・行政が担うべきであり，また福祉などの社会的領域で収益事業を行うことへの違和感も強かった。しかし，日本においても社会的企業のコンセプトが2000年以降本格化する。日本における社会的企業台頭の背景には以下のことが考えられる。①1998年のNPO法制定以後に設立されたNPO法人

が社会的な起業の受け皿となった。②NPO の事業活動において収益事業の比重が高い NPO が増えたが，NPO というよりも社会的企業あるいは社会的企業家というコンセプトがふさわしいと考えられるようになった。③地方財政の逼迫のため，地方行政サイドから住民自身が自立的・持続的な事業を通じて地域の問題にかかわってほしいという要望が高まった。④協同組合が自分たちの新しいアイデンティティとして社会的企業を認識するようになった。⑤2000年以降，CSR への関心が高まり，「社会の一員として，何か社会のために役立ちたい」という人が増えるなか，新しい企業観として社会的企業への関心が高まっている。

　日本の社会的企業の代表的なものとして，以下のものがある[7]。
（1）有限会社ビッグイシュー日本　イギリスの『BIG ISSUE』日本版を販売し，ホームレスの人たちの仕事を作り自立を支援する。
（2）フェアトレードカンパニー株式会社　公正な取引で発展途上国の貧困や環境汚染問題を解決を目指す。
（3）特定非営利活動法人フローレンス　熱や軽い病気の子供を安心して預けられる病児保育を提供する。

3．発展途上国の動向

　発展途上国の社会的企業として著名なマイクロファイナンスを取り上げる[8]。マイクロファイナンスは，バングラデシュのユヌス氏が開設したグラミン銀行を初め，アジア，アフリカ，ラテンアメリカなど世界の 130 カ国以上において実施されている。マイクロファイナンスとは，担保となる資産をもたず，金融サービスから排除された貧困に苦しむ人のために提供する少額の無担保融資や貯蓄・保険・送金などの金融サービスを指す。貧困削減という社会的課題に取り組むことを念頭におきつつ，事業の継続可能性を維持するために利益を追求するビジネスである。マイクロファイナンス機関は，貧困に苦しむ人に無担保で少額を融資する。人々は，借りたお金を元に自ら事業を起こしたり，雇用されたりして，就労によって収入を得る機会に出会える。マイクロファイ

ナンス機関も，借り手から元利金の返済を受け，持続可能なビジネスとして事業を継続していくことができる。マイクロファイナンス機関の数は世界で約1万，融資残高合計は300億ドル，利用者は1億5,000万人（その8割は女性），返済率は98％といわれている。マイクロファイナンスを初めとして現在注目されているBOPビジネスは，社会的課題を事業に取り込むものであるため，CSRの視点を十分に意識しておく必要がある[9]。

【注】

(1) 原田・塚本 (2006)，15ページ。
(2) 同上書，49-53ページ。
(3) 三戸ほか (2004)，257-258ページ。
(4) コトラー＝リー (2007)，103-105ページ。
(5) 飯冨 (2007)，172-173ページ。
(6) 馬頭・藤原 (2009)，36ページ。
(7) 塚本・山岸 (2008)，68-75ページ。
(8) 菅 (2009)，34-36ページ。
(9) 藤井・新谷 (2008)，112ページ。

◆参考文献◆

飯冨順久編著『経営学の新展開』税務経理協会，2007年。
梅田徹『企業倫理をどう問うか グローバル化時代のCSR』日本放送出版協会，2006年。
岡本享二『CSR入門「企業の社会的責任」とは何か』日本経済新聞社，2004年。
佐久間信夫編著『新版 現代経営学』学文社，2005年。
佐久間信夫編著『よくわかる企業論』ミネルヴァ書房，2006年。
菅正広『マイクロファイナンス』中央公論社，2009年。
谷本寛治編著『CSR経営』中央経済社，2004年。
谷本寛治編著『ソーシャル・エンタープライズ 社会的企業の台頭』中央経済社，2006年。

塚本一郎・山岸秀雄編著『ソーシャル・エンタープライズ 社会貢献をビジネスにする』丸善，2008年。

所伸之『進化する環境経営』税務経理協会，2005年。

馬頭忠治・藤原隆信編著『NPOと社会的企業の経営学 新たな公共デザインと社会創造』ミネルヴァ書房，2009年。

原田勝広・塚本一郎編著『ボーダーレス化するCSR―企業とNPOの境界を超えて―』同文舘出版，2006年。

フィリップ・コトラー＝ナンシー・リー著，恩蔵直人監訳『社会的責任のマーケティング 「事業の成功」と「CSR」を両立する』東洋経済新報社，2007年。

藤井敏彦・新谷大輔『アジアのCSRと日本のCSR―持続可能な成長のために何をすべきか』日科技連出版社，2008年。

藤井敏彦『ヨーロッパのCSRと日本のCSR』日科技連出版社，2005年。

松野弘・堀越芳昭・合力知工編著『「企業の社会的責任論」の形成と展開』ミネルヴァ書房，2006年。

水尾順一『CSRで経営力を高める』東洋経済新報社，2005年。

三戸浩・池内秀己・勝部伸夫『企業論（新版）』有斐閣，2004年。

ムハマド・ユヌス著，猪熊弘子訳『貧困のない世界を創る ソーシャル・ビジネスと新しい資本主義』早川書房，2008年。

第9章
企 業 倫 理

第1節　企業倫理と企業不祥事

1. 企業不祥事の発生状況

　企業倫理とは，企業に反社会的な行動を起こさせないこと，また企業が公正な経営を行うための諸活動のこと[1]である。企業は本来，利益を追求する存在である。しかし，その目的のためには何をしても許されるというわけではない。企業が法律を守って企業活動を行うことは当然必要である。さらに法律には定められていなくてもその行為が反社会的なものであれば，もし発覚した場合，企業の評判が下がり，経済的な損失も被ったり倒産したりする場合もある。そうなると，雇用者の生活が保障されず，株主にも損害を与えることになる。よって企業は，経済的な成果を上げながら，常に反社会的行為を行わないこと，さらに社会的規範に沿った活動を行うことが求められるのである。

　第1節では，日本において企業倫理の関心が高まるきっかけとなった企業不祥事に注目する。アメリカで企業倫理の重要性が問われ，研究・教育・実践においてそれらの活動が急激に盛んになったのは1970年からのことである。それは，アメリカで頻発した企業不祥事が背景にあった。企業不祥事の頻発により企業倫理の問題が深刻化するなかで，企業倫理の研究が研究者によりはじめられたのである。日本において企業倫理の重要性が問われるようになったのは，バブル経済崩壊後の1990年代半ば以降のことであった。その背景には当時次々と発覚した企業不祥事があった。

日本企業における企業不祥事の発生は 1990 年代から増加し，現在でも後を絶たない。1970 年代は 1 年間に数件，経済紙でしか報道されなかった企業不祥事であったが，1980 年代ごろからその報道件数が急激に増えた。1990 年代は一般紙での報道も多くなり 1 年間に 1,000 件以上，2000 年代になると 1 年間に 1 万件程度と大幅に増加した。日本において企業倫理へ注目が集まる時期には，いくつかの波がある。企業不祥事が話題になる年には，同時に企業倫理に対する注目も集まっているのである。

2．企業不祥事の発生理由

　企業不祥事はなぜ発生するのだろうか。ここで生活者[2]が考える企業不祥事の原因についてのアンケート結果を紹介する[3]。生活者が考える企業不祥事の原因としては「経営者の姿勢（倫理観）や経営方針に問題がある」が，最も多く 76％ である。次いで「企業の管理に問題がある」が 64％ であり，生活者は企業不祥事の原因として経営者の責任を重くみている。

　では，経営者自身は企業不祥事についてどのように考えているのだろうか[4]。最近報道されているさまざまな企業不祥事をみてどう思うかという質問に対しては，75％ 以上の経営者が自社やグループ会社でも起こり得るものであり，危機感をもっているという結果が明らかになっている。

　企業不祥事はどのくらいの割合で発生するのであろうか。これについては，ハインリッヒの法則から考察する[5]。ハインリッヒの法則というのは，別名「1：29：300」とも呼ばれている。これは，重大な事故や災害が 1 回発生した場合には，それまで 29 回もの軽い事故や災害があり，300 回ものトラブルが発生しているという法則のことである[6]。この法則は，大事故が一度発生したならば，それまでに軽易な事故が何回も発生していたはずということを教訓的に伝えている。また大事故に至るまでなぜ，軽易な事故が見過ごされてきたかという企業不祥事の発生の構造的な分析も行う必要性もあろう[7]。これは後に述べる企業倫理の制度化とも関係することだと考えられる。

第2節　企業倫理実現に向けた社会的取り組み

1．企業組織における個人の倫理的行動の限界

　企業倫理を企業にどのように根づかせていくかを考えるとき，個人の倫理観や道徳心に任せればよいとする考え方がある。しかし，一個人が企業組織において不正を正そうとするのには限界がある。一個人が企業の非倫理的行動を正す行動を起こすとき，ときにはその報復が待ち受ける場合もある。

　会社の不正に対して声をあげたことが原因で，長い間会社から差別的な扱いを受けたという例がある[8]。1974年，運輸業界における違法なカルテルの実態を上司に訴えても取り合われなかったため，「会社の社会的責任を明らかにすべき」との思いで，1人の営業所員が事実を新聞社に告発した。その告発がきっかけで，会社の違法行為は是正されたのだがその後，彼は会社から26年間という長い間，会社からの報復を受けることとなった。「会社をつぶす気か」，「やめてしまえ」という非難中傷の声が浴びせられ，それまで最前線の営業マンであった彼は，昇格を停止され，給料も低く抑えられ，毎日ほぼ椅子に座っているだけ，という本人にとって非常に不本意な仕事に移動させられることとなった。

　ほかにも従業員が会社の不正を正すために内部告発をし，その結果従業員が不利な立場におかれたり，解雇されたりするという例は多くある。組織内には個人の倫理観に勝る「暗黙の組織圧力[9]」が存在するという。日本企業の多くは，従来，新人教育にあたり，「個人の倫理観」より「企業の論理」を優先するように教育を行ってきた。また，今日においてもこの伝統は崩れることなく企業文化として残っているところも多い[10]といわれている。個人である従業員は，上司からの指示や会社の方針に対して非倫理的だと認識しても，堂々と主張しにくい雰囲気に流され，「会社のために」という理由で業務を遂行することもある。そしてそのような状態が長く続くと，極端な場合は「個人の倫理観」と「企業の論理」は別なのだという認識につながり[11]，違法行為に対

して抵抗感がなくなる場合もある。

2．企業倫理実現に向けての社会的取組

　このように個人の倫理観や道徳心に任せていても，企業倫理の実現は難しいと考えられる。そこで必要となるのが，企業倫理を企業の組織全体で，さらに社会全体で実現させるためのシステム作りである。図表9－1は，企業倫理を実現するための社会的取組の全体像を示したものである[12]。

図表9－1　企業倫理実現に向けての社会的取組

```
          企業倫理の専門領域          社会的支援体制
     ┌─────────────────┐     ┌──────────┐
     │                 │     │ 各種利害関係者│  ［最終成果］
［発生契機］［基本要素］［活動分野］│   支　持   │
     │                 │     ├──────────┤
│実在事象│ │事例分析│ │研　究││  国　家  │
     │                 │     │  公的助成  │
     │     ↓      ↑   │     ├──────────┤
│問題意識│→│議題事項│ │教　育││  業　界  │
     │                 │     │  自主規制  │
     │                 │     └──────────┘
│実践施策│ │制度化手法││実　務│→┌──────────┐
     │                 │     │  個別企業  │
     └─────────────────┘     │  経営倫理  │→倫理的業績
                              └──────────┘
```

出所：中村（2003），7ページ。

【発生契機】

　企業倫理についての社会的な取り組み体制の構築までにつながる，企業倫理への社会的関心を広くもたれるようになった主なきっかけは，いずれも1970年代のアメリカ社会に存在した3つの要因であったと考えられる。第1は当時のアメリカ社会における個別企業の企業不祥事にかかわる一連の「実在事象（実際に発生した企業不祥事）」である。第2は，それらの事件において共通する問題性をさがし，その解決の必要性を自覚する「問題意識」である。そして第3は，それらの問題を解決するための個別企業内部における「実践施策」の有

効性に対する信頼である[13]。

【企業倫理の専門領域―基本要素】

上記の発生契機を受けて，企業は企業倫理への取り組みをはじめる。まず，はじめの段階では，実際に起こった不祥事などの事例について徹底的に分析を行う（事例分析）。実際に起こった不祥事について科学的な分析を徹底的に行うことによって，企業倫理についての課題（倫理的課題事項）を具体的に明らかにすることができる。その倫理的課題事項は，図表9－2に示されているように広範囲におよぶ。

図表9－2　倫理的課題事項―関係領域と価値理念―

関係領域	価値理念	課題事項
① 競争関係	公　正	カルテル，入札談合，取引先制限，市場分割，差別対価，差別取扱，不当廉売，知的財産権侵害，企業秘密侵害，贈収賄，不正割戻，など。
② 消費者関係	誠　実	有害商品，欠陥商品，偽装・誇大広告，悪徳商法，個人情報漏洩，など。
③ 投資家関係	公　平	内部者取引，利益供与，損失補償，損失補填，作為的市場形成，相場操縦，粉飾決算，など。
④ 従業員関係	尊　厳	労働災害，職業病，メンタルヘルス障害，過労死，雇用差別（国籍・人権・性別・年齢・宗教・障害者・特定疾患患者），専門職倫理侵害，プライバシー侵害，セクシャル・ハラスメント，など。
⑤ 地域社会関係	共　生	産業災害（火災・爆発・有害物漏洩），産業公害（排気・排水・騒音・電波・温熱），産業物不法処理，不当工場閉鎖，計画倒産，など。
⑥ 政府関係	厳　正	脱税，贈収賄，不当政治献金，報告義務違反，虚偽報告，検査妨害，捜査妨害，など。
⑦ 国際関係	協　調	租税回避，ソーシャルダンピング，不正資金洗浄，多国籍企業の問題行動（贈収賄，劣悪労働条件，年少者労働，公害防止設備不備，利益送還，政治介入，文化破壊），など。
⑧ 地域環境関係	最小負荷	環境汚染，自然破壊，など。

出所：中村（2003），8ページ。

そして，これらの倫理的課題事項の具体的な事例の分析を行った後に，それぞれの企業の内部で，具体的にどのような実践を行うかという内容を組み立てる（企業倫理の制度化）。この企業倫理の制度化については，後に説明する。

【企業倫理の専門領域―活動分野】
　以上で説明したように，企業倫理の取り組みには，①実例を分析すること，②倫理的課題事項を把握すること，③企業倫理を制度化することの3つがあった。これらの活動を行いながら，「研究」と「教育」と「実務」が連携を図ることも企業倫理の取り組みには，求められる。

【社会的支援体制】
　以上で説明したのは，個別企業での取り組み内容である。しかし，企業倫理の定着のためには，個別企業の努力のみに頼ってもまだ限界がある。企業だけの努力だけではなく，社会全体の支援が求められる（社会的支援）。社会的支援には3つあり，①各種利害関係者の支持，②国家の公的助成，③業界の自主規制である。このような社会全体で企業倫理の実現のための活動を支援するという体制を「企業倫理の社会的制度化[14]」と呼ぶこともある。

3．企業倫理の社会的取り組みにおける課題
　以上のような企業倫理の社会全体でのシステム作りを以下の3段階に分けて考えることができる[15]。またそれぞれの段階には以下のような課題も存在している。

（1）法律などの制度を通した強制
　まず，法律など制度を通じて企業に企業倫理を強制させるということがある。しかし，この方法は効果的ではあるが，法律の成立までに時間がかかる。また，法律成立後に企業活動を委縮させてしまうこともある。実際に，アメリカでは2002年に発生したエンロンやワールドコムなどの企業不祥事を契機に，内部

統制を企業内に強制するための措置として，サーベンス・オクスレー法が制定された。しかし，この法律の成立後，アメリカ企業はこの法律を守るために，専門家などを雇い，膨大な費用負担が発生しているという課題も残されている。

(2) 業界自身による規制

次に，業界自らが規制を行うということである。法律などで規制される前に，業界自身で自主的にルールを決め，自らを規制するということである。業界メンバー間の結束力が強い場合には，法律以上の力を発揮することもあり得る。しかし，この方法では法律のように罰金などの拘束力はない。

(3) 企業自らの自主的な規制

企業自らの自主的な規制は，トップ・マネジメントの強力な推進によって行われる場合が多い。しかし，これは業績が悪化した場合や経営者交代のような変動要因が発生した場合には持続しない恐れがある。

第3節　企業倫理の制度化

1．企業倫理の制度化と日本企業の実態

前節で説明したように，企業の倫理的な課題事項について，企業が具体的にどのように取り組んでいくかについて体系的に活動を組み立て，企業倫理の実現を客観的に保証し，また企業が組織的に企業倫理を実行することを「企業倫理の制度化」という[16]。これは企業のなかで働く個々人が企業のなかでいつも倫理的な行動ができるようにするための支援体制を確立することでもある。企業倫理の制度化には，具体的にどのようなものがあるのだろうか。中村(2007)は，図表9－3を企業倫理の制度化の具体的な内容としてあげている[17]。

以下では，図表9－3のうち，①〜④について説明しながら，実際の日本企業の現状[18]について日本経団連が行ったアンケート結果[19]に基づいて確認していきたい。

図表 9 − 3　企業倫理の制度化の主要構成内容

① 企業綱領または行動規範の制定・遵守
② 倫理教育・訓練体系の設定・実施
③ 倫理関係事項に関する相談への即時対応体制の整備
④ 問題告発の内部需要と解決保障のための制度制定
⑤ 企業倫理担当常設機関の設置と，それによる調査・研究，立案・実施，点検・評価の遂行
⑥ 企業倫理担当専任役員の選任と，それによる関連業務の統括並びに対外協力の推進
⑦ その他，各種有効手段の活用（倫理監査，外部規格機関による認証の取得，等々）

出所：中村（2003），9ページ。

（1）企業綱領または行動規範の制定・遵守

　企業倫理の制度化のためには，まず組織のトップ自らが企業倫理を積極的に推進していくという決意を表明することが大切である。そのうえで企業の経営側も従業員も全員が法律を守りながら倫理的な行動が取れるように，ガイドラインとして「倫理綱領」が制定されなければならない[20]。経団連の同アンケートによれば，「倫理綱領を制定している企業」は2003年の時点では79.1％だったが，2007年は97.8％へと増加した[21]。

（2）倫理教育・訓練体系の設定・実施

　企業倫理の制度化の第2の段階は，倫理教育・訓練体系の設定・実施である。これは上記の倫理綱領の制定とともに非常に重要な作業である。企業内にいくら倫理綱領が存在しても実際にそれが経営層や従業員に認識されておらず，実際に彼らが倫理的に行動していなければ倫理綱領の存在自体に意味がない。企業において，企業倫理綱領実施のための教育や訓練が体系づけられ，また実行されていなければならない。

　倫理教育や倫理訓練については，ほとんどの企業がその活動を行っている状況である。上記アンケート回答企業のうち96％の企業が何らかの方法で，倫理教育や倫理訓練を行っていると回答した。

(3) 倫理関係事項に関する相談への即時対応体制の整備

最近相次いだ食品偽装の不祥事は内部告発によるものだった。しかし，内部告発が行われる前に，企業自身が自主的に適切にその問題に対応していれば，問題はそこまで大きくならなかったかもしれない。そこで今設置が進んでいるのが「相談窓口」の制度[22]である。企業内にある法令違反などの問題を相談・通報する窓口で対応し，企業自身の自浄作用を働かせて問題解決を図るというものである。

相談窓口については，経団連による上記のアンケート回答企業のほとんどが設置していることが明らかとなった。相談窓口の設置時期は，2003年から2006年に集中している（約7割）。これは，2006年4月の公益通報者保護法の施行に備えて各企業がその対策のために設置したものと思われる。

(4) 問題告発の内部受容と解決保障のための制度制定

内部告発制度にはいくつかの課題がある。第2節でとりあげたように，まず内部告発者は不利益を被る危険性が高いということである。内部告発をしたものが企業内や社会で不当な扱いを受けないような仕組みをどのように構築するかが課題である。また告発の内容の正当性も問題になることがある。制度を悪用して，会社や特定の個人に対する誹謗中傷がなされる危険性もはらんでいる。

世界的にみて，内部告発に対する関心は高まりをみせている。特に1990年代後半以降，腐敗防止が国際社会の主要なテーマになってきており，その流れのなかで，内部告発を，不正・腐敗を暴く有効な手段として積極的に捉え，内部告発者を保護する法律を制定する国が増えている[23]。日本においても，内部告発など公益のために通報した人の保護と事業者のコンプライアンス経営の強化を目指して，公益通報者保護法が2006年4月に施行された。

2．企業倫理の制度化の代表的な2つのアプローチ

以上が企業倫理の制度化の具体的な内容であったが，企業倫理の制度化のアプローチの方法には大きく分けて2つの種類がある。①コンプライアンス型と

②価値共有型である。

コンプライアンス型というのは，組織に関係する個人の価値観に任せることなく，きまりごとにより，個人を規制していく方法である。規則に反すれば罰せられ，良いことを行えば褒賞が与えられる。これに対して，近年注目されている②価値共有型は，「個人の倫理観」が尊重される。価値共有型は，各企業の使命や価値観を提唱し，組織内への定着を図る。

図表9－4にあるように，コンプライアンス型と価値共有型にはそれぞれ特徴がある。価値共有型の目指す方向は本質的な倫理の重要性の把握と，組織に倫理を浸透させるための自発的・能動的な取り組みであり，従業員は積極的な参加を要求される[24]。

価値共有型は，コンプライアンス型が陥りがちな表面的・形式的な倫理の制度化の形だけを整える弊害を克服する方法としてより本質的な倫理の浸透を促

図表9－4　コンプライアンス型と価値共有型の比較

	コンプライアンス型	価値共有型
精神的基盤	外部から強制された基準に適合	自ら選定した基準に従った自己規制
Codeの特徴	詳細で具体的な禁止条項 価値観	抽象度の高い原則
目　　的	非合法行為の防止	責任ある行為の実行
リーダーシップ	弁護士が主導	経営者が主導
管理手法	監査と内部統制	責任をともなった権限委譲
相談窓口	内部通報制度（ホットライン）	社内相談窓口（ヘルプライン）
教育方法	座学による受動的研修	ケース・メソッドを含む能動的研修
裁量範囲	個人裁量範囲の縮小	個人裁量範囲内の自由
人　間　観	物質的な自己利益に導かれる自立的存在	物質的な自己利益だけでなく，価値観，理想，同僚にも導かれる社会的存在

出所：L. S. ペイン著，梅津光弘・柴柳英二訳『ハーバードのケースで学ぶ企業倫理：組織の誠実さを求めて』慶応大学出版会，1992年，82ページ所収の図表を梅津（2007）が改変したもの。

すものである。価値共有型は，コンプライアンス型が人の行動を制限するものとして敬遠されやすく，硬直的・マニュアル化された経営になってしまうことへの反省が込められた方法であるといえよう[25]。また現在では，「コンプライアンス型」と「価値共有型」の長所を併せもった，「折衷型」というものもある[26]。これは，企業の使命や価値観をふまえながらも，関係法令や規則までをおさえたアプローチである。

第4節　企業倫理における課題と可能性

1．企業倫理と国際経営

　ここでは，国際経営における企業倫理の課題について考察する。企業が海外に進出するには，多様な分野の課題が存在する[27]。それに加えて，多国籍企業特有の倫理的な問題も存在する[28]。ここでは2点あげたい。1点目は各国で法律が異なるということから発生する問題である[29]。多国籍企業は，特定の政府や特定国の法律に拘束されないという特徴をもつ。たとえば，環境規制の法律の規制が厳しいA国での生産をやめて，規制の緩いB国へ移ることは企業の自由なのである。このような状況において一国の法律によって外部から企業行動を規制することはできず，企業自身の倫理的な判断に期待するしかない。

　多国籍企業特有の倫理的な問題の2点目として，ある意思決定において，本国と進出先の国との価値観が異なるということがあげられる。これまでも文化の違いは国際経営において大きな問題であったが，企業倫理の領域においても社会的，文化的価値の違いをどう捉えていくかは主要な問題の1つであり，「多様な社会，制度，文化の中で，普遍的な倫理基準はあるのかどうか」ということが常に問われてきた[30]。この点については2つの立場があるという。第1の立場は「郷に入っては郷に従え」というもので，どちらか一方が正しいという考え方ではなく，両方が正しいと捉える立場である。これを説明するのにつかわれるのが「わいろ」である。「わいろ」というものは「わいろを認め

る国」においては，正しい行いとして人々に認識され，「わいろを認めない国」においては，不正行為として認識される。第1の立場においてはその両方の国の見解ともを支持するのである。第2の立場は，「普遍主義」の立場である[31]。これは，どの国で活動するビジネスにも適用される一般的な倫理規範が存在して，それはビジネス上の必要条件とされ，普遍的に適用されるものであるという立場である。ただし，進出国の倫理基準が自国より低い場合，それを否定し自国の基準を一方的に押しつけることを逆に「自文化中心主義」あるいは「倫理帝国主義」などと激しく非難される場合があることも頭に入れておかねばならない。

2．企業倫理教育の難しさ

　企業倫理教育については倫理教育に携わる人々が悩む問題である[32]。ハーバード大学で倫理教育がはじまったきっかけは，同大学出身者が反倫理的な行動ばかりするということで，彼らに倫理教育を徹底させたいという思いから当時のSECの委員長であったシャド氏が約2,000ドルを大学に寄付したことからはじまった。これにより，大学で倫理教育のための大々的なカリキュラムの変更が行われた。当時，アメリカには物事を冷やかにみて，積極的に解決しようとしない態度（冷笑主義）が蔓延していた。これを正すということが企業倫理教育の原点であった。大学では，カリキュラム変更のため大変な苦労があったが，さまざまな制度の導入，資金作り，教員の配置などを行い，数年後ようやく倫理教育のカリキュラムが実現した。そして頭の柔らかい第1学年から必修授業として取り入れられた[33]。

　しかし，これだけの努力があったにもかかわらず，卒業生はエンロンやワールドコムなどの問題に関与していたことが明らかとなった。しかも，この事件は資本主義の根底にかかわる大問題であったため，大学関係者のショックは大きなものとなった。ビジネススクールの学部長はこの事件を受け，「学校側が新機軸を出し，全精力を注ぎ込んで徹底的に問題の根を探る。だから卒業生も協力してほしい」という手紙を全卒業生に出した。

この事件からの教訓は次の3点である[34]。①企業倫理教育は大変難しいが可能である。また，有効である。②しかし，だからといって問題の発生を完全に防ぐことはできない。③それでも，教育は粘り強く継続することが必要である。倫理観というのは，教育さえしっかりすれば，身につくかといえば，そうではない。個人の倫理観というのは多様であり，ほかからの制御には限界がある。大事なことは粘り強く倫理教育を継続するということである[35]。

3．企業倫理とリスクマネジメント

　リスクマネジメントとは，企業が直面するリスクがもたらす損失を最小の費用で最小化するための管理手法である[36]。企業倫理の向上は，企業不祥事の発生やそれによる株価下落，倒産などのリスクを減少させる，リスクマネジメントという側面からも重視されている。図表9－5は，リスクマネジメントができていない企業とできている企業の比較である。

　リスクマネジメントができている企業[37]でもそれができていない企業でも企業不祥事の発生を望む企業はないだろう。どちらの企業も企業不祥事の発生は望まないが，リスクマネジメントのできている企業は，さらにもう一歩意識が高く，企業倫理が浸透した状態を目指す。そのための制度設計や運用体制を整備し，その影響で経営者や従業員の倫理意識ややる気は高く保たれることが期待される。リスクマネジメントができていない企業は，企業倫理についても具体的な制度を構築しておらず，その影響で経営者や従業員の倫理意識は育たず，やる気も低下する可能性がある。

　リスクマネジメントの有無は，企業不祥事の発生にも影響する。リスクマネジメントのできていない企業では，企業不祥事は日常的に発生しやすい状態にある。また，企業不祥事に対する日常的な危機意識がないため，その対応策も場当たり的であり，事実を隠蔽する恐れもある。最終的には不適切な対応をし，対応が遅れるために影響が拡大し，評判も低下する危険性もある。リスクマネジメントができている企業は，日頃より制度が整っているため，あらかじめあらゆるリスクを想定し，企業不祥事が起こりにくい状態にある。それでも不可

図表9-5　リスクマネジメントの有無が及ぼす影響の比較

		リスクマネジメントができていない企業	リスクマネジメントができている企業
	期待される状態	不祥事が発生しないこと	企業倫理が浸透した状態
日常的な企業の状態	制度設計と制度運用	不備	整備されている
	経営者や従業員の倫理意識とやる気	現状のまま，もしくは低下	保たれるか上昇
	企業倫理上の課題事項に対する認識	不足している	保たれている
不祥事発生時	不祥事発生の可能性	日常的に発生しやすい状態にある	発生しにくいが，不可避な不祥事は発生する可能性はある
	対応	隠蔽の可能性 対応の遅れ	迅速な対応 今後の対応策を練る
	結果	被害の拡大 再発の可能性高い 評判の低下	最小限の損失ですむ 再発の可能性低い 失敗を今後に生かす

出所：中林真理子「リスクマネジメントと企業倫理—「企業不祥事」をめぐって—」中村（2007），74-75ページを参考に作成。

避な企業不祥事が起こる可能性はある。しかしリスクマネジメントができている企業では企業不祥事がたとえ発生してしまっても，その発見・調査・処理が迅速に行われることが期待される。しかもこのような企業は，発生してしまった企業不祥事でさえも，今後のリスクマネジメントの課題とし，その後のよりよい制度作りの課題とする。

4．企業倫理と企業業績

　企業倫理の問題として，企業倫理と企業業績は両立するかという問題がある。たとえば，A社は，従業員の給料をなるべく抑えて長時間労働を課し，取引先や下請けには無理難題を押しつけ，株主に対しては監査法人を巻き込みながら粉飾決算を行い，環境対策を行うことなく経営を続けているとする。B社は，

従業員には十分な給料と休暇を与え，永続的な雇用を保証し，取引先や下請けとは公正な取引を行い，株主には財務状況の報告とより多い配当を行い，環境対策も行うとする。A社とB社どちらが企業利益をより多く生み出しているだろうか[38]。

ここで企業倫理と企業業績の相関を確かめた研究を紹介したい。この様な研究は欧米においては，1970年代ごろから活発に行われてきた[39]。1985年にアメリカで行われた分析によれば，倫理的な企業ほど，企業業績は低いという結果であった。つまり，倫理的でない企業ほど，儲かっているということが明らかになったのである。

1990年代にアメリカで行われた不祥事と株価に関する研究[40]では，不祥事を起こした企業の株価がどのように変動するかということを調査している。そして，企業不祥事に対する罰としては，法律的な罰金や制裁よりも企業の信用低下による株価下落の効果のほうが大きいことを示した。企業不祥事を起こした企業は評判の低下により，株価は下落する[41]。

企業倫理よりもう少し範囲を広げて，CSRと企業業績との相関についてはどうだろうか。2007年のUNEP FIの調査[42]によると，10件は，「SRIの運用収益率は他の運用よりも良好」，7件は「他の運用と同レベル」，3件は「他の運用よりも劣後する」という結果になった。

結論的には，企業倫理と企業業績の関係はまだ明らかにはなっていない。しかし，前向きな関係はいくつも紹介されている。また，企業倫理を無視して不祥事を起こし，倒産してしまった企業の事例も存在する。2008年1月～6月の上場企業の倒産[43]は，6件であったが，そのうち不祥事が原因で倒産した企業は3社もあった。企業倫理などは取り組んでからその経済的な効果が表れるのにはタイムラグが存在する。よってその調査にも長い時間が必要になると考えられる。

【注】

(1) 出見世（2004），8 − 10 ページ。
(2) 回答者の属性：男性（910 人，43.8％），女性（1,168 人，56.2％）。
(3) 経済広報センター「第 12 回　生活者の企業観に関する調査報告書」2009 年 5 月。
(4) 日本経済団体連合会「企業倫理・企業行動に関するアンケート集計結果（概要）」2005 年 12 月 13 日。
(5) 齋藤（2007），408 ページ。
(6) この法則は，アメリカの損害保険会社に在職していたハーバート・ウィリアム・ハインリッヒが 1929 年に公表したもの。
(7) 齋藤，前掲書，409 ページ。
(8) 角田・小西（2008），7 − 8 ページ。
(9) 高，ドナルドソン（2003）。
(10) 永松博志「企業倫理における価値共有型志向の構築─企業倫理への新たなアプローチ」『日本経営倫理学会誌』第 14 号，2007 年，176 ページ。
(11) 山口謙吉「金融機関における企業倫理の実践（要約）」経済法令研究会『銀行法務 21』2001 年 11 月号，3 ページ。
(12) 中村（2003），7 ページ。
(13) 中村瑞穂「企業倫理と日本的経営」『明治大学社会科学研究所紀要』第 37 巻，第 1 号（通巻 49 集）1998 年 10 月，19 ページ。
(14) 同上書，10 ページ。
(15) 文載皓「現代の企業倫理」佐久間信夫・大平義隆編著『改訂版　現代経営学』学文社，2008 年，106 ページ。
(16) 中村，前掲書，1998 年，20 ページ。
(17) 中村瑞穂「企業倫理実現の条件」『明治大学社会科学研究所紀要』第 39 号第 2 号，2001 年 3 月，87−99 ページ。
(18) アンケートは，日本経済団体連合会の企業行動委員会が 2008 年 2 月 19 日に発表した「企業倫理への取組みに関するアンケート調査結果」に基づくものである。
(19) ただしこのアンケートが日本経団連会員企業のみに実施された点，またこのようなアンケートには企業倫理に積極的な企業ほど回答することが考えられるため，日本企業すべての企業倫理の制度化の実施状況がすべて明らかになるわけではないことに注意しなければならない。

(20) 倫理綱領は企業倫理において中核的な役割を果たすものであり，各組織がそれぞれの実情に応じてさまざまな名称で制定している。例：「企業行動宣言」,「企業行動規範」,「企業行動憲章」,「企業行動基準」。
(21) このアンケートの場合，日本経団連が作成した「行動憲章」という名称である。
(22) 相談窓口の名称については，「相談窓口制度」,「相談・申告制度」,「ヘルプライン」「ヘルプデスク」,「ホットライン」,「通報制度」といった名称がつけられている。
(23) 梅田・久本 (2003), 68 ページ。
(24) 梅津光弘「企業経営における価値転換」中村 (2007), 8 ページ。
(25) 同上稿, 9 ページ。
(26) 産能大学総合研究所「産能大学のコンプライアンス支援」
http://www.hj.sanno.ac.jp/Compliance/page03.html
(27) 情報開示，雇用・労使関係，贈賄防止，消費者利益，科学・技術，競争，課税など。
(28) 鈴木由紀子「国際経営における企業倫理」中村 (2007), 114-135 ページ。
(29) 同上稿, 148 ページ。
(30) 同上稿, 150 ページ。
(31) リチャード・T・ディジョージ著, 安永・山田 (1995)。
(32) 松本邦明「経営倫理教育の特徴と難しさ」水谷雅一『経営倫理』同文舘出版, 2003年, 144-145 ページ。
(33) TR. パイパー，MC. ジェンタイル，SD. パークス著，小林・山口 (1995)。
(34) 松本, 前掲稿, 2003 年, 146 ページ。
(35) 同上稿, 146-147 ページ。
(36) リスクマネジメントとは，経営体の諸活動に及ぼすリスクの悪影響から，最小のコストで，資産・活動・稼働力を保護するため，必要な機能並びに技法を計画・組織・指揮・統制するプロセスのこと（森宮康『変化の時代のリスクマネジメント』日本損害保険協会, 1994 年）。
(37) Herrington, S. E. and G. R. Niehaus, Risk Management and Insurance, 2nd ed., Mcgraw-Hill, 2004, pp. 8-9. (米山・箸方 (2005), 12 ページ)。
(38) ノーマン・E・ボウイ著, 中谷・勝西 (2009), 235-236 ページ。
(39) 森本 (1994), 6 ページ。
(40) Karpoff, J. M. and J. R. Lott, "The Reputational Penalty Firms Bear from

Committing Criminal Fraud," Journal of Law & Economics, vol. 36, 1993, pp. 757-802.
(41) しかし，日本で 2006 年に行われた不祥事と株価の関係を調査した研究の結果では，企業不祥事と株価の下落の関係は証明されなかったという（小佐野広・堀敬一「企業の不祥事と株価パフォーマンス」立命館大学ファイナンス研究センター『Research Paper Siries』No. 05-006，2006 年 3 月）。
(42) 2007 年に UNEP FI は，SRI の運用収益率に関する世界の学者の 20 件のレポートを分析した。
(43) 帝国データバンク「倒産集計 2008 年上半期」2008 年
http://www.tdb.co.jp/report/tosan/syukei/08kami.html

◆参考文献◆

梅田徹・久本之夫『内部通報制度の考え方・作り方』日本能率協会マネジメントセンター，2003 年。
梅津光弘「企業経営をめぐる価値転換」中村瑞穂編『日本の企業倫理 企業倫理の研究と実践』白桃書房，2007 年。
小林俊治・山口善昭訳『ハーバードで教える企業倫理』生産性出版，1995 年。
齋藤憲『企業不祥事事典―ケーススタディ 150』日外選書，2007 年。
角田邦重・小西啓文『内部告発と公益通報者保護法』法律文化社，2008 年。
高巖，T ドナルドソン『ビジネス・エシックス 新版』文眞堂，2003 年。
出見世信之『企業倫理入門』同文舘出版，2004 年。
中谷常二・勝西良典監訳『利益につながるビジネス倫理』晃洋書房，2009 年。
中村瑞穂『企業倫理と企業統治―国際比較―』文眞堂，2003 年。
中村瑞穂『日本の企業倫理 企業倫理の研究と実践』白桃書房，2007 年。
水谷雅一編著『経営倫理』同文舘出版，2003 年。
森本三男『企業社会責任の経営学的研究』白桃書房，1994 年。
安永幸正・山田經三監訳『ビジネス・エシックス』赤石書店，1995 年。
米山高生・箸方幹逸訳『保険とリスクマネジメント』東洋経済新報社，2005 年。

第10章
企業の環境経営

第1節　環境問題の変遷

　環境も企業のステークホルダーであり，環境経営はCSRの重要な一部であると理解されている。企業の環境経営をみる前に，企業と環境問題とのかかわりを歴史的にたどると次のように変遷してきた。

1．産業革命時代
　人類による環境破壊は，産業革命により大きく広がった。環境破壊の主役は農業から工業へと移り，工業化の発展のなかで企業が生まれた。こうして環境問題と企業とのかかわりがはじまった。また，産業革命によって，現在のグローバル化の時代の環境問題にもつながる，エネルギー利用の変化，物質利用の変化，人口の変化の3つの変化も同時に生まれた。

2．高度経済成長時代
　高度経済成長時代に企業と環境問題のかかわりは飛躍的に高まり，企業は環境問題（当時は公害問題）の主役の座に躍り出ることとなった。公害問題の被害者である地域住民に対しては加害者となってしまった。この時代の環境に配慮する経営とは，エンドオブパイプであり，製造プロセスはそのままで，最後に排出する段階で浄化設備を追加するだけの方策で，企業にとって単にコストアップであった。

その後，公害問題解決のために整備された法制度によって，企業はそれまでの自由な事業活動に汚染物質排出の制限という制約を付加されることとなった。こうして，企業にとっての環境問題は，まず事業活動の制約条件として認識されることとなった。

3．グローバル時代

　グローバル時代の環境問題は，従来に比較していっそう多様化，複雑化することとなった。汚染原因も多様化し，企業に加えて一般生活者も起源とする，地球温暖化，大気汚染，水質・海洋汚染，土壌汚染，森林破壊などの地球環境問題も顕在化してきた。こうして深刻化する環境問題を前に，環境への配慮なしにこれ以上人類の生活が成り立たないという認識が普及し，環境への配慮は企業活動への制約条件というレベルを超え，前提条件と考えられるようになった。さらに，以下のように近年世界的に地球環境を保全し改善する動きが活発化している。1992年に地球サミット（環境と開発に関する国連会議）が開催され，気候変動枠組み条約と生物多様性条約が締結された。生物多様性条約で生物多様性を保全しようとする理由は，生態系が提供する自然の恵みを将来にわたって確保することで，持続可能性を保障するためである。企業の持続可能性を追求するためには，社会の持続可能性が必要であり，社会の持続可能性を追求するには，生物多様性に代表される生態系の持続可能性が必要である。また，気候変動枠組み条約に基づき，京都議定書が採択（1997年）・発効（2005年）された。京都議定書は，基準年を1990年とし2008年〜12年までに先進国全体で5％の温室効果ガスを削減する取り決めを行い，法的にも拘束力のある削減目標を定めている。各国ごとに定められたレベルまで削減することが求められ，目標を超えて削減した場合は，次期の目標値へ加算することができる。また，排出量取引も認められている。一方，一般社会のなかにも環境を守り改善していくためには，一定のコストが必要であるという認識が根づきつつある。政策レベルでも法律の整備のほかに，公的資金を投入した環境保全・修復も行われている。

今日，地球環境の保全は，企業活動の前提と同時に新たな革新の機会として理解されつつある。したがって，地球環境問題へ取り組む企業の経営の姿勢の違いが，将来の企業存立を左右するようになっている。そこで環境を重要な戦略的要素とする「環境経営」が必要とされている（『環境白書』では製品を含めて地球環境問題への対応を企業の経営戦略，事業戦略の中で徐々に具体化する試みを環境経営と位置づけている）。

第2節　環境経営の要件

　環境経営を経営活動と環境保全活動が有機的に統合されたシステムと考えると，環境経営には環境経営理念，環境マネジメント技術，環境配慮型市場の3つの要件が必要とされる。

1．環境経営理念
　企業が環境保全に積極的に取り組むならば，その姿勢を明示し，判断のより所となるような経営理念を設定することが求められる。経済組織である企業にとって環境保全は組織の設立目的ではないが，経営理念として明確に示しておかないと，環境保全を企業活動の隅々にまで浸透させることはできない。環境経営理念のどこを重視し，どのように進めていくかは，トップの決定に依存するところが大きい。したがって，全社的な環境憲章や環境方針にトップ・マネジメントの環境経営への考え方を随時反映させた全体を環境経営理念と捉えるべきである。

2．環境マネジメント技術
　環境保全を実行するには技術が必要であり，そのための技術は公害防止や資源保全などの工学的技術と経営意思決定を支援するマネジメント技術に大別される。環境マネジメント技術には，ISO 14000シリーズの環境マネジメント・システム（EMS）を中心に環境監査，環境ラベル，環境パフォーマンス評価

(EPE)，ライフサイクル・アセスメント（LCA），環境適合設計（DfE）などのツールがある。これらの環境マネジメント・ツールは，環境保全活動において，企業・事業所に適用される手法と製品・サービスに適用される手法に分けられ，さらに，その内容は環境負荷を測定・評価するためのツール，環境負荷を削減するためのツール，環境パフォーマンスを外部へ開示するためのツールに区分される。代表的な環境マネジメント・ツールをこの基準で分類すると図表10-1の通りである。

図表10-1　環境マネジメント・ツール

単位／用途	環境負荷の測定・評価	環境負荷の削減	環境パフォーマンスの外部開示
企業・事業所	環境パフォーマンス評価（EPE）	環境マネジメント・システム（EMS）	環境報告書
製　　品	ライフサイクル・アセスメント（LCA）	環境適合設計（DfE）	環境ラベル

個々の環境マネジメント技術を説明すると，
① 環境パフォーマンス評価（EPE：Environmental Performance Evaluation）
　事業者自らが発生させている環境への負荷やそれに係わる対策の成果を把握し評価することで，そのために環境省はガイドラインのなかで9つのコア指標を取り上げている。
② 環境マネジメント・システム（EMS：Environmental Management System）
　環境パフォーマンスの改善を，環境方針・計画（Plan）→実施・運用（Do）→点検・是正（Check）→経営層による見直し（Action）＝PDCAサイクルを回すことにより継続的に実施するシステムである。EMSの構築では国際規格ISO 14001を導入するのが一般的である。
③ 環境報告書　事業者が環境に関する経営方針，環境マネジメントシステムに関する状況，環境負荷物質の排出状況，環境負荷の削減に向けた取り組み等を公表する報告書である。近年は，サステナビリティレポートまたは環境への取り組みだけでなく，企業の環境への配慮はCSRの一環であ

るとしてCSR報告書として発行する企業が多い。
④ ライフサイクル・アセスメント（LCA：Life Cycle Assessment）製品のライフサイクル全般にわたる投入資源，環境負荷およびそれらによる地球や生態系への環境影響を定量的に評価する手法である。
⑤ 環境適合設計（DfE：Design for Environment）製品を開発する際に，生産および使用の過程における環境負荷の低減や使用後のリサイクルの可能性まで視野に入れて設計を行う手法である。
⑥ 環境ラベル　商品の環境配慮度や環境への負荷を消費者に知らせるために，商品のパッケージやカタログ等に表示するラベルである。
環境ラベルは，次の3つに分類される[1]。

タイプⅠ環境ラベル　エコマークのような第三者認証に基づく環境ラベルであり，製品分類や判定基準を実施機関が定めている。一定の判断基準の基に審査されているので，どの製品がいいか比較が可能である。

タイプⅡ環境ラベル　事業者が製品やサービス等の環境への配慮を主張するもの。第三者による判断は入らない。

タイプⅢ環境ラベル　製品の定量的な環境負荷データをLCAの手法を用いて表示するもの。合格・不合格の判断はなされず，判断は消費者に任される。
⑦ 環境会計　経営活動と環境保全活動をつなぐものが環境会計である。環境保全に関する投資額および経費とその効果を可能な限り定量的に測定し伝達する仕組みである。環境会計を導入することで，環境保全活動を効率的に推進するための経営管理のツールとして利用できる，また，環境保全活動の費用対効果・環境負荷の改善状況を数値化し，外部に公表することで，企業の環境配慮度合いに対する外部の理解が深まる，さらに，環境配慮企業として評価されるというメリットが期待できる。
⑧ 従業員教育　環境経営に取り組むには，企業内で働く従業員に対する教育・啓発が必要である。環境の従業員教育で，ほかの研修と異なる点は，すべての従業員が何らかの環境とかかわっているとの認識から，直接部門

の環境負荷低減活動だけでなく，自然保護活動に参加するなど全従業員を対象とした啓発教育になることである。

3．環境配慮型市場

企業を取り巻く市場として，製品サービス市場，資本金融市場，労働市場の3つを想定する。
① 製品サービス市場をみると，環境配慮活動を行っても売上に反映されなければ企業の収益はあがらない。カーボンフットプリントによる環境負荷の「見える化」により，環境に配慮した製品サービスとそうでない製品サービスが区別される方向にある。
② 資本金融市場でも評価されなければ，資金調達において不利になり，企業経営は厳しいものとなる。反対に，環境配慮企業が製品サービス市場で競争優位を獲得し，資本金融市場からも十分に資金を調達できるならば大いに発展が期待できる。このような動向の兆しは，製品サービス市場におけるグリーンコンシューマー，資本金融市場におけるグリーンインベスターの動向などに現れている。
③ 労働市場では，環境配慮企業は従業員のモチベーションを高めることになり，環境に関心のある有能な人が希望し，人材戦略面で競争優位を築くことができる。

企業は，企業を取り巻く市場の支援（環境配慮型市場）を得ることによってはじめて，環境保全活動を十分に実行することができる。

第3節　環境経営の実践

これまでの企業の生産の基本は，自然（資源採取，浄化・処理能力）の無限性を前提とし，利潤の実現を目指して原材料を調達し，製品を生産・販売し，使用済みの製品は自然へ廃棄するというものであった。血液循環に喩えるなら動脈過程に相当するが，老廃した血液の浄化再生を行う静脈過程が存在しなかっ

たため，自然環境の汚染・破壊をもたらした。そこで，生産活動から排気・排出・廃棄される物質を再生・再資源化して再利用する静脈過程が，製造過程に対応して存在するものとして捉える必要がある。その基本が3R（リデュース，リユース，リサイクル）である。

1．循環型社会の3R

① リデュース（reduce）　発生抑制は，すなわち使わない，あるいは少なく使うという最も基本的な考え方である。そのなかには，単に直接的使用量を減らす以外に，技術的可能性，たとえば消費電力の大きい電球に代えてLEDを使用するという対処法も含まれる。

② リユース（reuse）　再使用は，古くなった製品の部品を取り出して，それを新しい製品に再使用するやり方などがある。

③ リサイクル（recycle）　再生利用は，一度外に出たものを何らかの形で再生利用するというやり方である。このなかには，戻したものを熱として再生利用する「サーマル・リサイクル」，選別・加工して元の素材自体に戻す「マテリアル・リサイクル」，化学的にプラスチックなどを元の原料に戻す「ケミカル・リサイクル」がある[2]。

2．グリーン経営機能

環境経営は，財務，調達，生産，マーケティングという経営の基本的機能の環境適合的展開＝グリーン経営機能として実践される。

① グリーン財務　企業の環境保全活動と資金調達のかかわりに注目し，資金利用において環境投資を重視すること。

② グリーン調達　製品廃棄処分時の有害性，リサイクルの容易さなどに配慮し，環境に与える悪影響ができる限り少ない原材料や部品を購入したり，再生材や代替材料を使用することなど。

③ グリーン生産　低公害化技術を開発・採用して生産すること（環境負荷の小さいエネルギーを有効に利用し，資源を節約し，有害物質を排出せず，働く環

境を汚さずに生産する）や DfE の手法を採用し，製品・サービスを設計段階から廃棄まで環境に配慮して生産すること。

④ グリーン・マーケティング　環境と共生できる製品・サービスの企画・開発，広告・販売，適切な使用の促進，使用後の回収など環境対応製品を供給し，環境対応流通を促進すること

⑤ ゼロエミッション（zero emission）　汚染をゼロにすること。企業単位で投入した原材料のすべてを最終製品にする方法とある企業の排出物や副産物を他の企業の原材料として使うことにより，全体としてまったく廃棄物を出さないエコタウンのような産業クラスターの形成を目指す方法がある。

⑥ 拡大生産者責任（EPR : Extended Produce Responsibility）　生産から使用時までに限られていた生産者の責任を，使用後の廃棄や再利用の段階にまで拡大してとらえるという考え方である。これは薄利多売というビジネスモデルからの転換を促進する。

⑦ 環境コミュニケーション　環境報告書の発行やステークホルダーとの対話のほかに，企業自ら地域社会での市民・消費者による環境学習に協力したり，市民を対象とした環境教育，環境イベントの開催等を通じて自社の取り組みの理解を促進すること

3．ステークホルダーからの要求

① グリーン購入　環境負荷の少ない製品・サービスを優先的に購入することで環境に配慮した製品（エコプロダクツ）を買うよう心掛けている消費者の割合は 80% を超える。環境に配慮した製品を選ぶための情報提供については，わかりやすいマーク表示，総合的な環境情報の提供，マーク情報の信頼性のチェック，情報の比較方法や表現方法の標準化・共通化が求められている。

② エコファンド（eco fund）　環境対応の進んだ企業を投資対象とする投資信託のこと。欧米では，投資先の財務・環境への評価に加え，社会・倫理

といった側面も考慮して投資する社会的責任投資（SRI：Socially Responsible Investment）が拡大している。エコファンドは SRI ファンドの一種といえる。日本では 1999 年から証券会社がエコファンドの販売を開始し，投資家による環境配慮企業への投資活動が具体的な形になりつつある。

③　環境格付　企業の環境配慮の度合いを評価し，格付けすること。欧米では環境格付会社が存在し，機関投資家が投資判断を下す際に利用するなど広く浸透している。日本でも環境格付機関が設立され，企業や商品の環境的側面に係わる情報を提供したり，企業に対するアンケート調査等をもとに企業をランキングしている。

第 4 節　環境ビジネスの現状と将来

循環型社会構築に向けて，動脈産業については「環境配慮が組み込まれた生産システムの構築」，「ライフサイクルを見通したモノづくり」や「環境負荷の小さい物流システムの構築」が求められる。また，モノの回収・処理・リサイクルを担う静脈産業に対しては，「環境に配慮したシステムの高度化」，さらに「動脈系と静脈系の有機的連携・一体化による効率化」も必要とされる。

企業は，法制度あるいは消費者・取引企業からの要請も要因となり，環境への負荷の少ない製品の提供や事業活動における環境配慮を行うようになり，これを通じて循環型社会構築に向けて重要な役割を果たす。

1．環境ビジネスの市場規模

世界の環境ビジネスの市場規模は 2006 年で 6,920 億ドルと推計されている。環境ビジネスは，環境関連法が整備されることで市場が拡大してきた。また，環境対応をビジネスチャンスと捉えて行動する企業が数多く出現しており，特に 1990 年代後半から急速に市場が拡大している。推計結果には，環境調和型製品の市場の拡大等動脈産業のグリーン化等の効果が完全には加味されておらず，今後それらの分野での積極的な取り組みにより，環境ビジネスの市場・雇

用規模はこれより相当大きなものとなることが期待される。

2．環境ビジネスの分類

　企業の環境への取り組みは，事業活動にともなう環境への負荷を削減するという環境対策の強化と環境をビジネスの源泉と捉えた取り組みに分けられる。環境ビジネスを分類するために，横軸に環境ビジネスの需要目的（公害防止，循環形成，環境修復・環境創造，環境調和型エネルギー利用）をとり，縦軸に環境ビジネスの供給形態（運営・事業，環境配慮型製品の製造・販売，環境対策のハード的支援，環境対策のソフト的支援）を取ると図表10－2のようになる。

① 　運営・事業　運営・事業には，下水・屎尿処理，廃棄物処理・リサイクル（廃棄物処理・リサイクルのほか，中古品流通・リペアなど），環境調和型エネルギー供給（地域熱供給，ごみ発電等）がある。

② 　環境配慮型製品の製造・販売　環境配慮型製品の製造・販売（図表10－2では製造と略す）には，モノの生産における環境配慮としてのエコマテリアル，低公害車等がある。製造段階で発生する環境負荷の低減と未利用エネルギーや発生物の有効利用を図ることは，廃棄物処理・リサイクルであると同時に環境配慮型製品の製造・販売でもある。

③ 　環境対策の支援　環境対策の支援として，ハード的支援には，環境関連資材（廃棄物・排水・排ガスの処理・分析用品の薬品，触媒，膜等），環境分析装置，公害防止装置，廃棄物処理・リサイクル装置がある。ソフト的支援には，環境関連サービス（環境分析，環境アセスメント，環境コンサルティング，環境金融，環境教育，環境情報等）がある。ハード・ソフト両方に，施設建設（埋立処分場の造成等），環境修復・環境創造（土壌浄化，多自然型工法，緑化，雨水利用等），新エネルギー・エネルギー利用効率化（太陽光発電・燃料電池・風力発電，コージェネ，住宅断熱化等）が入る。

　日本国内の環境ビジネス市場の規模を予測した図表10－3をみると，市場規模が拡大する分野とそうでない分野に分かれる。10．新エネルギー，1．公害防止装置，11．省エネルギー，8．環境修復・環境創造，9．環境調和型製品な

図表 10－2　環境ビジネスの分類

環境調和型エネルギー利用	環境修復 環境創造	循環形成	公害防止（環境配慮）	デマンド／サプライ		
		廃棄物処理・リサイクル ●一般廃棄物処理 ●産業廃棄物処理 ●リサイクル ●リユース／リペア	下水・屎尿処理	公共	運営・事業	
環境調和型エネルギー供給 ●地域熱供給 ●ごみ発電				民間		
		●原材料 ●低公害車	環境配慮型製品製造・販売 ●エコマテリアル	製造		
	環境関連資材 ●薬品　●触媒　●膜　●断熱材			材料	ハード	支援
新エネルギー・エネルギー利用効率化 ●太陽光発電 ●燃料電池 ●風力発電 ●コージェネ ●住宅断熱化	環境分析装置			機器		
	環境修復・環境創造 ●土壌浄化 ●多自然型工法 ●緑化 ●雨水利用・中水道	廃棄物処理・リサイクル装置 ●ごみ焼却炉 ●再商品化プラント　etc.	公害防止装置 ●大気汚染防止 ●水質汚染防止 etc.	プラント		
		施設建設 ●埋立処分場造成		現地施行	ソフト（技術・人・情報・お金）	
	環境関連サービス ●環境分析　●環境アセスメント　●環境監査 ●環境コンサルティング　●環境金融　●環境教育			サービス提供		
				資金		

出所：牧野昇＋三菱総合研究所・循環システム研究チーム（2001），43ページより筆者作成。

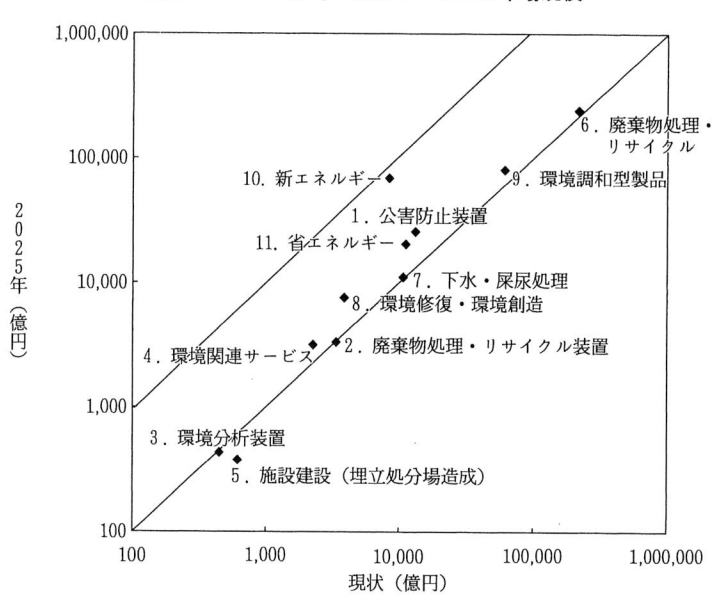

図表10-3　2025年の環境ビジネスの市場規模

（グラフ：横軸「現状（億円）」、縦軸「2025年（億円）」、対数目盛）

プロット項目：
- 6．廃棄物処理・リサイクル
- 9．環境調和型製品
- 10．新エネルギー
- 1．公害防止装置
- 11．省エネルギー
- 7．下水・屎尿処理
- 8．環境修復・環境創造
- 4．環境関連サービス
- 2．廃棄物処理・リサイクル装置
- 3．環境分析装置
- 5．施設建設（埋立処分場造成）

出所：近畿経済産業局「関西における新環境ビジネス推進戦略」2008年3月。

どは，現時点から2025年に向けて市場規模を拡大すると予想される。他方で，3．環境分析装置，2．廃棄物処理・リサイクル装置，7．下水・屎尿処理などの分野は人口減少もありあまり拡大しない。近年，将来の成長が注目されているのは，再生可能エネルギー，省エネルギーおよびエネルギー管理，水供給等の分野である[3]。

3．環境経営による新事業

既存産業ごとの新事業創造の動きは図表10-4の通りであるが，以下のような新たな環境ビジネスモデルの創出もみられ，特に図表10-5のグリーン・サービサイジング事業が注目されている。

A，生産システム活用型ビジネス　製鉄会社による廃プラスチックのリサイクルとそのリサイクル製品の高炉原料化

図表10-4 環境経営をきっかけとした事業創造への動き

	1）エネルギー	2）素材	3）化学	4）家電	5）加工製造
事業創造	○再生可能エネルギーへの転換	○エコ素材,エコ製品への需要の高まり	○化学技術を環境技術へ利用	○省エネ競争 ○リサイクルルートの確立 ○家庭用エコ商品	○廃棄物の削減
背景	・CO_2削減目標 ・排出権取引 ・石油貯蔵量の限界	・各種法規制	・PRTR法 ・環境ホルモンへの世論	・改正省エネ法 ・家電リサイクル法	・PRTR法
	6）自動車	7）食品	8）物流	9）建設	10）通信
事業創造	○エコカー開発競争 ○燃料電池自動車の実用化	○バイオ技術を利用したゼロエミッション,多角経営 ○世論,法規制への対応	○モーダルシフト ○モーダルミックス ○最適化,効率化	○廃棄物削減	○環境課題解法の手段として注目
背景	CO_2排出削減目標	・環境ホルモンの世論 ・HACCP ・遺伝子加工食品の表示義務化	・CO_2排出削減目標	・PRTR法	・家電リサイクル法
	11）環境エンジニアリング	12）印刷	13）流通	14）レジャー	15）金融・商社
事業創造	○環境浄化ビジネス（他産業からの参入も多い）	○リサイクルしやすい印刷 ○リサイクル品にもできる印刷	○エコ活動の拠点となりうる	○エコホテル,エコツアー,自然や癒しがレジャーのコンセプト	○エコファンド,排出権取引,環境リスクが損保商品に
背景	・CO_2削減目標 ・排出権取引	・各種リサイクル法 ・排出権取引	・小売店舗立地法		

出所：寺本・原田（2000），97ページ。

第 10 章　企業の環境経営　169

図表 10−5　グリーン・サービサイジングの事業分野

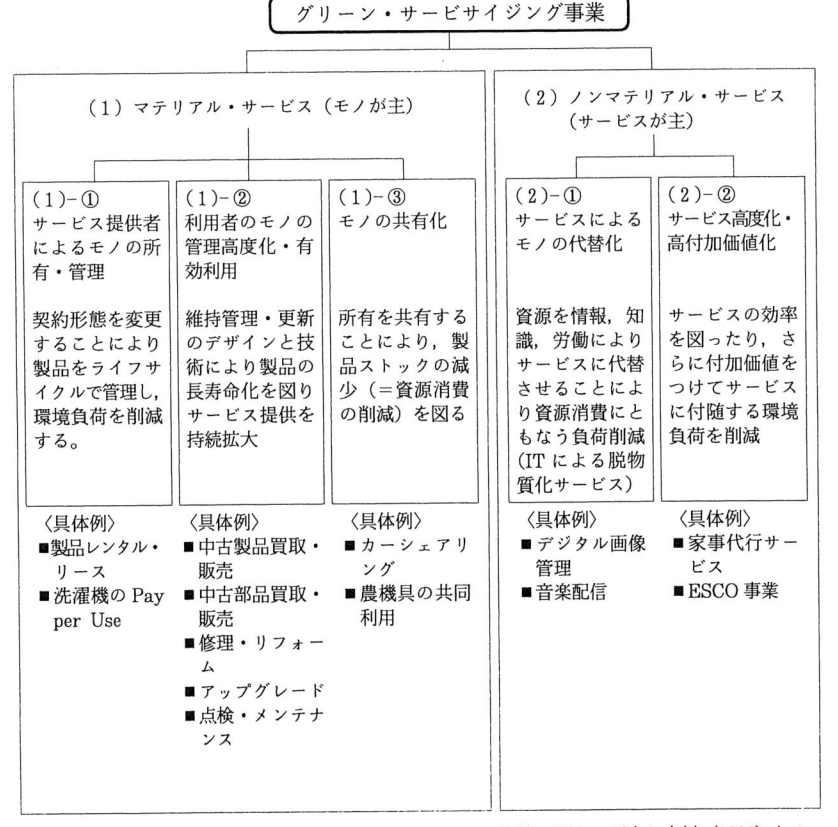

```
                    グリーン・サービサイジング事業
                              │
        ┌─────────────────────┴─────────────────────┐
   (1) マテリアル・サービス（モノが主）      (2) ノンマテリアル・サービス
                                              （サービスが主）
```

(1)−① サービス提供者によるモノの所有・管理	(1)−② 利用者のモノの管理高度化・有効利用	(1)−③ モノの共有化	(2)−① サービスによるモノの代替化	(2)−② サービス高度化・高付加価値化
契約形態を変更することにより製品をライフサイクルで管理し、環境負荷を削減する。	維持管理・更新のデザインと技術により製品の長寿命化を図りサービス提供を持続拡大	所有を共有することにより、製品ストックの減少（＝資源消費の削減）を図る	資源を情報、知識、労働によりサービスに代替させることにより資源消費にともなう負荷削減（IT による脱物質化サービス）	サービスの効率化を図ったり、さらに付加価値をつけてサービスに付随する環境負荷を削減
〈具体例〉 ■製品レンタル・リース ■洗濯機の Pay per Use	〈具体例〉 ■中古製品買取・販売 ■中古部品買取・販売 ■修理・リフォーム ■アップグレード ■点検・メンテナンス	〈具体例〉 ■カーシェアリング ■農機具の共同利用	〈具体例〉 ■デジタル画像管理 ■音楽配信	〈具体例〉 ■家事代行サービス ■ESCO 事業

出所：今堀・盛岡「家電におけるサービサイジングの可能性に関する研究」中村（2007）および第三回グリーン・サービサイジング研究会吉田委員発表を参考に作成。

B，異分野連携型ビジネス　エコタウン事業での企業間連携や製紙会社と市民活動との連携事業

C，地場産業・地域住民・地方自治体などの資源を活用したコミュニティ型ビジネス　菜の花エコプロジェクトなど

D，サービス提供型ビジネス　土壌汚染保険やグリーン・サービサイジング事業など

グリーン・サービサイジングとは[4]，これまで製品として販売していたも

のをサービスとして提供することにより環境への負荷を減少させる取り組みである。グリーン・サービサイジング事業は，モノとサービスが占める割合により，（1）マテリアル・サービス（モノが主）と（2）ノンマテリアル・サービス（サービスが主）に分類される。（1）マテリアル・サービスは（1）－①サービス提供者によるモノの所有・管理，（1）－②利用者のモノの管理高度化・有効利用，（1）－③モノの共有化に分類される。所有権の観点からみると，（1）マテリアル・サービスの①と③および（2）ノンマテリアル・サービスは所有権が提供者にあるが，（1）－②は所有権が使用者にある。運用の観点から見ると，（1）マテリアル・サービスは，機器の運用は機器を使用する使用者であるが，ノンマテリアル・サービスは運用まで提供者が行うため，使用者は機器の存在自体を意識せずにサービスの提供を受けることになる。

第5節　サステナビリティ経営と環境パートナーシップ

　1980年代，世界的に環境保全に関する動きが起こりはじめ，1987年の環境と開発に関する世界委員会においてsustainable development（持続可能な発展）という概念が提唱された。従来，二律背反であった環境保全と開発の両立を目指すまったく新しい考えであった。現在では企業が持続可能であるためには，利益の追求，環境保全に加えて社会への配慮という要素も重要で，経済性・環境配慮性・社会性という「トリプルボトムライン」の視点で，企業は評価されるべきであると考えられるようになった。

　サステナビリティ経営は，企業の活動を経済，環境および社会の3つの側面から，これらを誠実にマネジメントし，積極的に情報公開を進める経営である。①経済活動においては，フェアで適法な取引によって適正な収益を得，これを社会に還元する。②環境活動においては，少なからず収益を犠牲にしてでも地球や地域の環境に配慮する。③社会活動においては，人権に配慮して公正で偏りのない人事や雇用を行い，また献身的な地域貢献活動を行う。サステナビリティ経営は，こうした事業活動が自然発生的に実行できるような内部環境を築

き，これを効率的に実践するための経営手法である。

　サステナビリティ経営でも，環境経営と同様に実効的に推進するために，サステナビリティマネジメントシステムが必要であり，従来の環境報告書や環境会計が人事・安全・（環境以外の）社会貢献などの社会的項目・側面を記載・集計したサステナビリティレポートやサステナビリティ会計（または，CSR報告書やCSR会計）に今後変わっていくと考えられる。

　一方，環境コミュニケーションの重要性が高まっている。ステークホルダーとの対話を重視している企業に対しては，消費者や投資家からの評価が次第に高まり，こうした企業の株価は上昇傾向にある。環境コミュニケーションをさらに高度化するため，双方向で議論を深めるステークホルダー・エンゲージメントが注目を浴びている。さらに，議論だけではなく，具体的な行動を起こすことを目指した環境パートナーシップ（CSRパートナーシップ）が今後活発化すると考えられる[5]。

【注】

（1）白鳥（2009），87ページ。
（2）鈴木（2000），200ページ。
（3）足達（2009），88-89ページ。
（4）中村（2007），66-69ページ。
（5）中村，同上書，129ページ。

◆参考文献◆

足達英一郎『環境経営入門』日本経済新聞出版社，2009年。
市川芳明『新たな規制をビジネスチャンスに変える環境経営戦略』中央法規，2004年。
勝田悟『持続可能な事業にするための環境ビジネス学』中央経済社，2003年。
環境経営学会監修『環境経営入門』日本工業新聞社，2001年。
経済産業省環境政策課環境調和推進室『環境立国宣言』ケイブン出版社，2003年。
経済産業省環境政策課環境調和推進室『検証！日本の環境経営』ケイブン出版社，2004

年。
白鳥和彦『環境企業家と環境経営の新展開』税務経理協会，2009年。
鈴木幸毅他著『環境ビジネスの展開』税務経理協会，2001年。
鈴木幸毅編集代表『循環型社会の企業経営』税務経理協会，2000年。
高垣行男『環境経営戦略の潮流』創成社，2010年。
立山裕二『利益を生み出す「環境経営」のすすめ』総合法令出版，2009年。
寺本義也・原田保編『環境経営』同友館，2000年。
中村吉明『環境ビジネス入門―環境立国にむけて―』産業環境管理協会，2007年。
牧野昇＋三菱総合研究所循環システム研究チーム『環境ビジネス新時代』経済界，2001
　年。
三橋規宏編『地球環境と企業経営』東洋経済新報社，2001年。
山本和夫・国部克彦『IBMの環境経営』東洋経済新報社，2001年。

第 11 章
社会的責任投資（SRI）の現状と課題

第1節　SRIとは

　1990年代後半から欧米においてSRI（Socially Responsible Investment：社会的責任投資）のファンド数および資産規模などSRI市場が急速に伸びている。これは，CSR（Corporate Social Responsibility：企業の社会的責任）に対する世界的な関心が高まってきたことにともないSRI関連の法的整備，SRIに対する投資家の意識の変化，SRIインデックスの開発，SRIファンドの比較的良好な収益性など投資家を取り巻く環境が変わってきたためである[1]。

　ヨーロッパにおいては2000年にイギリスの年金法が改正され，ESG（Environment, Social, Governance：環境，社会，ガバナンス）問題を投資方針に取り入れているか否かについての情報開示が義務化され，その後ヨーロッパ諸国においてもSRIに関連する法規制が整備されるようになり，SRI市場の拡大に影響を及ぼした。アメリカにおいては，エンロン事件などの企業の不祥事によって資本市場への不信感が強まり，信頼できる企業，信頼できる金融商品としてSRIへの認識が投資家に広まったことがSRI市場の成長を促した。

　本章では，SRI活動の主流であるソーシャル・スクリーンを中心に考察し，日欧米のSRI市場の現状とSRIの課題について検討する。

1．SRIの概念

　SRIの概念については，統一された定義が定まっているわけではなく，さ

まざまな団体や多数の研究者によって定義づけられている。

たとえば，アメリカの社会的投資フォーラム（Social Investment Forum : SIF, 2006）は，「SRIとは，厳密な財務分析に投資がもつ社会と環境への影響のポジティブな側面およびネガティブな側面両方を考慮した投資方法である。」と述べており，ヨーロッパの社会的投資フォーラム（Eurosif, 2008）は，この分野においてSRIは，社会的責任投資（Socially Responsible Investment）の頭文字として使われてきたが，サステナブルおよび責任投資（Sustainable and Responsible Investment）に変わりつつあるとし，「SRIとは，倫理的投資，責任投資，サステナブルな投資の一般的用語として扱われ，ESG問題に投資家の財務目標を結合する投資方法である」と述べている。谷本（2003）は，「経済的パフォーマンスがよく，社会的に責任を果たしている企業に投資する，あるいは金融機関やファンドが社会的課題の解決にかかわっている事業体に出資する」ことをSRIと定義している。以上の見解を踏まえてSRIを定義づけると，SRIとは，「投資家が投資先の企業の財務的な評価とCSRの評価を考慮して投資を行う投資行動」であるといえる。

2. SRIの歴史

1920年代に欧米において教会の資金運用の一環として教会を中心にタバコ，アルコール，兵器，ギャンブル関連企業へ投資を控える運動が行われ，これがSRI（ネガティブ・スクリーン）の発端であるといわれている。

1970年代には公民権運動や自然環境保護運動，ベトナム反戦運動などの社会運動が盛んに行われ，戦争にかかわりをもつ企業，環境を保護しない企業，CSRを果たさない企業などに対して株主提案など株主行動を行う株主[2]やネガティブ・スクリーンを行うSRIファンドが設立され，企業の社会的責任を求める1つの手段としてSRIが活用されるようになった。1971年にはソーシャル・スクリーンを行う世界初のSRI投資信託パックス・ワールド・ファンド（Pax World Fund）が発売され，その後，いくつかのSRI投資信託が発売された。これらのSRIファンドはネガティブ・スクリーンだけではなくポ

ジティブ・スクリーンも行っていた。また，1970年代から1990年代まで南アフリカにおけるアパルトヘイト[3]問題がSRIの発展を促す追い風となった。1982年にはアパルトヘイト政策の撤廃を目指してカルバート（Calvert）社が投資信託CSIF（Calvert Social Investment Fund）を開発し，南アフリカで操業している企業を投資対象から除外するなど，南アフリカ共和国のアパルトヘイト問題に対する社会からの批判が高まり，1986年には包括的反アパルトヘイト法が成立し，この問題に関心が高まるにつれてSRIの資産規模が大きくなった。

1990年代には欧米においてCSRへの関心が高まり，SRI市場も拡大しはじめた。特に企業の環境問題への取り組みはコストが増大するという従来の認識から企業のイメージアップや利益に貢献するという認識に変わり，環境問題に積極的に取り組む企業へ投資することが収益力の向上にもつながるという認識が投資家の間に広まった。

1999年にはアメリカのダウジョーンズ社によって世界初のSRIインデックスDJSI（Dow Jones Sustainability Index）が開発され，その後，グローバル規模のSRIインデックスが次々とSRI調査機関によって開発され，現在も運用されている[4]。

3．SRIの3つのパターン

SRIは，（1）ソーシャル・スクリーン（Social Screen），（2）株主行動（Shareholder Activism／Shareholder Engagement），（3）ソーシャル・インベストメント／ファイナンス（Social Investment／Social Finance）と3つのパターンに分類することができる[5]。

ソーシャル・スクリーンと株主行動は個人投資家および機関投資家によって行われ，ソーシャル・インベストメントは，金融機関や公的機関，政府および地方自治体によって行われており，SRIの主体が異なることに注意したい。

(1) ソーシャル・スクリーン

　ソーシャル・スクリーンとは，投資家が投資先の企業を選定する際に投資先の企業の財務的評価に加えて社会，環境，倫理など社会的評価を基準に投資先を選別し，決定することである。このソーシャル・スクリーンには，ネガティブ・スクリーン（Negative Screen）とポジティブ・スクリーン（Positive Screen）がある。ネガティブ・スクリーンは，タバコ，アルコール，兵器，ギャンブルなど，社会からの批判が強い特定産業にかかわる製品やサービスを提供する企業を投資対象企業から除外する投資行動であり，ポジティブ・スクリーンは，社会，環境，雇用問題などCSRの面において積極的に取り組んでいると評価される企業を投資対象企業に選定する投資行動である。これはSRI調査機関が企業の環境・社会的側面の業績について調査し，その調査結果を個人投資家および機関投資家に提供し，その情報をもとに個人投資家および機関投資家が投資する企業を選別する投資行動である。個人投資家はSRI投資信託を媒体として投資行動を行う。

　SRIは本来，宗教団体の宗教的倫理観に基づいて教会資金を運用するために，アルコール，タバコ，ギャンブルなどの産業に関連する企業へ投資し，利益を得ることは反倫理的行為であり，このような産業に関連する企業への投資を除外するネガティブ・スクリーンが行われた。これがSRIの基盤になっており，ポジティブ・スクリーンを含むソーシャル・スクリーンが現在においてもSRIの大部分を占め，SRIの主流となっている。

(2) 株主行動

　株主行動とは，株主総会で株主提案，議決権行使，経営陣との対話を行うなど株主としての権利を行使し，投資先企業の経営に積極的に参加し，社会的責任を果たしていない企業に対して社会的責任を果たすよう求める活動である。

　従来の株主行動は，株主総会で株主提案や議決権を行使するなど経営陣と対決的な行動が一般的であったが，近年，このような対決的な株主行動だけではなく，長期的に株式を保有し運用する大口機関投資家が経営陣との対話を通じ

て，企業価値の向上を目指す動きが多くなっている。つまり，株主行動の性格が対決型株主行動から株主として積極的に企業経営に関与する対話型株主行動（エンゲージメント）に変化してきているといわれている。これは，当該企業の株主総会において個人投資家および機関投資家が株主の立場から企業の社会的責任に関する問題に対する企業活動に影響を与える株主行動を指す。

1970年代から株主総会で株主が企業の社会的責任を問題として株主提案がなされたのが，株主行動の出発点であり，現在では，株主提案だけではなく，経営陣との対話など株主行動の範囲が広まっている。

(3) ソーシャル・インベストメント／ファイナンス

ソーシャル・インベストメントとは，地域，社会，環境のために投資または融資を行うことであり，地域開発投資（Community Development Investment），社会開発投資（Social Development Investment），社会的責任ある公共投資（Socially Responsible Government Expenditure）と3つの投資行動に分類することができる。地域開発投資は，経済的に発達が遅れている地域の経済的開発を促し，地域社会の活性化のために，その地域において低所得者やマイノリティに住宅資金や事業資金などを支援する投資活動であり，いわゆるコミュニティ投資である。社会開発投資は教育，自然エネルギーなどの社会的事業を行う事業体に投資を行うことである。これらを行う主体は，銀行や信用組合，基金などさまざまな形態があるが，公的または半公的機関からの投融資が中心となっている。社会的責任ある公共投資は政府や自治体が社会や環境に及ぼす影響を考慮して公共投資を行うことである。

4．SRIファンドのソーシャル・スクリーンの評価プロセス

ソーシャル・スクリーンは個人投資家および機関投資家によって行われているが，個人投資家はSRIファンド（投資信託）に資産運用を委託して間接的にソーシャル・スクリーンを行うため，SRIファンドもSRIの主体となる。

スクリーニングは，従来SRIの基盤であった特定産業にかかわる企業を除

外するネガティブ・スクリーンだけではなく，非財務的な側面において優れた取り組みをしている企業を選定するポジティブ・スクリーンにシフトしており，ポジティブ・スクリーンを利用するSRIファンドが増えている。

　SRIファンドのソーシャル・スクリーンの一般的な評価プロセスは，ポジティブ・スクリーンを前提にしている。その評価プロセスは，調査対象銘柄の企業に対して①財務スクリーン（財務分析と株価評価）を行う，②環境，雇用，人権問題など各自が設けた評価基準のソーシャル・スクリーンを適用する，③投資対象ユニバース（投資銘柄を絞り込む前の候補企業）を構成した後，④その中から投資対象になりうる企業の業績予想や株価水準などを分析する，⑤最終的な投資対象の企業を選定する。つまり，通常の評価にソーシャル・スクリーンを組み合わせて最終投資判断を行い，投資対象銘柄を選定するのが，SRIファンドの基本的な運用プロセスである。

　SRIファンドは，①SRIファンド運用機関自らが調査を行う方法，②SRI調査機関に委託する方法，③SRI調査機関がすでに行った既存の調査結果を利用する方法のいずれかの方法を利用し，ソーシャル・スクリーンを行う。ソーシャル・スクリーンの基本的な実施プロセスは，①評価の基本方針を決定し，②調査項目を決め，③調査対象の企業の情報を収集[6]し，④対象企業の評価を決定する[7]。

　ネガティブ・スクリーンはアルコール，軍事産業，タバコなど特定産業にかかわる企業を投資対象から除外する方法であるため，ポジティブ・スクリーンに比べて評価方法は比較的単純である。しかし，特定産業にかかわる度合いや直接にはかかわっていなくても間接的にかかわっているケースなどに対して除外すべきかどうかという判断が難しい。

　SRIファンドの評価基準は，SRIファンドや調査機関によって異なり[8]，欧米，日本など地域的特性によって異なる部分もあり，統一された基準は設けられていない。欧米のファンドの場合は，SRIが宗教上の理由で倫理的除外をきっかけに発展してきた関係で，ネガティブ・スクリーンを設けるファンドが多く，ネガティブ・スクリーンにポジティブ・スクリーンを組み合わせた評

価基準を設けているが,ポジティブ・スクリーンには,環境問題に加えて労働問題,人権問題を含んでいるケースが多い。日本のファンドの場合は,エコファンドから SRI がスタートした関係で環境に重点をおいたポジティブ・スクリーンが多く,ネガティブ・スクリーンは存在しないといわれている。

第 2 節　SRI の現状

SRI の世界的な規模は約 5 兆ユーロに達しており,ヨーロッパが SRI 資産総額 2 兆 6,654 億ユーロで世界の SRI の約 53%,続いてアメリカが SRI 資産総額 1 兆 9,173 億ユーロで約 39% を占めている。SRI がいち早く発展し,市民や機関投資家の関心も高い欧米が世界の SRI 資産規模の約 90% を占めている。

図表 11-1　世界の SRI ファンドの資産規模（単位：100 万）

区分	SRI	資産額	総資産額	総資産額ユーロ(€)
アメリカ (2007)	ソーシャル・スクリーン	2,098	US$2,710	1,917.3
	株主行動	739		
	ソーシャル・スクリーン／株主行動	-151		
	コミュニティ投資	26		
カナダ (2006)	コア SRI	57.4	Cnd$ 503.6	333.6
	広義の SRI	446		
オーストラリア／ニュージーランド (2007)	コア SRI	19.4	Au$72.2	41.4
	広義の SRI	52.8		
日本 (2007.9)		840	¥840	5.5
ヨーロッパ (2007)	コア SRI	511.7	€2,665.4	2,665.4
	広義の SRI	2,153.7		
合　計				€4,963.2

出所：Eurosif (2008), p. 52.

1．アメリカ

アメリカにおいて，個人投資家はCSRへの関心が高く年金などの資産運用としてSRIに積極的に参加している。

機関投資家の間には中長期的に安定した投資収益を得るためには財務的な面だけではなく環境，社会，コーポレート・ガバナンスなどの非財務的な面においても優れた企業に投資をすべきであるという認識が広まり，機関投資家は良い企業を選別し投資するための手段としてSRIを多く利用しており，そのSRI活動が活発に行われている。

しかしながら，確定給付型年金を運用する機関投資家は，年金の運用機関の受託者責任[9]を問うエリサ法[10]に管轄されているため，SRIの導入が進んでいるとはいえない。その背景には，企業年金のなかでも確定給付型年金は，受託者責任が課せられるエリサ法に基づいており，確定給付型年金の運用者がSRIとりわけネガティブ・スクリーンを利用する場合は，ネガティブ・スクリーンを利用しない場合に比べて収益力が低減することもあり，受託者の収益を最大にするという受託者責任に反することになり得るためである。一方，同じエリサ法が管轄している企業年金のなかでも確定拠出型年金の401ｋ[11]は，1998年にエリサ法を管轄しているアメリカの労働省にSRI型の金融商品を投資メニューに組み込むことが認められ，401ｋプランが普及し，SRIファンドを投資メニューに取り入れる企業が増えた。401ｋプランを採用する企業の35％がSRIを投資メニューに加えているという。また，401ｋプランは，投資するファンドの選択を従業員が自己責任で自由にできることもSRIの拡大につながっている。

SRIを行っている機関投資家をタイプ別にみると公的年金が約81％と最も多く，企業退職金（9.2％），宗教団体（3.6％），基金（2.5％），寄付（2.2％），病院／医療サービス（1.4％）の順となっている[12]。公的年金の場合は，比較的SRIへ積極的に関与している。カルパース（カリフォルニア州公務員退職年金基金）は，スクリーニングや地域投資など様々なSRIの手段を活用し，積極的にSRIを行っているという。

第11章 社会的責任投資（SRI）の現状と課題　181

図表11－2　アメリカのSRI資産規模と推移（単位：10億ドル）

	1995	1997	1999	2001	2003	2005	2007
ソーシャル・スクリーン	162	529	1,497	2,010	2,143	1,685	2,098
株主行動	473	736	922	897	448	703	739
スクリーン／株主行動	N/A	－84	－265	－592	－441	－117	－151
コミュニティ投資	4	4	5	8	14	20	26
合　計	639	1,185	2,159	2,323	2,164	2,291	2,712

出所：Social Investment Forum (2008), p. iii.

　アメリカのSIFによると，SRI活動は（1）ソーシャル・スクリーン，（2）株主行動，（3）コミュニティ投資の3つに分類されている。アメリカのSRIの資産規模は，1995年から2007年まで約5倍に増えている。なお，アメリカにおける2007年のSRIの内訳の割合をみると，ソーシャル・スクリーンのみに投資しているSRIファンドは約72％と最も多く，次に株主行動のみが約22％，ソーシャル・スクリーンと株主行動両方に投資しているSRIファンドが約6％，コミュニティ投資が1％を占めている。

（1）ソーシャル・スクリーン

　SRIファンドの75％は複数の基準（criteria）を採用してソーシャル・スクリーンを行っており，25％のみが単独基準を採用してソーシャル・スクリーンを行っている[13]。

　アメリカのソーシャル・スクリーン・ファンド（Socially Screened Funds：SSF）が行っているソーシャル・スクリーンは，タバコ，アルコール，ギャンブル，兵器などの産業にかかわる企業を投資対象から除外するネガティブ・スクリーンおよび環境，従業員関係，顧客満足問題を含む製品・サービス，雇用の平等，人権問題などの分野に積極的に取り組む企業へ投資するポジティブ・スクリーンであり，幅広い分野においてスクリーニングを行っていることがわかる。その内，タバコ（89％）とアルコール（75％）を除外するファンドが圧倒的に多く，次に，ギャンブル（23％），兵器（18％）関連産業を除外するネガ

図表11-3 ソーシャル・スクリーンのタイプ別における
アメリカの投資信託の資産額（割合）および
ファンド数
（資産額の単位：10億ドル）

	資産額	割合	ファンド数
タバコ	159	89%	162
アルコール	134	75%	121
ギャンブル	41	23%	116
兵器	34	18%	100
コミュニティへの影響	32	18%	81
環境	31	17%	95
従業員関係	31	17%	93
製品・サービス	28	16%	90
雇用の平等	27	15%	78
人権問題	11	6%	59
宗教的な社会活動	12	7%	55
ポルノグラフィ	12	7%	56
動物実験	10	6%	25
そのほか（人口妊娠中絶）		5％より少ない	25より少ない

出所：Social Investment Forum (2006), pp. 7-8を基に筆者作成。

ティブ・スクリーンを行うファンドが多い（図表11-3）。

(2) 株主行動

　株主行動はSRI投資全般の約20％を占め，ソーシャル・スクリーンを兼ねた株主行動を合わせると27％を占めている（図表11-2）。

　SRIに関心が高い機関投資家やSRIファンドは，株主提案，議決権行使，株主代表訴訟，経営陣との対話など，さまざまな方法を利用して株主として行動する。株主提案の案件の内容をみると，環境およびエネルギー問題，雇用および労働問題，人権問題，コーポレート・ガバナンス問題など多岐にわたって

行っていることが分かる。多く取り上げられた案件および案件数は，政治献金 (42)，気候変動 (35)，雇用の平等 (32)，動物保護 (27)，国際労働基準 (25)，持続可能性 (19)，役員報酬 (18)，環境報告書 (18) の順であり，投票率が高く多くの支持を得られた案件は，役員の多様性 (21.5%)，持続可能性 (24.1%)，雇用の平等 (18.6%)，健康・医療開発 (16.6%) 関連である[14]。

（3）コミュニティ投資

コミュニティ投資は SRI 全体に占める割合は 1 % と少ないが，1995 年から 2005 年までのコミュニティ投資の資産額の推移をみると 40 億ドルから 200 億ドルまで増加し，約 5 倍に伸びている（図表11-2）。コミュニティ投資を行っている機関は，通常の銀行業務とコミュニティへ低い金利で融資を行うコミュニティ開発銀行が 52% と半分以上を占めている。その他に非営利組合の組織であるコミュニティ開発信用組合が 26%，プールされた基金から低金利で融資を行うコミュニティ開発ローンファンドが 18%，小規模事業に融資を行い，低所得者層の経済的自立と支援を行うコミュニティ開発ベンチャー・キャピタルが 4 % を占めている[15]。このようなコミュニティ投資は低所得者の支援だけではなく地域の活性化にも大きな影響を与えている。

2．EU

ヨーロッパにおいては 1990 年代後半から EU 全体としての CSR の取り組み方や促進していく方針などを提示した「CSR の促進に関するグリーン・ペーパー」が 2001 年に公表され，2002 年には「ホワイト・ペーパー」が公表されるなど政府の積極的な CSR の推進により，SRI 市場が進展し本格的に運用されるようになった[16]。また，SRI に関する法規制を含む環境整備が各国のレベルで進んでいる[17]。このようにヨーロッパは，政府による SRI に関する法律が整備され，SRI の制度化が進められている。

ヨーロッパの SRI 市場は 94% が機関投資家によって運用され，6 % が個人投資家によって運用されている。SRI 市場の 95% 以上が機関投資家によって

運用されているヨーロッパ諸国はオランダ,ノルウェー,イギリスがあげられる[18]。

その反面,個人投資家による運用が拡大しているヨーロッパ諸国も現れている。イタリアは90%以上が個人投資家によって運用されており,スウェーデンにおいては2006年以後,53%が個人投資家によって運用され,機関投資家の市場占有率を超えている。これは,ヨーロッパのSRI市場における個人富裕層の力の増加および個人富裕層のSRI市場への投資意欲の高まりを表しており,今後のヨーロッパのSRI市場において個人投資家が主流となり得る可能性を示している。また,SRIの資産分配はSRIの主流資産である株式が50%と最も多いが,これはSRIの活動が株主による投資活動からはじまったことを反映している。次に社債が39%を占めているが,最近は企業の社債だけではなく政府債券および国際機関の債券も新たな投資手段として考慮され,SRI債が増え続けている[19]。

(1) 機関投資家向けのSRI

SRI市場についてヨーロッパにおいては,機関投資家向け（Institutional SRI）と個人投資家向け（Retail SRI）に分けて考えられている。機関投資家には年金基金,保険会社,宗教団体,慈善団体などがあり,個人投資家には投資信託,個人年金などがある。

SRIを行っている機関投資家をタイプ別にみると,宗教機関および慈善団体が30%強と最も多く,公的年金または積立金（約25%），NGOと基金および企業年金（20%強），公的機関と政府および保険と投資信託（10%弱），大学（5%強）の順である[20]。

機関投資家向けのSRIに関しては,Eurosifにより,①コアSRI,②広義のSRIに分けて分析されている（図表11－4）[21]。

Eurosif（2008）によるヨーロッパのSRIの市場規模をみると,2007年は2002年に比べてコアのSRIが19%と15倍,広義のSRIが81%と7倍に伸び,飛躍的に大きくなっている（図表11－5）。

第11章 社会的責任投資（SRI）の現状と課題　185

図表11-4　Eurosif の SRI の区分

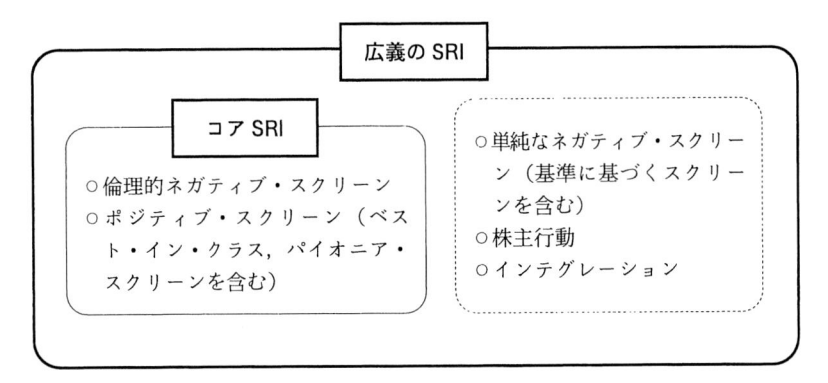

```
広義の SRI
┌─────────────────────────────────────────┐
│   コア SRI                                │
│  ┌──────────────────────┐  ○単純なネガティブ・スクリー │
│  │○倫理的ネガティブ・スクリーン│   ン（基準に基づくスクリー │
│  │○ポジティブ・スクリーン（ベス│   ンを含む）        │
│  │  ト・イン・クラス，パイオニア・│  ○株主行動         │
│  │  スクリーンを含む）     │  ○インテグレーション   │
│  └──────────────────────┘                │
└─────────────────────────────────────────┘
```

出所：Eurosif（2006），p.4 より，筆者作成。

図表11-5　ヨーロッパの SRI 市場規模およびコア SRI と広義 SRI の資産額
（単位：百万ユーロ）

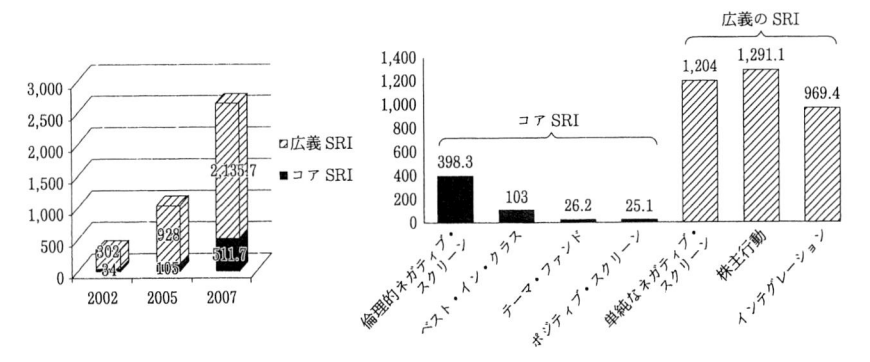

出所：Eurosif（2008），pp.10-11.

　コア SRI 資産額のなかでは倫理的ネガティブ・スクリーンが最も多く，次にベスト・イン・クラス，テーマ・ファンド，ポジティブ・スクリーンの順である。倫理的ネガティブ・スクリーンの資産額がポジティブ・スクリーン（ベスト・イン・クラス，テーマ・ファンド，ポジティブ・スクリーン）の資産額の総額よりも3倍ほど多く，活発に行われている。また，広義の SRI 資産額の中では株主行動が最も多く，単純なネガティブ・スクリーン，インテグレーション

の順である（図表11-5）。これは，ソーシャル・スクリーン，とりわけネガティブ・スクリーンと株主行動が盛んに行われていることを示している。株主行動の主要な内訳をみると議決権行使が4割超，単独としての直接的な行動が4割弱であり，株主行動の主要内容は，ガバナンス問題と環境および社会に関する問題である[22]。株主行動が最も活発に行われている国はイギリスであり，次にオランダ，北欧諸国の順である。株主行動の次に多い単純なネガティブ・スクリーンの主要な内訳をみると兵器の除外，基準に基づくスクリーン，タバコ除外の順である[23]。

（2）個人投資家向けのSRI

ヨーロッパの個人向けのSRIについては，イタリアの調査機関（Vigeo）が倫理，社会，環境的な側面から投資先企業を選別するヨーロッパの15カ国の個人向けのSRIファンドを対象に調査し，その結果を公表している。

Vigeoの調査結果[24]によると，2009年のヨーロッパのSRIファンド数は，1999年の159本から2009年には683本に増加し，SRIファンドの総資産額も，約5倍に増えている。2009年度のヨーロッパのSRIファンド数の比率を国別にみると，フランス22%，ベルギー21%，イギリス14%，スイス10%でSRIファンド数全体の67%を占めている。また，SRI資産総額においても，フランス26%，イギリス20%，ベルギー15%，スイス12%が，全体の73%を占めている。これは，ヨーロッパの個人向けのSRI市場の約7割をフランス，イギリス，ベルギー，スイスで占めており，比較的SRIの歴史が長く早くからCSRに取り組んでいる諸国においてSRIの市場規模が大きいことを示している。

3．日　本

日本におけるSRIは，1990年代から起こった株主行動やSRIファンドの設立により展開された。社会問題に対する初めての株主行動として，1991年に東京電力に対して脱原子力発電を求める初の株主提案が提出された。1994年

にはコミュニティ投資として「未来バンク」が設立され，環境保全活動や NPO に融資を行った。

日本初の SRI ファンドは 1999 年 8 月に日興アセットマネジメントと SRI 調査会社であるグッドバンカー社が発売した国内株式型投資信託の「日興エコファンド」である。これは，環境問題に対する取り組みを評価基準としたポジティブ・スクリーンの投資信託である。2000 年 9 月には朝日ライフアセットマネジメント社により，環境問題だけではなく雇用問題や顧客対応，法令遵守などを評価基準にした「あすのはね」が発売された。これをきっかけに社会問題もスクリーン対象にした SRI ファンドが発売されるようになった。

SIF-Japan（2010）によると，1999 年 SRI の投資信託ができてから SRI のファンド数は 16 倍，資産額は約 2.5 倍に増加している（2009 年時点）。また，日本の SRI 投資の市場構成をみると，個人投資家を対象にする公募型投資信託が 90% と最も多く，年金が 10%，株主行動は 0.4% に過ぎない。

欧米においては，年金など機関投資家による SRI 投資が盛んに行われているが，日本においては，年金による SRI 運用が極めて限定的で個人投資家による SRI 運用が大半を占めている。日本の公的年金は比較的リスクが少ない日本の国債を保有しており，リスクをともなう株式などにあまり興味をもっていないように思われる。

公募型 SRI 投資信託の種類別にファンド数および資産額をみると，国際株式型が資産規模においては約 60% と最も多く，次に国内株式型が約 28%，国際ハイブリッド型[25]が約 11% を占めている[26]。公募型 SRI 投資信託の 77.5% が環境関連部分を評価項目とし，21.4% の公募型 SRI 投資信託が CSR を評価項目としており[27]，日本の SRI ファンドは環境問題や CSR を中心としたポジティブ・スクリーンが主流である。また，日本の SRI 投資は環境問題や製品の品質及び安全性への関心が高く，欧米で関心が高い雇用問題，コミュニティへの影響といった社会問題への関心が比較的低い。

株主行動は 1% にも満たない。2009 年に 69 件あった株主提案の内，環境や社会問題に関するものは 59 件であった[28]。59 件の 76%（37 案件）が原子力発

電に反対を表明する反原発関連のものである。

コミュニティ投資は NPO バンク，自然・エネルギーファンド，マイクロファイナンスに分類され，小規模ではあるが，行われはじめている[29]。

第3節　SRI の課題

1．SRI のパフォーマンス

SRI が企業の財務的側面と非財務的側面を評価したうえで行う投資活動である限り，収益性をまったく無視することも，収益性のみを追求することも SRI の本質からかけ離れることになる。SRI を行う主体である投資家が SRI を行う際に何を目的として行うかによって SRI の収益性にどの程度重点をおくかが決まる。投資家が SRI に求める目的が CSR に優れている企業を選定し，長期的に安定した収益を実現するサステナブルな発展が可能な企業に投資をすることであり，そうした企業に投資することによって投資家としての社会的責任を果たすことになるとすれば，SRI の収益性の確保は欠かせないものであろう。

SRI のパフォーマンスの実証分析の結果によると，ネガティブ・スクリーンの場合は収益性が低くなり，ポジティブ・スクリーンの場合は通常の投資と比べて同等であるかあるいはそれ以上の収益性が得られる可能性が高いという分析結果が多い[30]。これは，SRI の方法が SRI の収益性に影響を及ぼしており，必ずしも SRI の収益性が高いとはいえないことを示唆している。

しかし，SRI ファンドの収益性にはさまざまな要因が関係しているだけではなく運用の巧拙の影響も大きいため，単に SRI ファンドだけで収益性の善し悪しを決めることは難しく，これらの分析が SRI の収益性を絶対的に証明するものではないことに留意しなければならない。

2．機関投資家の受託者責任の問題

今後の SRI 市場の発展においてより多くの個人投資家および機関投資家の

積極的な参加が望ましい。SRI 市場を拡大させるためには，機関投資家の SRI 市場への参加を促すよう働きかける必要があり，そのためには受託者責任と SRI との関係を明確にしなければならない。企業年金の運用者に課せられる責任である受託者責任には，「忠実義務」と「注意義務（プルーデント・マン・ルール：Prudent Man Rule）」が義務づけられており，SRI を採用することが受託者責任に反するか否かが問題とされている。

これに対してアメリカの場合，エリサ法を管轄する労働省が 1980 年に「投資収益を犠牲にしない限り」SRI への投資は可能であり，受託者責任に違反するものではないと指摘した。イギリスの場合もアメリカと同じ姿勢を取っている。日本の場合は，1997 年に厚生労働省により「資産運用関係者の役割および責任に関するガイドライン」いわゆる「受託者責任ガイドライン」が作成され，①資産運用関係者の役割や義務，②運用にあたっての留意事項，③情報開示の重要性等基金の理事が資産運用にあたって遵守すべき基本的なルールが規定されており，受託者責任問題から確定給付型企業年金は SRI 投資に対して消極的である。日本において 1999 年以後設定された SRI 投資信託が，すべてポジティブ・スクリーンを利用して投資先を選定したのも受託者責任問題が影響していると思われる。

年金運用者が SRI を採用する場合，ポジティブ・スクリーンは収益を上げるアクティブ運用に含まれるため，問題にならないが，ネガティブ・スクリーンは収益を低下させ，運用効率の低下を招くことがあり，受託者責任に違反する可能性が高いとされている。このように SRI の性格によって受託者責任に反するか否かにかかわるため，機関投資家は受託者責任に反しない高い運用成果が期待できる SRI を採用すべきである。

3．SRI ファンドの評価プロセスの不透明性

世界の企業を対象に一定の基準をクリアした企業のみで構成する SRI インデックスの銘柄に選定される企業は，比較的良いパフォーマンスを達成しており，社会的にも信頼性の高い企業とみなされる傾向にある。そのために SRI

インデックスは注目を集めているが，SRIインデックスを作成するSRIファンドの企業に対する評価プロセスはSRI調査機関によって異なり，評価基準にもバラつきがある。また，必ずしも評価基準および評価プロセスの情報が開示されているわけではないため，評価を受ける企業や投資家よりSRI調査機関の調査内容や評価結果が不透明であることが指摘されている。

これに対して，EurosifはSRI個人投資家向けのSRIファンドに対する「透明性ガイドライン」(Transparency Guidelines official version 2004)を策定し，SRIファンドに①ファンド・マネジャーおよびファンドの基本情報の提示，②SRIの目的と投資基準（クライテリア）の明確化，③SRI調査プロセスに関する情報の提供，④調査結果のポートフォリオへの利用方法に関する情報提供，⑤エンゲージメントへのアプローチの説明，⑥議決権行使方針の明確化，⑦年次報告書での情報開示を求め，SRIファンドの情報開示を促している。SRIファンドは，企業および投資家からの信頼を得るために透明性を高める努力をし続けなければならない。

4．ソーシャル・スクリーンの判断の公正性

欧米でよく用いられているネガティブ・スクリーンは，特定産業にかかわる企業を投資対象企業から除外するという単純な手法である。しかし，特定産業にどの程度かかわっているかという程度の問題が潜んでいる。すなわち，特定産業にどの程度かかわっていれば除外されるべきか明確ではない。そのため，特定産業の関連企業の売上比率が一定の割合以上（たとえば10%）の企業を除外対象にする制限型のネガティブ・スクリーンが現実には行われている[31]。たとえば，アメリカにおいては軍需産業に属する企業を投資対象企業から除外するSRIファンドが多い。軍需産業の生産や販売など直接的にかかわる企業以外に，兵器の輸送やメンテナンス，兵士の活動をサポートする業務など，間接的に軍需産業に属する民間企業が多数ある。間接的に軍事産業に属する企業の場合，制限型のネガティブ・スクリーンを採用するとしても明確な投資基準を設けることは容易なことではない。

また，単純に特定産業にわずかでもかかわっている企業は除外するとなると投資できる企業が限定されてしまい投資機会を失う可能性があり，判断基準が問題とされている。

5．資金運用機関の社会的責任

先述したとおり，SRI とは，個人投資家から資金を集めて運用する投資信託や年金基金などの資金を運用する機関投資家が，社会的責任を重視し達成している企業を選別し，投資する投資活動を指す。このような SRI を行う資金運用機関が不正を行い問題になったケースがある。たとえば，日本初のエコファンドとして有名な「日興エコファンド」を運用している投資信託の親会社であった証券会社「日興コーディアル・グループ」の不正決算が 2006 年に発覚し，問題となった[32]。

企業の社会性および倫理性など CSR を評価し，SRI を行う証券会社や投資信託などの資金運用機関そのものが社会的責任を果たさないということは，SRI への信頼性を落とすことになり兼ねない問題である。

【注】

（1）河口（2004），8－12 ページ。
（2）GM に社会的責任を求める「キャンペーン GM」運動を展開した社会運動家であるラルフネーダーが GM の株主総会において取締役の多様性と社会的責任について監査や忠告を行う株主委員会の設置を要求する株主提案を 1970 年に提出し，1971 年には反アパルトヘイトを求める株主提案を提出した。これらの株主提案は否決されたが，後に GM は黒人牧師を取締役として選任し，公共政策委員会を設置するなど，株主提案に沿った方向で改革を進めた。その後，さまざまな機関投資家や投資信託による社会的株主提案が行われるようになった。
（3）アパルトヘイト（Apartheid）は，白人支配者層による有色人種に対する人種隔離・人種差別政策を指す。
（4）グローバル規模の SRI インデックス

　　　　世界の2大SRIインデックスと呼ばれているDJSIとFTSE4Goodは，世界的企業の銘柄で構成され，DJSIインデックスは世界317社，FTSE4Goodグローバル・インデックスは世界632社を対象にしている大規模なインデックスである。
（5）谷本（2003），6－8ページ。
（6）調査対象の企業の情報を収集するツールとしては，アンケート，当該企業の環境報告書，CSR報告書，マスコミ報道，NGO，NPOによる情報，当該企業が政府に提出した情報などがある。
（7）水口（2005），47ページ。
（8）谷本（2003），127－206ページ参照。第5章にSRIの事例を取り上げており，評価機関ごとの評価基準について述べている。
（9）年金制度の運営や年金資産の運用管理に携わる人（受託者）が果たすべき責任のことであり，受託者が果たすべき一般的な義務は，加入者や受給者の利益のためだけに忠実に職務を遂行する「忠実義務」と，それぞれの立場にふさわしい専門家として払うべき「注意義務」がある。
（10）エリサ法（Employee Retirement Income Security Act）は，従業員退職所得保障法の頭文字をとってERISA法と呼ばれている。エリサ法は年金制度の運営の失敗が多発し，年金受給権が得られない者が増えて社会問題になったことをきっかけに企業年金制度の設計や運営を統一的に規定する法律として1974年に制定されたものであり，確定給付型年金を前提にしている。この法の最大の目的は，加入している従業員の受給権を保護するもので，①加入者や行政サイドに対する情報開示，②制度への加入資格や受給権付与の最低基準，③年金資産の最低積立基準の設定，④制度の管理・運営者の受託者責任，⑤制度終了保険などが規定されている。
（11）エリサ法による従業員福祉制度の選択肢の1つで，1978年に内国歳入法（アメリカの所得税法）401条k項に定められた要件を満たしている企業年金を指す。給与を現時点で全額受け取って所得課税されるか，給与の一定額を現時点で受け取らずに運用して将来年金か一時金で受け取るときに課税されるかを選択する制度（現金繰り延べ制度）のことで，個人の自己責任・自助努力による老後生活資金の確保を税制の優遇によって促す制度である。
（12）Social Investment Forum（2006），p.12.
（13）Ibid., p.9.

第11章　社会的責任投資 (SRI) の現状と課題　193

(14) Social Investment Forum (2006), p. 19.
(15) Ibid., pp. 29-31.
(16) 谷本 (2003), 28-30 ページ。
(17) Eurosif (2008), p. 18. 年金基金制度の情報開示が機能している政府の SRI 規制を有するヨーロッパの国は，2000 年に年金法が改正され，SRI の投資方針の開示が義務化されたイギリスをはじめ，フランス，ドイツ，スウェーデン，ベルギー，ノルウェー，イタリア，オーストリアと 8 カ国に及ぶ。
(18) Ibid., p. 14.
(19) Ibid., p. 15.
(20) Ibid., pp. 14-15.
(21) ただし，Eurosif の「European SRI study 2008.」は，機関投資家向けの SRI と個人向けの SRI 両方を分析対象に入れている。この調査分析の対象国はオーストリア，ベルギー，デンマーク，フィンランド，フランス，ドイツ，イタリア，ノルウェー，スペイン，スウェーデン，スイス，オランダ，イギリスの 13 カ国である。

　SRI 戦略の定義

　倫理的ネガティブ・スクリーン (Ethical exclusions)：複数のネガティブ基準 (criteria) から取り除く。たとえば，タバコや兵器など。ポジティブ・スクリーン (Positive screening)：責任ある製品やサービスを提供するコミットメントのある企業に投資する。ベスト・イン・クラス (Best in class)：ポートフォリオの面においても認められている業種ごとまたは産業グループから社会，環境，倫理の基準面で優れている企業を選別する。パイオニア・スクリーン，テーマ・ファンド (Pioneer screening／Thematic investment propositions)：低 CO_2 社会や持続可能な発展のための環境，社会，ガバナンスの問題に基づくテーマ・ファンド。水やエネルギーなどの部門に投資を集中する。基準に基づくスクリーン (Norms-based screening)：OECD, UNICEF などの機関により，作られた規範や世界基準によるネガティブ・スクリーン。単純なネガティブ・スクリーン (Simple screening)：兵器製造，ポルノ出版，タバコ，動物実験などの特定部門を投資対象から除く。株主行動 (Engagement)：責任ある企業経営を促進し，投資利益を高めるための手段としてファンド運用者が利用するもので，投資家の影響力および所有権を基に心配される諸問題について会社と投資家が対話をすることである。議決権行使

も含む。インテグレーション（Integration）：資産運用者が財務的な分析にコーポレート・ガバナンスおよび社会，環境，倫理面でのリスク管理を包括して企業を評価する。Eurosif（2006），p. 3.
(22) Eurosif（2008），p. 13.
(23) Ibid.
(24) Vigeo SRI Research（2009），p. 7, pp. 10-12. この調査の分析対象国はオーストリア，ベルギー，デンマーク，フィンランド，フランス，ドイツ，アイルランド，イタリア，ノルウェー，スペイン，スウェーデン，スイス，ルクセンブルク，オランダ，イギリスの15カ国である。
(25) ハイブリッド型とは，株式型（株式の組入れ比率が70％以上），債券型（債券の組入れ比率が70％以上）のいずれにも属さないで，株式や債券などをバランスよく組入れているファンドを指す。
(26) SIF-Japan「公募SRI投信一覧 2009年9月末」参照。
(27) SIF-Japan 13ページ。
(28) 同上書，29－30ページ。
(29) 同上書，35－37ページ。NPOバンクは市民が出資し，環境や社会問題に取り組む団体や個人に融資を行う機関であり，自然・エネルギーファンドは自然エネルギー事業に市民が出資するファンドであり，マイクロファイナンスは貧困層の自立や経済的支援のために小口融資を行うものである。
(30) 日本規格協会（2004），261－264ページ。
(31) 谷本（2003），116ページ。
(32) 2004年に日興コーディアル・グループの子会社である日興プリンシパル・インベストメンツ（NPI）が，特別目的会社（SPC）を通じてコールセンター大手ベルシステム24を総額2,400億円で買収した。この際，SPCを連結対象から外して損失計上せず，複雑な会計処理でNPIに含み益を生じさせるなどの不正を行い，日興コーディアルは05年3月期連結決算で約184億円の利益を水増しした。2006年12月，証券取引等監視委員会がこの会計処理が不適切だと指摘し，金融庁は過去最大の5億円の課徴金支払いを命じた。朝日新聞，2007年3月18日付。

◆参考文献◆

Eurosif, *Transparency Guidelines, for the retail SRI Fund Sector*, official version, 2004.
Eurosif, (2006) *European SRI study 2006*.
Eurosif (2008) *European SRI study 2008*.
Social Investment Forum (2006) *2005 Report on Socially Responsible Investing Trends in the United States.*
Social Investment Forum (2008) *2007 Report on Socially Responsible Investing Trends in the United States. Executive Summary.*
Vigeo SRI Research (2009) Green, social and ethical funds in Europe 2009.
足達英一郎・金井司『CSR 経営とSRI―企業の社会的責任とその評価軸―』社団法人金融財政事情研究会, 2005 年。
河口真理子「関心高まる社会的責任投資」ワーキングペーパー 大和総研, 2004 年。
亀川雅人・高岡美佳『CSR と企業経営』学文社, 2007 年。
菊池敏夫『現代企業論―責任と統治―』中央経済社, 2007 年。
谷本寛治『SRI 社会的責任投資入門―市場が企業に迫る新たな規律―』日本経済新聞社, 2003 年。
谷本寛治『CSR 経営―企業の社会的責任とステイクホルダー―』中央経済社, 2005 年。
日本規格協会編『CSR―事例による企業活動最前線―』日本規格協会, 2004 年。
水口剛『社会的責任投資 (SRI) の基本知識』日本規格協会, 2005 年。
社会的責任投資フォーラム (SIF-Japan)『日本 SRI 年報 2009』SIF-Japan, 2010 年。
社会的責任投資フォーラム (SIF-Japan)「公募 SRI 投信一覧 2009 年 9 月末」SIF-Japan, 2009 年。http://www.sifjapan.org/sri/sri.html

第4部

経営戦略

第12章
経営戦略論の展開

　古代ギリシア時代に「将軍の術」という意味として用いられていた戦略の概念が経営分野に応用されるようになったのは，19世紀後半からはじまり20世紀に本格化された第二次産業革命のころである(1)。その後，最初に戦略的思考の必要性を強く認識し，実際の経営に適用し成功をおさめたのはアメリカの大企業のトップ・マネジメントたちであった。その具体的な例が1923年から1946年までの間にジェネラル・モーターズ（GM）のCEO（Chief Executive Officer：最高経営責任者）として就任したスローン（Sloan, A. P.）の戦略である。周知の通りに，これは経営戦略の重要性を強調する際に最も多く紹介される事例であり，その内容はアメリカの自動車メーカーであるフォードとGMの市場での地位がいかに逆転していったかを明らかにしたものである。

　一方，学術的研究においては，1934年のコモンズ（Commons, J. R.），1937年のコース（Coase, R. H.），1942年のシュムペーター（Schumpeter, J. A.），1959年のペンローズ（Penrose, E. T.）など著名な経済学者たちが刊行した業績によって戦略の重要性が強調された(2)。なお，経営戦略分野の発展に大きく貢献したと考えられるアメリカのビジネス・スクールで戦略が経営学の一分野として最初にみなされたのは1960年代に入ってからである。

　本章では経営戦略の意義と理論の歴史的な展開を中心に整理するが，具体的にはその理論の成立背景，特徴，問題点などについて取り上げる。

第1節　経営戦略の意義

　グローバル化，情報化などに象徴される経営環境の変化が激しさを増している今日の現代社会において，それらに対応するための企業の存続・成長戦略が問われている。我々は社会・経済の環境がめまぐるしく変化している現代社会に生きている。現代社会でどのように生きていくのかという問題は個々人がもっている人生観・価値観・哲学などがどのようなものなのかによって大きく変わる。このような問題は利益追求を目的とし，しかも組織という形をとっている現代の企業においても解決しなければならない重要な課題である。

　企業の経営戦略はこれらの課題を解決するために，必要な基本的な方針を提供してくれる。つまり，経営戦略は少なくとも「どのような事業を起こすか」，「その起こした事業をどのように成長させていくのか」，「儲かっている事業と儲かってない事業をどのような基準で区分し，将来のためにどのように投資するのか」，「同じ事業を行う競争相手の企業が現れた場合にはどのような基準で，どのようなプロセスで，どのような手法を使って行動すべきか」という問いに対する基本的な答えを提供してくれる。

　興味深いのはこの企業が駆使する「経営戦略（corporate strategy）」という用語は，本来軍隊が戦争に勝つために必要であった「将軍の術」という言葉から由来したことである。軍の指揮官である将軍は戦争に勝つために，人（兵力，将校），物（戦車，鉄砲，軍艦），金（軍事資金），情報（天候，敵軍の状況，戦場の地形）を機敏にしかも正確に把握し運用する必要があった。第2次世界大戦の際に，戦争の裏部隊として軍需品などを提供していた米企業は，それが終わった1945年以降平和な時期が続くなかで戦争中に蓄積してきたさまざまな経験を企業経営に使う道を考えたであろう。実際に，アメリカで経営戦略が理論として登場したのは，第2次大戦の終了後15年から20年くらい経過した1960年代からであった。戦時中に将軍が果たした役割は企業のトップ・マネジメントに代わり，軍需資源として必要であった人・物・金・情報は，経営資源，すな

図表 12-1　戦略概念の経営戦略への変化

戦略 (strategy)	経営戦略 (corporate strategy)
・意　味：将軍の術	企業行動の指針
・主　体：将軍	経営者
・手　段：兵力，軍事物資，軍資金 　　　　軍事機密情報など	人的・物的・財務的・情報的資源
変　化 ⇒	
・目　的：戦争に勝つため	企業の競争優位性の維持
・対象組織：軍隊	企業
・戦略の下部概念：戦術	全社戦略の下部概念：事業戦略
・概念の発生時期：未知	1960年代以降

わち人的資源（社員），物的資源（工場，建物），財務的資源（資本金），情報的資源（内外的企業情報）にその意味合いが変わった。

では経営戦略がなぜ重要なのか。具体的な例を取り上げてみよう。

アメリカで自動車メーカーとしてトップの座を競い合っている企業にジェネラル・モーターズとフォードがある。20世紀初頭米国自動車市場においてトップの地位を得ていたフォードが，1929年を境にその地位が逆転されたことは有名な話である。過去において成功を収めていたT型車の大量生産・大量販売による低価格戦略のみに依存し固執していたフォードとは異なり，ジェネラル・モーターズは顧客の所得水準によって多様な製品を提供するセグメンテーション戦略や，一般庶民でも車の購入費用を分割して支払うことが可能な割賦金融政策などの経営戦略を行った。

このように，経営戦略は企業の将来の姿，すなわち企業の存続・成長・衰退を決める重要な要因の1つであるといえる。

近年でも経営戦略の駆使に成功したアメリカの企業は数多く存在する。その代表的な例として我々に馴染み深いマイクロソフト，ディズニー，ウォルマートがしばしばあげられる。いうまでもなく，この3社が成功した理由の1つに経営戦略の策定と実行に優れた部分があることに異論を立てる人は少ないであ

ろう。

第2節 経営戦略の理論的展開

　先述したように，アメリカで生まれた経営戦略論は，1960年代の創成期から今日に至るまで，時代別の経済的・社会的必要性，時代別に提唱された研究者たちの主張あるいは理論などが相互に影響を受け合う過程を経て発展してきている。これらの経営戦略における諸理論は体系的で総括的な分析とその限界の克服に貢献した多くの研究者によってさらに発展を成し遂げてきている。ここではその1人として経営戦略論の理論的展開を10の学派（school）に分類し，詳細な分析を行った人物であるミンツバーグ（Mintzberg et al., 1998）の業績を紹介する[3]。

　彼は，各々の学派を基本的に規範的スクールと記述的スクールに大別している。ここでいう規範的スクールとは，「戦略はどのように形成されるべきなのか」という考え方に出発点をおく学派のことをいい，具体的には，デザイン・スクール，プランニング・スクール，ポジショニング・スクールがある。これに対し，後者の記述的スクールとは，「戦略がどのように形を成すのか」という基本的な見地が出発点となっている学派のことをいう。具体的にはアントレプレナー・スクール，コグニティブ・スクール，ラーニング・スクール，パワー・スクール，カルチャー・スクール，エンバイロンメント・スクールがある。

1．規範的スクール

　先述したように，経営戦略論に対する基本的に規範的な見地からアプローチしている学派には，デザイン・スクール，プランニング・スクール，ポジショニング・スクールがある。この規範的スクールは，経営戦略分野において我々によく知られており，経営戦略理論が今日までに至る発展を成し遂げるうえで多大な貢献を行ったのである。図表12-2では規範的スクールの主な内容，研究者，その限界などについて整理している。

図表12-2 規範的スクールの特徴

学 派	主な内容	主な理論およびの研究者	限 界	時 期
デザイン・スクール	戦略形成における最も基本的な考え方を提唱	チャンドラー,アンドリューズのSWOT分析	理論の単純化,戦略作成と実行の分離による組織学習の阻害	1960年代
プランニング・スクール	時間軸と組織の階層によって企業全般の運用プランを計画	アンゾフ,クイン	変革期に柔軟な対応が困難,「形式化」に過度な依存	1960-90年代
ポジショニング・スクール	競争市場における自社の位置づけを強調	BCG, ポーター	戦略作成プロセスの過度の形式化	1980年代以降

出所：Mintzberg et al. (1998)を筆者が再整理。

(1) デザイン・スクール

デザイン・スクールは，戦略形成における最も基本的な考え方を提供した学派として知られており，その代表的な研究者にはチャンドラー（Chandler, A. D.）とアンドリューズ（Andrews, K. R.）などがいる。

まず，チャンドラーは1960年代にアメリカで戦略の概念を企業経営において導入した人物として最も知られている。彼は1962年に発表された『経営戦略と組織』という本を通して企業戦略の概念および，組織構造との関係についての概念を確立した[4]。

次に，デザイン・スクールの研究者としてSWOT分析（SWOT Analysis）で有名なアンドリューズがいる[5]。彼の基本的な考え方は，戦略を意思決定のパターンとみなすのが特徴である。経営者によって策定された戦略のロジックが適当であるかどうかを評価するにはいかなるものがあるか。彼によれば，企業における戦略の評価は，企業の強み（Strengths），弱み（Weaknesses），機会（Opportunities），脅威（Threats）からなるという。このモデルでは外部環境分析と内部分析の評価に重点がおかれているのが特徴である。ここでいう外部環境分析の評価とは，外部環境に潜む脅威や機会を捉えることであり，内部

分析の評価とは，組織がもつ強み・弱みを明らかにすることである。換言すれば，戦略の策定に必要な外部環境分析は，企業における広範囲のさらなる機会を探索し，あらゆる脅威を見いだす役割が期待され，具体的には業界の構造を理解するための分析ツールとして有用である。そして，内部分析では自社を他社と比較して自社の強みと弱みを，定性的かつ定量的に把握するのに利用される。このように，SWOT分析を利用して企業の戦略に関連するあらゆる要因を列挙することができる。

（2）プランニング・スクール

プランニング・スクールは，時間軸と組織の階層によって企業全般の運用プランを計画することが特徴である学派である。この学派の代表的な研究者には，アンゾフ（Ansoff, I. H.）とクイン（Quinn, J. B.）などがいる。

まず，アンゾフはより実践的な立場から，経営戦略を体系的に理論化した人物として知られている。彼は，1965年に執筆した『企業戦略論』という本で長期経営計画の立案の手続きについて整理した。彼は，特に，企業の意思決定を戦略的意思決定，管理的意思決定，業務的意思決定に区分し，そのなかで最上位の戦略的意思決定の策定プロセスの重要性について強調した。どのような事業分野に進出するのかという戦略的経営計画の決定が，彼のいう戦略的意思決定である。彼の研究は，後に，戦略的経営の実行を論じた『戦略経営論』(Strategic Management, 1979) という著書でさらなる進展を成し遂げる。

次に，「戦略は，外部の経営環境の変化に対して，段階的に適応するなかで少しずつ変更される」と提唱している研究者としてクインがいる。彼は「戦略を立案するプロセスは，実はそれほど統一的ではなく，ばらばらで，漸進的・段階的で，直感に頼ったものである」とし，また，「今日における企業の競争力や生産力は，土地や工場や設備などのハードな資産より，知識能力やサービス能力にある」という「論理的漸進主義（logical incrementalism）」に理論的ベースをおいている[6]。さらに，製品やサービスの価値の大部分は，知識をベースとする見えざる資源，たとえば，技術，ノウハウ，製品設計，マーケティン

グ手法,顧客理解,個人の創造性,組織の革新性などの開発に左右されるという。

また,クインは,戦略的変革を進化論的にみると同時に,トップ・マネジメントが果たす役割を重要視するという二面的な視点をもつ[7]。彼が研究をはじめたとき,組織は統合された概念として戦略に必ず到達するはずだという信念をもっていた。彼が大企業数社の経営者たちとインタビューして得た結論は,戦略策定の方法は,プランニングより漸進主義に基づくことが重要であるといえる。しかも,論理的に物事の断片をつなぎ合わせていく漸進主義であるとしている。さらに彼は,組織は一連のサブ・システムで成り立っていると主張している。たとえば,事業の多角化,組織の再編成,外部との折衝などにそれぞれのサブ・システムが存在するという。

(3) ポジショニング・スクール

競争市場における自社の位置づけの重要性を強調した学派にポジショニング・スクールがある。

1980年代は,企業戦略の次元から特定の事業戦略へ転換し,市場における競争優位の確立に関心が高まった時期であった。1980年代に企業の経営戦略の理論づくりに貢献した代表的な研究者にポーター (Porter, M. E.) がいる。ポーターの戦略における企業の捉え方は基本的に「活動システム (activity-system)」に立脚している。彼は,企業がいかにして競争優位を創造して維持するのか,という問題を理解するための枠組みを開発した。彼は,企業が競争戦略を策定する際には2つの選択,すなわち,産業の魅力度と,産業における自社のポジショニングの判断と選択が必要であると指摘した。この考え方は,市場構造とその市場にある企業行動が,企業の生み出す成果および業績を決定する前提とした「SPCパラダイム」を考え直したものが,戦略的経営に用いられる業界分析の枠組みの基本であり,その最も有名なものが1980年代初頭に開発した「5つの競争要因 (Five Forces)」である。組織を取り巻く環境に潜む,競争に影響を及ぼす,新規参入の脅威・売り手の交渉力・顧客の

交渉力・代替品の脅威・競争業者間の敵対関係の強さなどの5つの競争要因を指摘している。この理論は，経済学の一領域である産業組織論で展開された考え方，すなわち，「産業の収益性が高いことは解消すべきである」という見解に反するものである。経営戦略の領域では，むしろ収益性の高い状況が望ましく期待されるべきであると主張されている。

2．記述的スクール

記述的アプローチは戦略形成のプロセスによって，さらに3つのグループに分類されている。この3つのグループは，戦略形成の主体である経営者戦略策定者の個人的な能力に注目した学派（アントレプレナー・スクールとコグニティブ・スクール），戦略形成のプロセスが個人の戦略策定とその実行能力の範疇を超え，ほかの要因との相互作用までを含む多様なアプローチの重要性を強調した学派（ラーニング・スクール，パワー・スクール，カルチャー・スクール，エンバイロンメント・スクールを1つのグループ），そしてほかの9つの学派が取り上げた内容を総合的に捉え，特に戦略の内容，戦略策定プロセス，組織構造などの戦略の要素を企業成長の段階別や状況別に区分した学派（コンフィギュレーション・スクール）がある。

図表 12－3　戦略形成の主体を一個人に注目した学派

学　派	主な内容	主な理論および研究者	限　界
アントレプレナー・スクール	戦略形成を企業家的人格に焦点をあてた学派	ミンツバーグ，コリンズとポラス	一個人に過度に依存する面が強く，組織学習が困難
コグニティブ・スクール	アントレプレナー・スクールの発想を認知心理学的側面からさらに発展させた学派	マクリダキス，デュハイムとジュウェンク	認知心理学の理論を十分に実践で生かしていない点

出所：Mintzberg et al.（1998）を筆者が再整理。

(1) 戦略形成の主体を一個人の能力に注目した学派

まず，アントレプレナー・スクールの基本的な発想の起源は1950年代のシュムペーターやコールの主張にみられるが，この学派の提唱者は，戦略的なビジョンに基づく個人のリーダーシップが組織体を成功させる重要な要因であると主張している。その代表的な研究者として知られているのがミンツバーグなどである。ミンツバーグは，戦略策定に必要なリーダーの人格として，新しい事業機会の絶えない追及，組織における権力の戦略策定者への集中，不確実な状況での大胆な挑戦，成長を組織目的の第一にする点などを強調した[8]。

第2に，成功した戦略家の戦略形成のプロセスに注目し，それへの徹底した解明に努力した学派であるコグニティブ・スクールがある。この学派は，特に人間の頭脳能力と情報処理能力に着目している点が強調されているが，ノーベル賞の受賞者であるハーバート・サイモンや，組織行動の研究分野で有名なトム・ピーターズなどの研究者がいる。

(2) 戦略の形成の重要要因として人的要素以外の多様な要素に注目した学派

戦略の形成の重要要因として人的要素以外の多様な要素に注目した学派には，ラーニング・スクール，パワー・スクール，カルチャー・スクール，エンバイロンメント・スクールがある。その主な内容，研究者，そしてその限界について整理したのが図表12-4である。

(3) 戦略の要素を総合的に捉えた学派

最後に，コンフィギュレーション・スクールは，ほかのすべての学派のメッセージを統合しながら，1つの方向へ調和させる枠組みを提示した学派である。この学派の主な研究者にはミラー (Miller, D.)，カンドゥワラ (Khandwalla, P. N.)，マイルズとスノー (Miles, R. E. and Snow, C. C.) 等がいる。しかし，この学派は，考え方があまりにも単純化，理念化されているため，より高度化したモデルの構築が必要であることが問題点として指摘されている。

以上，概観した通り，経営戦略論の展開は，主に10の諸形態として発展し

図表12-4 記述的スクールの特徴

学派	主な内容	主な理論および研究者	限界
ラーニング・スクール	創発的に現れた戦略をいかに組織のなかに体現化するのかに注目した学派	野中, プラハラードとハメル	学習を過度に強調すると企業本来の戦略の本質が喪失される可能性がある点
パワー・スクール	戦略形成において政治などの影響力に注目した学派	マクミラン, ボルドマンとディール	リーダーシップやカルチャーといった統合を図る力の役割を軽視する点
カルチャー・スクール	文化が戦略マネジメントにおいて重要な要素として認識し, 80年代の日本企業の成功に注目した学派	ピーターズとウォータマン, 資源ベース理論, グラント	組織内に長期にわたって蓄積された文化的要因が変革期に障害要因となる点
エンバイロンメント・スクール	環境が戦略を規定し, 組織はあくまでも環境に従属する受動的なものとして認識する学派	フリーマンとハナン, メイヤーとローワン, オリバー	環境の特質があまりにも抽象的である点

出所：Mintzberg et al. (1998) を筆者が再整理。

ているが，これらの学派は相互に影響を受け合う形で継続的な進化を成し遂げてきているのが興味深い点である。

第3節　現代企業の戦略的課題

　21世紀は現代企業にとって多くの機会と脅威が同時に混在している経営環境を提供している。特に，グローバル化，情報化，デザイン・ルールの変化など従来とは大きく異なる経営環境にさらされている今日の現代企業にとって不可欠な要因に「倫理性」と「社会性」がある。

　企業倫理先進国として知られている近年のアメリカにおいては，企業に対し

て「公器 (public entity)」としての倫理性，または社会性が強力に要求されている。これらの動向として行政，社会活動家，マスメディアなどが大企業の経営活動全般に対して従来のものより厳しい責任を要求している場面がしばしば目撃されている。

　このような観点から，企業の社会的責任に関する活動を経営戦略の1つとしてみなした場合，「社会」，「環境」とのかかわりをいかなるものにすべきなのか。企業が社会とのかかわり方をいかに有するのかは当該企業の経営戦略によって異なる。従来の伝統的な経営戦略論のなかで「社会」に言及する研究はあまりみられない。

　しかし，近年では，経営戦略を専攻していた研究者のなかで新たな動きがある。ポーターは2006年にクラーマーと一緒に発表した「戦略と社会 (Strategy and Society)」という論文を通して，競争優位性とCSRをいかにリンクさせるのかについて取り上げた (Porter and Kramer, 2006)。彼の理論の枠組みを支えている1つの要因である価値連鎖 (value chain) 活動をいかにCSRと連携させるのかについて触れ，受動的なCSRから戦略的なCSRへの移行の重要性を強調している。

　このような動きは，2005年9月にこの世を去った「経営戦略の父」ともいわれているアンドリューズ (Andrews, K. R.) の経営思想にも現れている。彼は1989年に発表した論文を通して当時の米国社会で蔓延していた金融，軍需，行政への不信感などに注目しながら，企業の究極的な存在理由が株主価値や利潤の増大化のみではないことを力説している。このような社会的な現象は近年の日本社会全体で引き起こされている事と非常に類似している。また，彼は誰でも企業組織内にいるだけで道徳心を失いやすくなるため，組織をあげてそれを維持または向上に努力すべまであると主張している。

【注】

（1）Ghemawat（邦訳），18ページ。
（2）戦略に関する学術文献の草分けは，主に経済学者を中心に 1930 年代から 1950 年代までを展開された（Pankaj Ghemawat, ibid,. 大柳正子訳，前掲書，19-21 ページ）。
（3）ミンツバーグは 1998 年に出版された "Strategy Safari" で経営戦略における理論的展開を 10 個の生物にたとえ，それぞれの特徴について整理した。彼は，特に最終章においては，「戦略マネジメント」の重要性について強調した（Mintzberg et al. (1998))。
（4）石井ほか（1996）。
（5）Mintzberg et al.（邦訳），26-30ページ。
（6）Quinn, J. B., "Strategic Chance : Local Incrementalism", *Sloan Management Review*, Fall, 1978, pp. 7-21.
（7）Mintzberg et al.（斉藤嘉則訳，前掲書，195ページ）
（8）Mintzberg, H., "Strategy-Makin in Three Modes", *California Management Review*, Vol.16. No. 2, 1973, pp. 44-53.

◆参考文献◆

Andrews, K. R., *Ethics in Practices, Managing the Moral Corporation*, Harvard Business School Press, 1989.

Ghemawat, G., *Strategy and the Business Landscape: Core Concepts*, Prentice Hall Inc., 2001.（大柳正子訳『競争戦略論講義』東洋経済新報社，2002 年）

Grant, R. M., "The Resource-Based Theory of Competitive Advantage : Implications for Strategy Formulation", *California Management Review*, Spring, 1991, pp. 114-135.

Ikujiro Nonaka and Hirotaka Takeuchi, *The Knowledge Creating Company: How Japanese Companies Create the Dynamics of Innovation*, Oxford University Press, Inc., 1995.（梅本勝博訳『知識創造企業』東洋経済新報社，1996 年）

Mintzberg, H., Ahlstrand, B., and Lampel, J., *Strategy Safari: A Guide Tour through the Wild of Strategic Management*, The Free Press, 1998.（齋藤嘉則訳『戦略サファリ』東洋経済新報社，1999 年）

第12章 経営戦略論の展開 211

Porter, M. E., *Competitive Strategy*, The Free Press, 1989.（土岐坤・中辻萬治・服部照夫訳『競争の戦略（新訂）』ダイヤモンド社，1995年）

Porter, M. E., *The Competitive Advantage of Nations*, The Free Press, 1990.（土岐坤ほか訳『国の競争優位上・下』ダイヤモンド社，1992年）

Saloner, G. and Shepard, A. and Joel Podolny, *Strategic Management*, John Wilely & Sons, Inc, 2001.（石倉洋子訳『戦略経営論』東洋経済新報社，2002年）

青島矢一・加藤俊彦『競争戦略論』東洋経済新報社，2003年。

石井淳蔵・奥村昭博・加護野忠男・野中郁次郎『新版 経営戦略論』有斐閣，1996年。

大滝精一・金井一頼・山田英夫・岩田智『経営戦略論』有斐閣アルマ，2006年。

グロービス・マネジメント・インスティテュート編『MBA経営戦略』ダイヤモンド社，1999年。

第13章
競争戦略

第1節　競争戦略の考え方

　競争戦略（論）とは，ごく簡単に説明すると，企業ないしその事業部が属する産業・業界の競争環境や，その業界における自社のポジションを分析することによって展開される経営戦略である。ポジショニング・スクール（学派）と呼ばれることもある。

　1980年に，ポーター（Porter, M. E.）がこの分野での代表的なテキストである『競争の戦略』を発表し，1980年代に，多くの学者やコンサルタントに競争戦略が注目されることとなった。すでに一世代も昔の理論ではあるが，現在においても，経営戦略の基本的かつ重要な理論のひとつとなっている。

　また，ブランデンバーガーとネイルバフ（Brandenburger, A. M. & Nalebuff, B. J.）は，ポーターの理論とよく似ているが，競争のみならず，他社との協調や補完の関係をも視野に入れた価値相関図を示し，1990年代に大いに注目されることとなった。本章では，これらの競争戦略論の代表的な考え方を解説する。

　現在では，投資家・実務家・政策担当者・研究者を問わず，儲かりやすい産業や事業と，儲かりにくい産業や事業が存在することはごく常識的に知られている。儲かりにくい業界においては，いかに優れた経営者が率いて改革をしたとしても，その業界全体の魅力を向上させることにはほとんど貢献できない。

　業界間の収益性に違いが生まれるのはなぜか，また，同じ業界内の企業に収

益性の違いが生まれるのはなぜなのか。自社を競争上優位なポジションにつかせるために，このような問題を分析することが，競争戦略における中心的な課題となる。

業界間で収益性の差異があるという視点は，経営戦略論の領域から生まれた発想ではなく，経済学の一分野である産業組織論の成果から導き出されたものである。経済学の世界では，19世紀前半には「独占」や「複占」によって市場構造が大きく変わり，不完全な競争がなされることがすでに発見されていた。他方で，少数の生産者が市場に存在する「寡占」についての研究はかなり後の時代になってから行われた。産業組織論は「寡占」が企業収益や商品価格にどのような影響を与えるのかといった事象を明らかにする際に有用な学問分野であり，20世紀中頃までに主要な考え方ができあがった。産業組織論の代表的な論者であるベイン（Bain, J.S.）は，1950年代に，上位8社で業界全体の売上高の70%を占める業界の収益率は売り手が分散している業界よりかなり高い[1]ことと，新規の業者を寄せつけない参入障壁がある業界においては独占的な超過利潤が発生する[2]ことを論じた。

競争者数の多寡や新規参入業者が容易に競争できるかどうかといった条件の違いが，企業収益にどのような影響を与えるのか，という疑問に立った実証研究がその後盛んに行われ，本来的に収益性が高い業界（ほかの業界よりも，たやすく儲けることができる業界）があることが明らかになっていった。ただし，市場構造が企業収益に影響を与えることが明らかになっても，それが経営戦略に即座に応用されたわけではない。産業組織論は，主に，独占や寡占の弊害を取り除く競争政策に用いられてきたためである。競争政策には，寡占の弊害を取り除き，企業の超過利潤を最小化させるという目的がある。従来の政策中心の産業組織論の立場とは異なり，ほぼ逆の目的，企業の利潤を最大化させるための経営戦略に応用したのがポーターの競争戦略論である。

第2節 ポーターの競争戦略論

1. 5つの競争要因

　ポーターの理論では，競争の激しさや業界の収益率は，基本的な5つの競争要因によって決まると考える。ポーターの競争戦略論において重要な視点は，個々の企業の努力以上に，産業・市場レベルでの構造が企業の収益性を決定するというものである。戦略の策定において最も重要なことは，自社の属する業界の競争の激しさを決める要因を分析することであると考える。ポーターの理論では，新規参入の脅威，既存競争業者間の敵対関係の強さ，代替製品からの圧力，買い手の交渉力，売り手の交渉力の5つが競争の激しさを決める要因であるとした。以下，それぞれの競争要因について説明する[3]。

要因1　新規参入の脅威

　新規参入業者が現れた場合，その業界が生産・販売する製品の価格が下がる，あるいは，生産コストが高騰するなどして，収益は低下する。新規参入の脅威

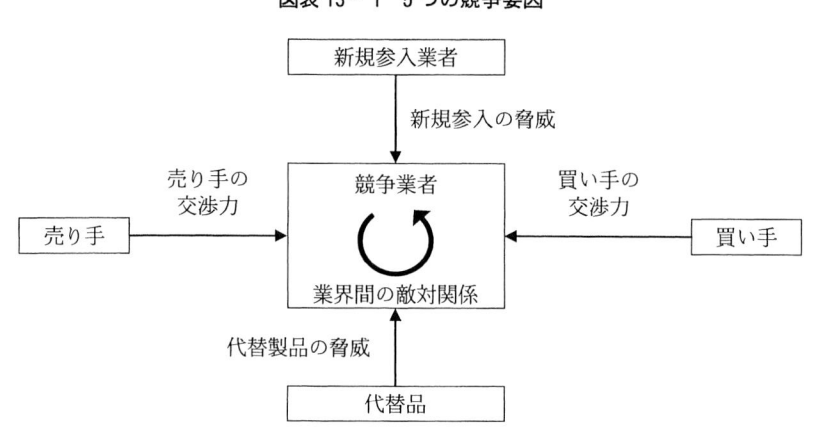

図表13-1　5つの競争要因

出所：Porter (1982), 18ページ。

がどのくらいのものであるかは，参入障壁がどの程度のものであるか，また，新規参入業者が予測する既存業者の反撃がどの程度のものであるかということによって決まる。参入障壁には，次のようなものがあげられる。

- 規模の経済性が働く業界では新規参入の脅威は低くなる。新規参入業者はリスクを覚悟したうえで大量生産を行うか，少量生産によるコスト面での不利に甘んじるほかない。
- 育児用品や化粧品などが典型だが，ブランド名が長らく顧客に認知されることが重要な業界においては，既存の業者が有利であり，新規参入の脅威は低くなる。
- 競争するのに巨額の投資が必要である場合，新規参入の脅威は低くなる。研究開発投資など，失敗した場合に回収できない投資が必要な場合はなおさらである。
- 特許や特殊なノウハウをもっている，あるいは，立地が有利であるなど，既存企業が種々の利点をもっている場合，新規参入業者が応戦するのは困難になる。
- 政府の政策や規制。特定の業界に参入する際に許認可が必要である場合，新規参入が困難になる。また，安全規制や汚染対策なども，新規参入に必要な資本や技術を高度なものにする。社会・公共・環境などのために設けた規制であっても，参入を不利にさせる効果が二次的にある。

要因2　既存競争業者間の敵対関係の強さ

業界内のポジション争いともいわれる。既存競争業者間の敵対関係は静態的なものではなく，変化するものであり，市場の成長率の変化や企業の合併などのさまざまな要因によって激しくなったり穏やかになったりする。既存競争業者間の敵対関係の強さは，次のようなさまざまな要素によって決まる。当然，業者間の敵対関係が強いほど収益は下がる。

- 業界の集中度が低い（つまり，同業者が多い）場合，あるいは，似たり寄ったりの規模の会社が同一業界内にひしめいていると，激しいシェア争いが

引き起こされやすくなる。
- 業界の成長が遅い場合に売上高を伸ばそうとする企業が存在すると、限られたシェアを奪いあうために熾烈な競争が展開されやすくなる。
- 固定コストが高い場合、価格引下げの誘惑が生まれやすくなる。紙製品や金属などの素材産業が典型的だが、大規模な生産設備が必要になる装置産業においては、生産設備を能力いっぱいまで活用することで設備にかかった高額な固定コストを回収する必要がある。そのために、業界全体で過剰な生産力が生まれやすくなる。
- 外国からの競争業者が出現した場合など、業界のなかでの「ルール」が一致しづらい場合、熾烈な競争が展開される。ダンピング（不当廉売）を引き起こす業者は、正常な販路として市場をみる業者とはまったく異なった戦略を採る。

要因3　代替製品からの圧力

　ある業界内のすべての企業は、代替製品を生産するほかの企業と広い意味で競争している。代替製品とは、現在の製品と同じ機能を果たしうるほかの製品のことである。代替製品が存在する製品には、あまり高い価格を設定することはできない。代替製品が現在の製品よりも価格対性能比に優れる場合は特に注意しなければならない。

要因4　買い手の交渉力

　買い手は、値下げを迫ったり、より高い品質を要求したり、売り手同士を競い合わせることで有利な取引を行おうとする。ここでの買い手とは、最終消費者のみならず、中間財の買い手であるメーカーや消費財の買い手である卸売業者などが含まれる。ここでの交渉力とは、購買担当者が話術に長けているとか、相手を説得するのが得意であるといったこととはまったく関係がない。

　買い手の交渉力は、市場の特性や、買い手の集中度などによって決まる。買い手が集中化している、すなわち、買い手の数が少なく、かつ、大規模である

場合には買い手の交渉力は強くなる。たとえば、デパートやスーパーが大規模・集約化された場合、メーカーに対する交渉力は強くなる。また、標準品ないし差別化されない製品である場合や、取引先を容易に変えることのできる製品である場合、買い手の交渉力が強くなる。さらに、完成品メーカーが部品の内製に乗り出すなど、買い手が川上に垂直統合する姿勢を示した場合も、買い手の交渉力は強くなる。

要因5　売り手の交渉力

　供給業者は買い手に対して、値上げをする・品質を下げるといった脅しをかけることで交渉力を行使する。ここでの売り手とは、完成品メーカーに対する部品・素材の供給業者などが典型である。ここでの交渉力も、販売担当者の話術などの能力のことを指しているのではない。買い手の場合と同様、売り手の交渉力も、市場の特性や売り手の集中度などによって決まる。売り手の業界が少数の企業によって牛耳られており、買い手側の業界よりも集中化している場合、売り手の交渉力は強くなる。また、差別化された特殊製品であり、ほかの製品への変更が容易ではない場合にも売り手の交渉力は強くなる。さらに、部品メーカーが完成品の生産に乗り出すなど、供給業者が川下に垂直統合する姿勢を示した場合も、売り手の交渉力は強くなる。

　ポーターが示した5つの競争要因のうち、はっきりと確認できたものはわずかであった。しかしながら、公共政策よりも経営に焦点をあてたこと、応用が容易であったことなどから、ポーターの理論は企業やビジネススクールで盛んに取り入れられることとなった[4]。

2．3つの基本戦略

　ポーターの理論では5つの競争要因に対処するための戦略として、コストのリーダーシップ・差別化・集中という3つの基本戦略をあげている[5]。3つの基本戦略のうち1つも実行できない企業は、顧客ないし利益を失う窮地にた

たされ，低収益に陥ることは間違いないとポーターは主張している。また，3つの基本戦略のうち2つ以上を主目標にして成功することは稀であり，高収益を達成するには，いずれかの戦略を選択しなければならない。主目標が複数になると戦略がぼやけ，特定の目標に対して全力を注げなくなるためである。

① コストのリーダーシップ

　コスト・リーダーシップとも呼ばれる。これ自体はポーターの発見した概念ではなく，1970年代に経験曲線の概念が普及したために注目されたものである。大規模の生産設備を積極的に建設することによって経験効果を追求し，なおかつ，諸々の間接諸経費の管理を厳格にすることによって，競争相手よりも低コストで事業を行えるようにする。

　これは5つの競争要因のすべてに対応することができる。低コストの地位をもたらしてくれる要因は，規模の経済性であるが，これは参入障壁をつくることにもなる。既存競争業者よりも低コストで事業を行っていれば，他社が利益を度外視した価格で挑戦してきた場合にも十二分に応戦できる。代替製品に対しても，同業他社より有利な立場にいることができる。代替製品の登場によって先に痛手を受けるのは自社よりも効率の低い同業者である。強大な買い手が厳しい値引きを要求してきた場合にも対応できる。買い手が厳しい要求をつきつけるとしても，自社の次に低コストの業者にとってギリギリの価格水準に値切るくらいのものであるから，自社は利益を確保することができる。原材料の価格が上昇しても，その分だけ生産性を上げるなどの対応が可能であるため，供給業者の値上げにも対応できる。

　コストのリーダーシップにはリスクもある。過去の投資や熟練が無意味になってしまうような技術革新が起こったり，ほかの業者がずば抜けて新しい生産設備に投資するといった場合には，自社のコスト優位は失われてしまう。また，インフレや反ダンピング規制が起きた場合にも，コストのリーダーシップ戦略の優位は失われやすい。

② 差　別　化

　自社の製品やサービスを業界のなかで特異だとみられるものにする戦略である。差別化のための方法は，製品設計・ブランド・顧客サービス・流通方法等さまざまあり，理想としては複数の面で差別化するのが良い。

　差別化戦略に成功すれば，コストのリーダーシップとは異なる形で5つの競争要因に対応することができる。新規参入業者は自社の特異性に負けないだけの努力を強いられるので，参入障壁をつくることになる。差別化した製品・サービスは同業者からの攻撃を回避できる。代替製品に対しても，同業者より有利な立場で居られる。また，差別化した製品はマージンが増えるので，低コストの地位を占める必要もなくなる。差別化がもたらす高マージンは，供給業者の値上げ等に対抗できる能力を増やす。さらに，買い手は同じものを他社から手に入れることができなくなるので，買い手の交渉力も弱めることができる。

　差別化にもいくつかのリスクがともなう。低コストを狙う同業他社とのコスト差があまりに開いた場合，自社が特別に魅力のある製品を売っていたとしても，格段に安い製品を提供する同業他社に顧客を奪われやすくなる。また，同業他社によって模倣が盛んに行われる場合にも差別化による利点は失われやすくなる。

③ 集　　　中

　特定の買い手グループや，特定の製品の種類や，特定の地域市場に，自社の資源を集中する戦略である。先にあげたコストのリーダーシップや差別化は業界全部にわたってそれぞれの目的を達成することを狙うが，集中戦略は特定のターゲットだけを丁寧に扱う目的をもつ。

　特定のターゲットのニーズを満たすことで差別化または低コストが達成できたり，場合によっては両方が達成できる。集中を果たした企業は，5つの競争要因のすべてに防衛力ができる。また，集中戦略は，代替製品の脅威から一番守りやすいターゲットや，同業者が最も弱いターゲットを自社が集中すべきターゲットとして選択することができる。

他方で，業界全体を相手にするコストのリーダーシップや差別化と比べて，集中に成功しても得ることができる市場のシェアが小さいという欠点をもつ。収益性と売上高のどちらを選好するかという場合に，売上高を犠牲にして収益性を得るという戦略となる。また，戦略的に絞ったターゲットと市場全体の間で要望される製品・サービスの差が小さくなった場合には集中の利点は失われやすくなる。

3．業務の効率化は戦略ではない

1990年代に入り，情報化やアウトソーシング，また，日本の製造企業が優位を発揮したTQMや現場への権限委譲など，業務（オペレーション）の効率化がアメリカにおいても大いに注目された。しかしながら，ポーターは，TQMなどの品質管理手法の導入やアウトソーシングの活用等は「戦略ではない」と捉えている[6]。

ポーターは，高収益の達成に業務の効率化が必要であることを認めているが，それだけでは不十分であると述べている。業務の効率化は，企業の全体の活動の結果を向上させるものではなく，個々の特定の活動の効率を上げる類のものである。

業務の効率化は，企業内のある特定の活動のコストや手間を削減するというものだけではなく，顧客サービスや品質の向上，あるいは，業務のスピードアップなどにも寄与する。しかしながら，業務の効率化を頼りに，長期間，高収益を確保し続ける事は技術や手法の陳腐化によって困難となる。また，ベスト・プラクティス（最も成功している事例を手本とすること）とベンチマーキング（ベスト・プラクティスと自社の現状とを比較し評価すること）は業務の効率化において役立つが，競合する他社と自社との戦略を似通ったものにさせてしまう恐れがある。ポーターの戦略論の要点は，競合他社と異なる選択肢を採用することであるから，たとえ成功企業と同じものであっても，他社と似た戦略を採用することは好ましくない。

ゆえに，ポーターの視点に立つならば，業務の効率化は必要ではあるが，戦

略的ポジショニングに取って代わるものではないし，戦略と混同してはならない，ということになる。当然，このような立場はほかの経営理論や業務効率化に苦心している実務家の感触とは整合的ではない場合もあり，次節で述べるように批判の対象となる場合もある。

第3節　ミンツバーグらが指摘した競争戦略論の問題点

1．経営戦略の視野と創造性を狭めてしまう

　すでにみたように，ポーターの競争戦略のもっとも主要な部分は，自社の利益を圧迫しかねないさまざまな競争要因についての分析を行い，それに基づいて3つの基本戦略のうちのいずれかを選択することである。ミンツバーグとアストランドとランペル（Mintzberg, H., Ahlstrand, B. and Lampel, J.）は，ポーターの競争戦略論の問題点をいくつかあげている[7]。

　まず，戦略そのものの焦点が狭くなってしまう可能性だ。戦略を独創的な展望を描くものとは考えず，包括的なポジションとして捉える。そのため，限定された選択肢のなかから自社の業界内でのポジションを選択するというものにしてしまう。すでに決まったカテゴリーのなかで分析するという視点は，新しいカテゴリーを作ろうとする意欲を損なわせてしまう。

　また，既存の業界の既存の競争関係を分析する手法であるから，先駆者にはなれないという問題がある。自社が分析を終えたころには，先手を打った企業に遅れを取ってしまう。

　そして，競争に対して積極的な姿勢をもっているものの，決定論的であるという問題がある。経営陣による（採るべき戦略の）「選択」を提唱しているものの，その選択肢をあまりにも詳細に描いてしまっている。経営者に業界内の地位についての選択をさせることで経営に創造性や洞察力が増すことがあるとは考えにくい。

　とはいえ，彼らは競争要因の分析が役に立たないと評価しているわけではない。5つの競争要因のような戦略的分析は，状況が安定している場合は有効で

あり，あくまで，ダイナミックな戦略策定のプロセスを支えるためのものとして発展・活用されなければならないと論じている。

2．業務の効率性と戦略―日本企業は戦略をもっていない？―

ポーターは「(1990年代末において，多数の) 日本企業は戦略をもっていない」とする見解を示している。前節でみたように，ポーターは，業務の効率化のみでは高収益を持続的に達成することができないと論じている。1980〜90年代の日本の製造業は，業務の効率化の点でアメリカ企業を凌駕していたので，低い価格と高い品質を同時に追求し，かつ，幅広い製品・仕様・サービス・顧客層を網羅している企業が多かった。「選択」を重視する3つの基本戦略の考え方とはまったく相容れないものである。

1980年代の日本企業は，外国のライバルが遠く及ばない高い生産性を背景に，国内経済の拡大とグローバル市場への浸透を通じて成長を維持することができた。しかしながら，ポーターは，ライバルとの生産性の差が縮まれば，コスト・品質の両面で差をつけ，すべての顧客のニーズを満たそうとする日本企業の戦略は危険なものになると指摘した。日本企業は従来のコンセンサス志向や過剰なサービス精神を改め，厳しい選択をする必要があると論じ，「日本企業は戦略を学ばなければならない」と主張した[8]。

ミンツバーグらは，ポーターの日本企業の戦略に対する見解は驚くべき結論であるとし，「もし，ポーターのいうことが真実で，一方，多くの日本企業が業績を出したことも事実ならば，会社が成功するためには戦略は必要な条件ではない」ということになってしまう，と論じた。もちろん，ミンツバーグは戦略など要らないと本気で思っているわけではなく，ポーターの見解への皮肉である。さらに，「日本企業は，戦略を学ぶどころか，ポーターに戦略のイロハを教えてあげるべきではないか」と述べている[9]。

ミンツバーグらによれば，業務の効率化はある種の戦略になる場合があり，かつ，効率性の改善は，戦略を大きく変えるきっかけになる。そして，業務の効率性を前提条件のごとく扱うポーターの主張を，業務の効率性向上に日々悩

んでいるマネジャーが，果たして「受け入れるだろうか？」と疑問を投げかけている。さらに，ポーターの戦略では，いったん戦略的な対決がはじまってしまえば，与えられた状況で戦うしかなく，状況を変えられるのは戦いの前か後になってしまう，と指摘した。軍事戦略の場合は，会戦の前後に戦略や組織を練り直すことができるが，ビジネスの場合は，「決戦」の前も途中も後もなく，連続的な競争が続いていくことになる。実際，組織の構築や人材の育成等は戦略と複雑に関連するし，組織の構築と戦略の関係は，別個の動きではなく，継続的なプロセスを要するものである[10]。

第4節 価値相関図とコーペティション

1．価値相関図とは何か

価値相関図とはブランデンバーガーとネイルバフによって開発された分析フレームワークであり，バリュー・ネットとも呼ばれる。価値相関図も自社の競争環境を分析するツールであり，その点で5つの競争要因に近い特徴をもつものである。

ポーターの戦略論の問題点の1つは，競争・脅威・対立といった側面を重視するあまり，実際のビジネスにおいてしばしば見受けられる企業間の協調関係や補完関係を省略してしまった点だ。ポーターの5つの競争要因は，自社以外のすべての存在を自社の利益を奪う可能性のある脅威とみなし，利益を奪い合う関係を強調したものであった。しかし，価値相関図は，自社と他社との競争関係のみならず，協調関係をも視野に入れた点でポーターの分析フレームワークとは大きく異なる。

ブランデンバーガーとネイルバフは，事業というものはパイを作り出すときには互いに協調し，それを分ける際には競争を行うものである[11]と考えた。ここでは，市場全体の大きさを成長させることを「パイを作り出す」ことに喩え，より高い収益をあげるために複数の企業が競争することを「パイを切り分ける」ことに喩えたわけである。

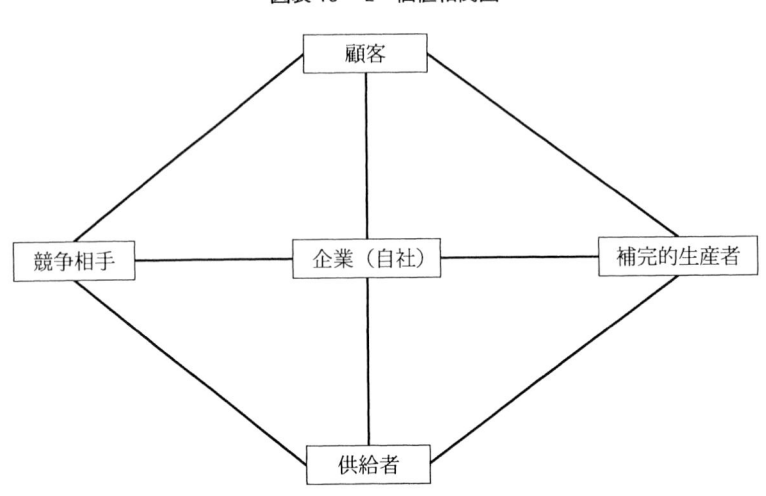

図表13-2 価値相関図

```
           顧客
          /    \
         /      \
    競争相手―企業(自社)―補完的生産者
         \      /
          \    /
           供給者
```

出所:Nalebuff and Brandenburger (1997), 29ページ。

2. 補完的生産者と協調の関係

　価値相関図においては，ポーターの理論と同様，事業においては競争相手や顧客・供給業者が存在するもののそれはすべてではなく，パイを拡大する補完的生産者が競争相手と同じくらい重要な影響を自社に及ぼす。価値相関図における補完的生産者は，自社と相互利益の関係にある[12]。

　顧客がある財を所有していると，そうでなかった場合よりも自社の製品の価値が魅力的である。このような事例は無数にある。たとえば，自動車保険と自動車の関係や，マスタードとホットドックの関係がこれにあたる。価値相関図では，自社の製品の魅力を高めてくれるような製品やサービスを補完財とみなし，補完財を提供している者を補完的生産者と呼ぶ。補完財は，特定の産業の成立に不可欠な役割を果たす場合が多い。舗装道路や高速道路が整備されなければ，自動車は普及しない。また，ビデオソフトのレンタル店の普及は，家庭用ビデオデッキの普及に不可欠であった。補完財がまったく供給されない場合は，事業の成立それ自体が不可能な場合が多々ある。これは，とりわけ途上国

3. 価値相関図における競争相手の定義

　価値相関図においても，ポーターの5つの競争要因のフレームワークと同様，競争相手が存在するが，競争相手の定義が異なる点に注意が必要である。ポーターの理論では，すでに存在する同じ業界の他社が競争業者であった。価値相関図においては，競争相手は必ずしも同業他社とは限らない。価値相関図に代替製品の脅威が示されていないのはそのためである。また，現代の競争においては，同一業界内の他社のみが競合相手となるわけではない。

　ブランデンバーガーとネイルバフは，自社と協調関係にある補完的生産者とは逆の関係をもつ者を競争相手と定義した[13]。補完財とは逆に，顧客がある財を所有していると，そうでなかった場合よりも自社の製品の価値が魅力的でない場合がある。これには同業他社の似たような機能をもつ製品があてはまるが，それだけでは十分ではない。たとえば，テレビ会議システムと航空券の関係がこれにあたる。テレビ会議システムをもっている者に，出張用の航空券を売りつけようとしても，テレビ会議システムをもっていない者に売る場合と比べて，出張用の航空券の魅力は薄くなる。

　また，供給サイドから観察した場合であっても，補完的生産者とは逆の効果を発揮するものが競争相手となる。供給者が自社以外に供給した場合に，自社の調達がより不利になる場合はとても多い。この場合も，自社の調達を不利にする他社は同業者のみとは限らない。たとえば，良質な労働力を獲得するためにあらゆる企業が競争しているが，役に立つ人材の奪い合いは産業や業態の垣根を越えて行われている。

4. 価値相関図から何がわかるのか

　価値相関図の意義は，事業において一方のみを注視して，もう一方を見落とすことを防ぐ視点を提供できることである[14]。人々は，「ビジネスは戦争だ」という固定観念に縛られ，しばしば，競争の側面のみを重視してしまう。ビデ

オがアメリカにおいて普及しはじめた1980年代初頭，映画会社はビデオソフトの価格を高く設定することで，映画館の収入が減ることを防ごうとした。映画会社はビデオで映画をみる人が増えると映画館にお客がまったくこなくなると考え，ビデオを映画産業の脅威とみなしていたわけである。しかしながら，この戦略はビデオと映画の補完関係を見落としていた。面白い映画をみた人々はもう一度観たいと考えてビデオを購入したり，映画を見逃した人にビデオをみることを勧める。1990年代後半以降の映画会社はこのような状況を十分に理解しており，映画のビデオソフトを1980年代よりもはるかに安い価格で販売するようになった。同じような関係はコンピュータと紙の間にもみられる。オフィスにコンピュータが普及しはじめた当初，将来的に紙でできた書類は磁気で保存されたデータによって駆逐されると考えられていた。しかしながら，実際には，コンピュータの普及は紙の消費量を増大させた。コンピュータと紙は競争関係にあったのではなく，補完関係にあったのである。

1990年代のトイザらすやウォルマートといったアメリカの小売大手は，別の大型店の近くに店を構えないという戦略を採ってきたが，ブランデンバーガーとネイルバフはこれを競争の側面のみを重視した一面的なものであると評している。たとえば，古書店や骨董商や劇場は，同業他社と隣接し，特定の地域に集中することで，長年の間，多くのお客を遠方から集めることに成功し続けてきた。

価値相関図は協調や補完といった概念を重視しているものの，これは，競争を弱めるとか，同業他社と常に仲良くしようという意味ではまったくない。複数の事業者の協調によって拡大されたパイから，どれだけの分け前を自社が入手できるかということは，公正な分配だとか他社の温情だとか思いやりによる譲り合いといったものによって決まるのではない。

収益は，あくまで競争のなかで自社がどれだけうまく立ち回れるかによって決まるものである。現実の企業経営においては，競争と協調の両面が結びついており，ある面での補完的生産者が別の面では競争相手であったり，あるいは，従来の補完的生産者が突如として競争相手に変貌することもある。ブランデン

バーガーとネイルバフはこれをコーペティション（Co-opetition）と名づけた[15]。コーペティションとは競争（Competition）と協調（Cooperation）を組み合わせた造語である。

【注】

（1） Bain（1970），486-491 ページ。
（2） 同上書，491-497 ページ。
（3） 5つの競争要因については，次を参照。Porter（1982），19-49 ページ。また，Porter（1999），36-52 ページ。
（4） Ghemawat（2002），47 ページ。
（5） 3つの基本戦略については，Porter（1982），55-71 ページを参照。
（6） Porter（1999），67-75 ページ。
（7） Mintzberg ほか（1999），120-127 ページ。
（8） Porter（1999），122-123 ページ。
（9） Mintzberg ほか（1999），124 ページ。
（10） 同上書，123-126 ページ。
（11） Nalebuff and Brandenburger（1997），10 ページ。
（12） 補完的生産者については，同上書，30-47 ページを参照した。
（13） 競争相手については，同上書，39-50 ページを参照。
（14） ブランデンバーガーとネイルバフが指摘したビジネスの二面性，および，その事例については，同上書，48-50 ページと 58-78 ページを参照。
（15） 同上書，77-78 ページ。

◆参考文献◆

Bain, J. S., *Industrial Organization 2nd Edition*, Jhon Wiley & Sons Inc, 1968. （宮澤健一訳『産業組織論　下』丸善株式会社，1970 年）

Ghemawat, P., *Strategy and Business Landscape*, Prentice Hall, 2001.（大柳正子訳『競争戦略論講義』東洋経済新報社，2002）

Mintzberg, H., Lampel, J. and Ahlstrand, B., *Strategy Safari*, The Free Press, 1998.

(齋藤嘉則監訳戦略サファリ』東洋経済新報社,1998年)

Nalebuff, B. J. and Brandenburger, A. M., *Co-Opetition*, Doubleday Business, 1996. (嶋津祐一, 東田啓作訳『ゲーム理論で勝つ経営―競争と協調のコーペティション戦略―』日本経済新聞社, 2003年(嶋津祐一, 東田啓作訳『コーペティション経営―ゲーム論がビジネスを変える―』日本経済新聞社, 1997年の改題))

Porter, M. E., *Competitive Advantage*, The Free Press, 1980. (土岐坤・中辻萬治・服部照夫訳『競争の戦略』ダイヤモンド社, 1982年)

Porter, M. E., *On Competition*, Harvard Business School Press, 1998. (竹内弘高訳『競争戦略論Ⅰ』ダイヤモンド社, 1999年)

十川廣國編著『経営戦略論』中央経済社, 2006年。

柳川隆「産業組織論の分析枠組み 新産業組織論と構造―行動―成果パラダイム」『神戸大學經濟學研究年報 47』2001年, 125-142ページ。

第 14 章
M&A 戦略

第1節　M&A の目的と M&A のパターン

　企業が別の企業をまるごと売ったり買ったりすること，あるいは企業が一部の事業を売ったり買ったりすることは M&A (Mergers & Acquisitions) と呼ばれ，今日の産業界ではほぼ毎日のように行われている。もともと Merger は合併，Acquisition は買収のことであるが，あまり厳密に区別されることはなく，M&A，企業買収，（企業）合併などという用語が同じような意味で使われている。

　M&A はさまざまな目的で行われるが，自社にはない経営資源を獲得する目的で行われることが多い。たとえば日本の自動車メーカーがはじめてアメリカに進出しようとするとき，アメリカの自動車メーカーを買収すれば，すぐにこのアメリカの自動車会社の工場を使って自動車を生産し，アメリカ中にはりめぐらされたこの会社の販売網を使って車を販売することができる。

　日本の自動車メーカーがアメリカで工場用地を取得し，工場を建設し，従業員を雇い入れ，販売網を築いていく（このような方法はグリーンフィールド投資と呼ばれる）ならば，非常に長い年月を要することになる。したがってこの場合 M&A は，アメリカにおける生産設備，人的資源，販売網など，この日本の自動車会社にない経営資源を獲得することであり，同時に「時間を買う」ことを意味する。技術開発も同様に長い時間がかかるのが普通であるが，必要な技術をもっている企業を買収すれば，企業と一緒に技術も買収することができ，初

めから自社で開発するのに比べ大幅に時間を短縮することができる。M&A はこのように自社にない経営資源（生産設備，販売網，特許や技術，経営ノウハウ等々）を企業ごと買収することを目的に行われることが多い。

しかし，M&A には利点ばかりでなく，コストも存在する。まず第 1 に M&A で必要な経営資源を手に入れるためには，多額の買収資金を必要とすることである。企業どうしの提携によって，必要な経営資源を手に入れようとする場合には，資金を必要としないのに対し，M&A は必要な経営資源を買い取ることになるため，投資のコストも存在する。

第 2 に外国の企業を買収しようとする際には，現地の国民の反発を招く恐れもある。ソニーがアメリカのコロンビア映画を買収したときや，三菱地所がアメリカのロックフェラーセンターを買収したときには，アメリカ市民の反日感情が高まり，摩擦が生じた。国境を超えた企業買収は，ときには，現地国民のナショナリズムを刺激し，買収をしかけた企業に対する排拒運動にまで発展することもある。

第 3 に企業買収によって企業の規模が急拡大すると，管理が複雑になり，管理のためのコストが増大する。

第 4 に，企業文化の異なる組織を取り込むことにより，従業員の間に文化摩擦が生じることである。また，被買収企業の従業員の処遇が悪い場合には買収企業の従業員との間に摩擦が生まれることが多く，業務に支障をきたすような事態も生まれることになる。

M&A は事業上の利益（効率性）を目的としたものと財務的利益を目的としたものとに大きく分けることができる。事業的利益を目的とした買収者はストラテジック・バイヤー，財務的利益を目的とした買収者はフィナンシャル・バイヤーと呼ばれている。

事業上の利益（効率性）を目的とした M&A には，水平的 M&A，垂直的 M&A，コングロマリット的 M&A などのパターンがある。水平的 M&A は同業種どうしの M&A で，同一業種内で規模を拡大し，規模の利益を追求しようとするものである。一般に，商品は原材料が加工され，半製品となって何段

階かの生産や流通の過程を経て，最後に完成品となって消費者に渡る。この過程はしばしば川の流れになぞらえて，消費者に近い過程を川下，消費者から遠い過程を川上と呼んでいる。

たとえば，綿のシャツは，農家で生産された綿花が，製糸業者によって糸に加工され，その綿糸が織物業者によって布に加工され，縫製業者によってシャツが製造され，販売業者によって消費者に販売される。このような流れにおいて織物業者が織物業者を買収するといったように，川の流れのなかの同じ過程の企業がM&Aを行うのが，水平的M&Aである。その目的は規模を拡大することによって，規模の利益を追求すると同時に，市場支配力を高めることである。

また，製糸業者が織物業者を買収する，あるいは縫製業者が販売業者を買収するというように，ある企業が川上あるいは川下の企業を買収するようなM&Aを垂直的M&Aと呼んでいる。その目的は，資源や原材料を確保することと各段階で取引の際に発生するコストを節約することなどである。

これに対してまったく異業種の企業どうしが合併することをコングロマリット的M&Aという。上記の例でいえば，たとえば綿織物業者が食品会社を買収したり，縫製業者が自動車部品会社を買収したりするような事例がこれにあたる。川の流れからはずれた事業を多くもつ企業はコングロマリット（複合企業）と呼ばれるが，各事業どうしに関連がなく，シナジーが働きにくいため，収益向上に役立たないことが多い。

財務的利益を目的とした買収は投資ファンドなどによって行われるのが普通であり，投資ファンドには企業再生ファンド，「ハゲタカ・ファンド」などがある。企業再生ファンドは経営破綻した会社を買収し，経営の専門家を送り込んで経営を建て直し，企業価値を高めたうえで株式を売却する。経営破綻した会社は安く買収でき，企業価値を高めた会社の株式は再上場などによって株価が何倍にも高まるため，株式の売却益を得ることができる。企業再生ファンドは破綻した会社を建て直すことを目的に企業を買収するが，それによってファンド自体も利益を得ることができる。

「ハゲタカ・ファンド」は株式時価総額が資産の総額より少ない企業などに買収をしかけ，株式を手に入れ企業の支配権を握った後に，この企業の資産を切り売りして利益を上げる。たとえば，「ハゲタカ・ファンド」が株式時価総額が100億円，資産総額が120億円の企業を，株式をすべて買い取ることによって買収したとしよう。「ハゲタカ・ファンド」はこの企業の全株式を100億円で買収し，その資産を120億円で切り売りすることによって，20億円の利益を得ることができる。「ハゲタカ・ファンド」は事業効率や企業再生といった目的でなく，純粋に財務的利益を目的としてM&Aを行う。資産を切り売りする際に，従業員は解雇され，工場は閉鎖されたりするため，従業員や地域社会にとっては大きなマイナスになる。このように，ステークホルダーに対しては不利益を与えるものの，「ハゲタカ・ファンド」の存在は経営者に対する規律づけ効果をもたらす。経営者は企業の資産価値に見合った利益を上げ，株価を高めなければ，買収され，解雇されてしまうため，常に企業価値を高める努力をするようになる。敵対的買収の脅威が存在することが，経営者に企業価値向上の圧力をかけることになる（市場の規律）。このように敵対的買収の脅威が常に存在することが経営者を規律づけることになるため，コーポレート・ガバナンスの側面からは敵対的企業買収は好ましいことと考えられる。

第2節　M&Aの手法

M&Aの手法には合併，株式取得，経営統合，資産取得の4種類がある。合併には吸収合併と新設合併の2種類があり，対象となる企業の法人格が一体化する。吸収合併ではA社がB社を合併する場合，B社の法人格は消滅し，A社の法人格が存続することになる。これに対して新設合併ではA社とB社がC社という新会社を設立し，A社，B社はC社に吸収されるため，A社，B社の法人格は消滅し，C社が存続会社となる。

株式取得はある企業が，別の企業の株式を取得することによって企業の支配権を握ることであり，この場合法人格は別のままである。株式取得にはすでに

発行されている株式を取得する方法と新たに株式を発行し，この新株を買い取る方法とがある。既に発行されている株式を取得する方法には①市場での買い集め，②公開買付け（TOB），③相対取引，④株式交換などがある。市場での買い集めは，買い集めを進めるうちに株価が上昇していくため，敵対的買収をしかけるような場合には，買収コストが増大してしまうことになる。

　株式公開買付けはTOB（Take-Over Bid）とも呼ばれ，現在最も広く用いられる方法である。まず買収企業であるA社が，被買収企業であるB社の株式を1株いくらで何株買いつけるという買収条件を新聞公告で提示する。この場合，提示される買付け価格は，その時市場で取引きされている価格より高いのが普通である。たとえば，市場価格が1株1,000円の場合，買付け価格は1株1,300円というように提示されるが，市場価格を超過する部分はプレミアム（この場合300円）と呼ばれている。B社の株主は所有する株式を株式市場で売却するよりTOBに応じたほうが有利になるので，TOBが成功しやすくなる。こうして買収者は，新聞公告に提示された期日までに申し出のあった株式をいっきに買い取ることができる。TOBは友好的な買収にも敵対的な買収にも用いられる。

　相対取引は株式を買収する者と売却する者が直接交渉して株式を売買する方法であり，したがって株式市場を通さずに取引が行われる。株式交換は，A社がB社の株式を取得する場合，B社の株主からB社株を，現金ではなく，A社株と交換することによって取得するものである。A社がB社株を現金によって買い取る場合，A社は通常その資金を金融機関などから調達しなければならない。買収対象企業が巨大な企業である場合には巨額の資金調達が必要になる。しかし，株式交換という方法でB社株を買収するならば，B社の株主にA社の株式を渡して，買収を進めることができるため，資金調達の必要はない。現金のかわりに株式を対価として，買収が可能であるため，巨額のM&Aが可能となる。

　すでに発行されている株式を取得するのではなく，新たに発行された株式を取得することによって企業を買収する方法もある。たとえばB社が現在1,000

株の株式を発行しており，ある個人M氏がそのうちの500株を所有し，B社を支配していたとする。B社はさらに1,000株の新株を発行（増資という）して，そのすべての株式をA社が買い取った（この方法を第三者割当て増資という）とすると，これまでB社を支配していたM氏の株式所有比率は25%に低下する。第三者割当て増資によって1,000株を取得したA社は50%の株式を獲得することになるから，M氏に代わってB社を支配することができる。このように第三者割当増資によって支配権を移動し，A社がB社を子会社にするような企業買収の方法がある。

2005年の会社法では，B社が第三者割当増資を決定する場合，株主総会ではなく，取締役会の決議によって行うことが可能となった。つまり，M氏以外の多くの株主の同意を得ずに支配権の移動が可能になったのであるが，多くの株主に不利益が生じる可能性もあることが問題として指摘されている。

会社が発行できる株式数は定款で定められており（株式発行枠といわれている），その発行枠内であれば何度でも増資（新規発行）が可能である。発行可能な株式数が少ない場合には，定款を変更し発行枠を拡大しなければならない。敵対的買収を仕掛けられた企業は第三者割当増資により，友好的企業に新規発行株を買い取ってもらい，敵対的買収をしかけて株を買い集めた企業の所有比率を下げることによって，買収防衛をすることがある。このように，第三者割当て増資を買収防衛策として活用するためには，平常時に定款を変更し，株式発行枠を大幅に拡大しておく必要がある。

経営統合は複数の企業（たとえばA社，B社）が持株会社を設立して，A社，B社がその子会社になるという方法である。A社の株主は，新しく設立された持株会社C社の株式と交換にA社株をC社に譲り，C社の株主となる。B社の株主もB社株と交換にC社株を手に入れC社の株主となる。C社はA社株とB社株を手に入れ持株会社として両社を支配する。経営統合のため新設された持株会社C社は，自ら直接事業を行わないのが普通であり，A社とB社を管理することが主要な業務となる。このような持株会社は純粋持株会社と呼ばれ，子会社管理が主要な業務であるため，純粋持株会社の従業員は少ない

図表14-1　経営統合

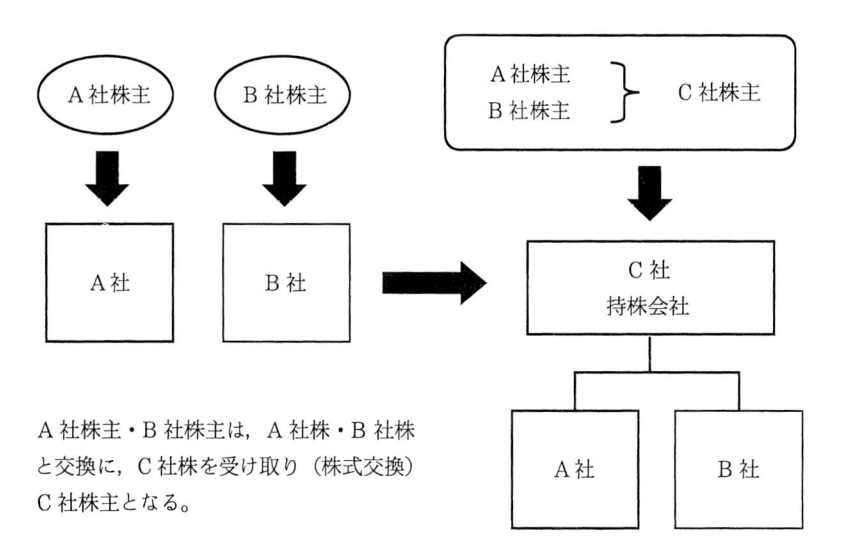

A社株主・B社株主は，A社株・B社株と交換に，C社株を受け取り（株式交換）C社株主となる。

のが普通である。これに対し，自らいくつかの事業を行いながら，複数の子会社をもつような持株会社は事業持株会社と呼ばれている。

　第2次大戦後，長い間，純粋持株会社は設立が禁止されていたが，1997年に独占禁止法が改正され，設立が認められるようになった。合併によって複数の企業が1つになり，異なる企業の従業員が1つの企業で一緒に働くことになると，ポスト争いや昇進などで摩擦が起きやすくなり，合併後の企業経営に大きな障害となることが多い。しかし，経営統合では持株会社の下で，A社とB社の法人格は維持され，会社としての主体性も維持されるから，このような従業員の融和の問題は起こりにくい。また，持株会社との株式交換によって統合が行われるため，巨額の資金を調達する必要がない。このような理由から，今日経営統合によるM&Aは盛んに用いられるようになり，メガバンクや損害保険会社，百貨店のM&Aなどは，ほとんどこの経営統合によって行われている。

　資産取得はA社のある事業を切り離して従業員ごとB社に売却することで

あり，法律上は「営業譲受」と呼ばれている。多数の事業部門をもつ総合電機メーカーなどは，国際的な競争が非常に厳しくなり，多数の事業にまんべんなく経営資源を投入することが困難になってきた。そのため，競争力があり，収益力の高い，中核となる事業を残し，この中核的な事業に対してヒト，カネ，モノといった経営資源を集中的に投入し，非中核的事業は他社に売却するようになってきた。事業の中核的事業への絞り込みと非中核的事業の売却は「選択と集中」と呼ばれる戦略であるが，その手段として多く用いられているのが資産取得ないし営業譲受である。激しいグローバル競争のなかで収益力を落としてきた日本の総合電機メーカーは，この「選択と集中」を進めることによって競争力の回復を目指している。

第3節　日本企業の事例

　M&Aは「時間を買う」こと以外にもさまざまな目的で行われる。「選択と集中」「シナジー効果」「相互補完」などを目的としたM&Aについて，日本企業の事例でみていくことにしよう。

1．選択と集中を目的としたM&A

　近年，日本の総合電機メーカーは，いわゆる「選択と集中」に取り組んでいる。これは多くの事業のうち，競争力の弱い事業を売却し，経営資源を中核的事業に集中的に投入しようとする戦略である。「選択と集中」に成功している企業として東芝，三菱電機などの企業をあげることができる。

　東芝は，非中核事業である東芝セラミックスをMBOで売却したのをはじめ，銀座の本社ビルを東急不動産に売却，液晶パネル事業を松下電器（現パナソニック）に売却して事業を整理した。一方で，アメリカのウェスティングハウスを買収することによって原子力発電事業を強化し，原子力発電，半導体，家電を中核事業に位置づけ，経営資源を集中的にこの3事業に投入することによって競争力を強化することに成功した。これによって，株式時価総額は3兆円に

上昇した。

　グローバル競争の激化によって，総合電機メーカーが，競争力のない事業を切り離す必要に迫られるなかで，日立製作所は「選択と集中」に遅れを取り，長期にわたり収益力と競争力の低迷に陥った。これに対して三菱電機はITバブル崩壊後の経営立て直しで，半導体事業や海外での携帯電話事業に見切りをつけ，従来からの得意分野に事業を集中した。その結果，三菱電機は，売上高，従業員数，総資産において日立製作所のほぼ3分の1程度であるにもかかわらず，純利益や株式時価総額で日立製作所を上回る業績を上げることになった[1]。すなわち，三菱電機の2006年11月時点での売上高は3兆7,000億円，従業員数9万9,000人，総資産3兆3,094億円，純利益1,200億円，株式時価総額2兆2,824億円であった。これに対し，日立製作所の同時点での売上高は9兆7,400億円，従業員数32万7,000人，総資産10兆2,774億円，純利益は550億円の赤字，株式時価総額2兆2,667億円であった。三菱電機は，日立製作所の約3分の1の規模であるにもかかわらず，ITバブル崩壊後の2002年末から2006年までの間に株式時価総額を3.9倍に増加させ，日立製作所の時価総額を追い抜いたのである。

2．シナジー効果を目的としたM&A

　多くの企業買収は事業上のシナジー効果を目的に実行されるのが普通である。事業上のシナジー効果とは，具体的には，1つの経営資源を複数の事業（あるいは企業）で利用できるようになることをいう。たとえば，アメリカで家電製品を製造・販売しているB社を日本の同業企業A社が買収したとしよう。A社の子会社となったB社はアメリカでの家電製品の生産・販売をそのまま続けると同時に，A社の製品をB社の流通ルートを用いて輸入販売することができる。この場合，B社の販売ルートという経営資源を，ほとんど追加投資を必要とせず，A社の製品とB社の製品の販売のために共用することができることになる。また，B社のアメリカの工場を使って，ほとんど追加投資をすることなく，A社の製品を製造することができるのであれば，B社の工場とい

う経営資源をA社とB社で共用できることになるため，ここにシナジー効果が生まれることになる。

　2010年8月に，エマソン・エレクトリックのモーター事業部門の買収を発表した日本電産の例をとりあげ，そのシナジー効果についてみていくことにしよう[2]。エマソン・エレクトリックは，モーターのほか制御機器や電源装置，計測装置，電動工具などの事業をもつ，100年以上の歴史のあるアメリカ企業である。エマソン・エレクトリックは家電用モーター，産業プラント用大型モーターの事業をもつため，同社の買収によって日本電産は幅広い種類のモーター事業を有する，モーターの総合メーカーに躍進することができる。また日本電産はエマソン・エレクトリックが100年間かけて築いた家電や空調などの顧客を獲得することができるほか，世界各地に展開された工場や研究開発拠点も獲得することができる。エマソン・エレクトリックの顧客に日本電産の製品を販売し，エマソン・エレクトリックの工場や研究開発拠点を日本電産の製品の製造や製品開発にも利用することができれば，日本電産はシナジー効果を得ることができる。

　日本では，少子高齢化により，食品業界の市場も縮小が続いているが，若者のアルコール離れの影響もありアルコール飲料業界は，いっそう大きな苦境に陥っている。日本市場にのみ依存していたのでは，企業の成長も収益の増大も期待できないため，日本のアルコール飲料業界はアルコール飲料への依存度を下げるための事業再編および消費が拡大しつつあるアジアを中心とした海外展開を積極的に進めている。海外の市場を開拓するには巨額の資金を必要とするため，キリンホールディングスとサントリーは，国内基盤を固めることを目的に，当初，経営統合を目指したが，統合比率で合意が得られなかったことや企業文化の相違が壁となって，この経営統合は実現しなかった。

　結局，両社は単独での海外事業展開を目指すことになったが，まずキリンホールディングスの海外M&A戦略をみていくことにしよう[3]。キリンホールディングスは1998年にオーストラリアのビール業界で第2位のライオンネイサンに出資，2009年には完全子会社化した。2002年には，フィリピン最大のビー

ル会社サンミゲルに48.3％出資，2007年にはオーストラリア最大の乳業会社ナショナルフーズを買収した。さらにキリンホールディングスは，2010年7月にシンガポールとマレーシアにおける飲料最大手のフレイザー・アンド・ニーヴ（以下F&N）に14.7％出資し，業務面での提携策を打ち出した。もともとキリンホールディングスはオーストラリアのナショナルフーズとライオンネイサンの製品を日本で販売することよりも，市場としての成長が著しいアジア地域で販売することを目指していたが，F&Nとの提携によってこの戦略を実行しようとしている。すなわちナショナルフーズの商品をF&Nの販売網を用いてアジアで販売する方針である。また，キリンホールディングスの健康配慮商品をF&Nの販売網を使ってアジアで販売する計画ももっている。東南アジアは，気候の影響で乳製品の製造には適さないため，オーストラリアで生産した製品を東南アジアで販売しようという意図もある。

　一方，サントリーもキリンホールディングスとの統合計画以前から海外展開を積極的に推進してきた。サントリーは，アメリカで，ペプシコ系の清涼飲料販売会社ネイゲルを買収した（2009年）ほか，ニュージーランドの飲料大手フルコアを買収（2009年）した。オーストラリアとニュージーランドで50％以上のシェアをもつフルコアの製品を東南アジアや中国の市場で販売することを目指す。さらにサントリーは，2009年9月にはフランス，スペインをはじめとするヨーロッパや中近東で販売網をもつオレンジーナ・シュウェッブス・グループを買収した。オレンジーナの買収によってフルコアの製品をヨーロッパ市場で販売できることになり，またオレンジーナの製品を日本でも販売できる。このようにサントリーはヨーロッパ，アメリカ，オセアニアに販売網を構築することに成功し，世界的な規模で自社の製品を販売することができることになった。日本の飲料メーカーはコカ・コーラのような世界的なブランドをもたなかったため，規模の経済を追求することができず，利益率も低かった。サントリーの海外展開戦略にはこの問題を解決する意図があった。

3．相互補完を目的とした M&A

　日本の百貨店業界で売上高第4位の三越と第5位の伊勢丹は2008年に経営統合し，売上高首位の百貨店となった[4]。両社は三越・伊勢丹ホールディングスという持株会社を設立し，株式交換により，それぞれ持株会社の子会社となった。持株比率は伊勢丹1に対し三越が0.34であった。すなわち伊勢丹の株主は1株につき持株会社の株式を1株受け取り，三越の株主は1株につき，持株会社の株式0.34を受け取ることによって，それぞれ三越・伊勢丹ホールディングスの株主となったのである。

　三越は1673年に越後屋呉服店として創業された，300年以上の歴史をもつ老舗で，日本全国に20店舗をもち，60歳以上の富裕層が顧客の中心となっている。ブランド力が強く，呉服，宝飾品，美術品の販売に強みをもつ一方，収益力が低いことが弱みとなっている。また，バブル期のゴルフ場投資の失敗を契機に業績が長く低迷した。そのため，資産と比べて株式時価総額が低いため，敵対的買収の危険性が高くなっていた。

　伊勢丹は，1886年伊勢屋丹治呉服店として創業し，1990年代から好業績が続いていた。特に百貨店の経営管理能力に優れ，同業会社である福岡県の岩田屋や北海道の丸井今井など多くの百貨店の経営再建を支援してきた。三越より若い20～40歳代が顧客層の中心であり，ファッション衣料などに強みをもつ。商品管理に独自のシステムをもち，高い収益を誇るが，三越と比べ規模は小さく，特に直営店は，首都圏に6店舗のみであった。

　三越・伊勢丹の経営統合は以上のような強みと弱みをもつ2つの企業の相互補完効果を追求するM&Aの性格が強い。相互補完効果として考えられるのは，まず第1に地域的な相互補完である。三越は，日本全国に20店舗をもつが，伊勢丹の店舗は首都圏が中心であり，重複するのはグループ企業の6店舗を含めても新潟と福岡だけである。伊勢丹は新宿本店への依存度が高いが，経営統合によって依存度を低下させる余地が出てくるほか，規模の拡大により仕入れコストを引き下げることができる。第2に，顧客層においても相互補完効果を期待することができる。三越が60歳以上の富裕層に強みをもつのに対し，

伊勢丹は20〜40歳代の比較的若い世代の顧客層が中心である。経営統合によって若年層から高齢層まで、顧客層を拡大することができる。

　経営統合による企業買収は、統合に参加する企業の名前や組織がそのまま残るため、従業員や経営陣の抵抗が少ないので、吸収合併などに比べ実現が容易である。三越・伊勢丹の経営統合は、収益力と株価の低迷に悩む三越に対する伊勢丹の救済の性格が強いが、持株会社の取締役が両社から3名ずつ選任されることや社名が「三越・伊勢丹ホールディングス」となったことが示すように、表面上は両社対等のM&Aであるように見える。しかし、持株会社の会長兼最高経営責任者（CEO）に伊勢丹の武藤信一社長が就任し、社長兼最高執行責任者（COO）に石塚邦夫三越社長が就任したことからわかるように、実態はこの経営統合は伊勢丹主導で実行されたものである。経営統合後の商品仕入れや情報システムの再編、カード事業なども伊勢丹主導で進められることになる。

第4節　敵対的企業買収と防衛策

　A社がB社を買収しようとしたとき、B社の経営者や従業員がこの買収を拒否しているにもかかわらず、A社が買収を進めることを敵対的企業買収という。株式市場に株式を公開している以上、B社の株式を誰が買おうと自由であるから、A社はB社株を買い集める際にB社の経営者や従業員の合意を得る必要はないはずである。しかし、現実には経営者や従業員が反対するなかでの買収は、かれら以外のさまざまなステークホルダーも巻き込む反対運動にまで広がることもあり、失敗するケースも少なくない。特に日本では敵対的買収に対する抵抗は強く、これまでのところ成功例は極めて少ない。例えば、新潟に本社を置く北越製紙に対して王子製紙が敵対的買収をしかけたケースでは、従業員や経営者はもとより、北越製紙の取引銀行や新潟県知事、地域住民、さらには製紙業界の有力企業までもが反対に回り、この敵対的買収は失敗に終わった。

　このように、日本においては敵対的買収はマイナス・イメージが先行してい

るのであるが，一般的には経営者に対する規律付け効果が働くため，コーポレート・ガバナンスの視点からは好ましいことと考えられている。また被買収企業の株主にとっては，TOB が行われた場合，買収プレミアムすなわち市場価格にプレミアム分を上乗せした価格で株式を売却することができるため，メリットが大きい。

　それでは，買収防衛策にはどのようなものがあるのだろうか。まず1980年代後半のアメリカで頻繁に行われた防衛策をあげてみよう。アメリカで最も多く用いられたのはポイズン・ピルである。ポイズン・ピルにはさまざまな方法があるが，一般には敵対的買収者が一定以上（通常15〜20％）の株式を買い集めた場合に，買い集めた株式の価値や議決権が大きく低下するような仕組みを作ることである。たとえば敵対的買収者が A 社の株式を 20％ 買い集めたときに，既存の株主（友好的株主）に市場価格の半額で株式を購入できる権利を与える方法などである。

　ゴールデンパラシュートは買収された企業の経営者が巨額の退職金を受け取り，退職することができる契約を結んでおく方法である。ホワイト・ナイトは敵対的買収の標的となった企業が，友好的な企業に買収してもらい，敵対的買収を回避する方法である。日本においても村上ファンドに敵対的買収をしかけられた阪神電鉄が，阪急ホールディングスに友好的に買収してもらった例や，ドン・キホーテに敵対的買収をしかけられたオリジン東秀がイオンに友好的に買収をしてもらった例などがある。

　現在日本で一般的に用いられているのは，事前警告型買収防衛策と呼ばれるものであり，ポイズン・ピルの一種である。一定以上（通常20％以上）の株式取得を目指す買収者が現れた場合，この買収者に買付け目的や経営に参画した場合の経営方針などの情報提供を求め，この買収者が株主の利益や企業価値を損なうと判断した場合には防衛策を発動する。すなわち，新株予約権を発行するなどの方法で敵対的買収者の所有比率を低下させる。買収防衛策は株主総会の決議によって導入が決められ，社外取締役で構成される第三者委員会が発動を決定するのが一般的な方法である。発動を経営者から独立した第三者委員会

に委ねるのは，この防衛策が経営者の保身に使われないようにするためである。

　さらに日本で用いられている買収防衛策にはMBO（Management Buy-Out）がある。MBOは経営者が自社の株式をすべて買い取り，会社を非上場化することである。非上場となるため市場で株式を買い集めることはできなくなるため，究極の買収防衛策ともいわれる。経営者が自社株をすべて買い集めるのには巨額の資金が必要となるため，投資ファンドなどと連携するのが普通である。もっとも買収防衛を目的に掲げMBOを行う経営者は少なく，「株主の圧力に左右されず思い切った経営改革を断行する」ことを名目上の理由にするケースが多い。これまでのところ，ワールド，ポッカコーポレーション，すかいらーく，レックス・ホールディングスなどがMBOを実施している。

【注】

（1）日本経済新聞，2006年11月3日。
（2）日本経済新聞，2010年8月18日。
（3）日本経済新聞，2010年8月19日。
（4）以下は，日本経済新聞，2007年8月17日，朝日新聞，2007年8月17日などによる。

◆参考文献◆

坂本恒夫・文堂弘之編著『図解　M&Aのすべて』税務経理協会，2006年。
文堂弘之「M&A戦略」佐久間信夫編著『現代企業論の基礎』学文社，2006年。
松村司叙編著『M&A 21世紀・1　企業評価の理論と技法』中央経済社，2001年。

第5部

中小企業と情報ネットワーク

第15章
中小企業の現状と展開

第1節 わが国における中小企業

　中小企業は，わが国の企業の大多数を占め，経済の発展にとって極めて重要な役割を果たしている。しかし，中小企業は経済状況の影響を受けやすく，不況ともなれば厳しい局面に立たされる傾向にある。特に，大企業との関係が密である場合等は，その余波を受け倒産の危機に立たされることは決して珍しいことではない。そのため，政府をはじめ地方公共団体は，中小企業に対し常に経済支援策を講じてきた。

　また，中小企業の形態は多様であるため，一元的に規定することは難しい。そのため，一般的に中小企業は，大企業と相対比較し，量的に規定されている。

　しかし，その一方で，中小企業が多様であるがゆえに，中小企業のもつ問題を解決するには量的な分析だけでは限界があり，質的な規定も必要である。

　実際，財閥系を除いた大企業では，中小企業から発展したものがほとんどであり，その意味で，中小企業の問題を解決していくことは，その発展につながる。したがって，中小企業を量的だけでなく質的に分析し，問題を抽出することは極めて重要な作業といえる。

　ここでは，まず中小企業基本法[1]を手がかりに，中小企業の量的な面を概観する（図表15-1）。

　中小企業基本法では，中小企業を「中小企業者」，また，小規模企業・零細企業を「小規模企業者」とし，それぞれを資本金および常時雇用する従業員数

図表15-1　中小企業基本法による中小企業の量的規定

業　種	中小企業者（下記のいずれかを満たすこと）		うち小規模企業者
	資本金	常時雇用する従業員	常時雇用する従業員
①製造業・建設業・運輸業 その他の業種（②〜④を除く）	3億円以下	300人以下	20人以下
②卸売業	1億円以下	100人以下	5人以下
③サービス業	5,000万円以下	100人以下	5人以下
④小売業	5,000万円以下	50人以下	5人以下

出所：中小企業庁編（2010），凡例より。

に従い規定している。

図表15-1に示す通り，中小企業は，おおむね，資本金3億円以下または常時雇用する従業員300人以下の会社および従業員300人以下の個人企業を指している。ただし，卸売業の場合は，資本金1億円以下または従業員100人以下であり，サービス業の場合は，資本金5,000万円以下または従業員100人以下，小売業の場合は，資本金5,000万円以下または従業員50人以下であると規定している。

また，小規模企業・零細企業は，従業員20人以下の企業を指している。ただし，卸売業，サービス業および小売業については，従業員5人以下のものとしている。

このようにわが国の中小企業基本法では，中小企業を資本金および従業員の人数等量的に捉えており，その規定から多様化する中小企業の動向が明らかにされてきた。

たとえば，現在，わが国の中小企業は，第一次産業を除くわが国の産業，つまり，鉱業，建設業，製造業，電気・ガス・熱供給・水道業，運輸・通信業，卸売・小売業・飲食店，金融・保険業，不動産業，サービス業で区分すると，その各産業において中小企業と大企業との比率は，どの産業も90％以上を遥かに超える構成となっている。さらに，中小企業の従業員数と大企業のそれと

図表 15-2　製造業における従業者1人あたりの付加価値額（10億円）

従業員数 ＼ 年	1995	1996	1997	1998	1999	2000	2001	2002	2003	2004	2005	2006	2007	2008
4～9人	5.76	5.97	6.12	5.91	5.8	5.88	5.62	5.55	5.44	5.69	5.68	5.89	6.07	5.74
10～19人	7.02	7.2	7.43	7.3	7.07	7.21	7.29	7.07	7.07	7.22	7.47	7.48	7.64	7.49
20～99人	8.58	8.9	9.08	8.88	8.82	9.14	9.13	8.9	9	9.32	9.42	9.37	9.28	9.24
100～299人	12.09	12.36	12.76	12.26	12.67	13.05	12.8	12.91	13.25	13.86	13.81	13.68	12.98	12.46
300～999人	16.61	17.05	17.38	16.78	16.56	17.44	16.23	15.97	16.36	17.4	17.56	17.97	16.61	16.17
1,000人以上	19.52	20.9	21.05	19.68	19.41	21.02	19.58	21.18	22.77	22.44	23.38	23.91	23.24	20.19
4～299人	8.77	9.07	9.33	9.01	9.08	9.37	9.32	9.25	9.38	9.84	9.9	9.96	9.78	9.51
300人以上	17.97	18.83	19.06	18.09	17.84	19.01	17.68	18.15	18.99	19.51	19.99	20.44	19.47	17.94

出所：中小企業庁編（2010）付属統計資料から作成。

の比率は，各産業，各年度によっても異なるが，概ね中小企業の従業員が占める割合は高い[2]。

このように中小企業は，企業数および従業員数において圧倒的な数であるが，大企業よりも経済的に優位であるという訳ではない。

たとえば，図表15-2は，製造業の規模を従業員の数によって区分し，それぞれの企業規模における従業員の1人当たりの付加価値額を示したものである。この図表から，企業規模が大きければ大きいほど従業員1人当たりの付加価値は高いということがわかる。

したがって，このように中小企業は概して企業数や従業員数で大企業を上回ってはいるが，企業活動によって生み出される付加価値の生産性は，大企業には遥かに及ばないのである。

しかしながら，このように量的な規定だけですべての中小企業が大企業に劣っているとはいえない。というのも，この図表の枠を超え，高い付加価値を生み出す中小企業が存在するからである。その意味で，中小企業は，量的な面だけでなく，質的な基準に基づき検討する必要がある。

第2節　戦後の中小企業の歴史的背景

前節において多様化する中小企業を量的に概観した。しかし，中小企業は，戦後，それぞれの時代の政治的・経済的な影響を受け，質的に変貌を遂げざるを得なかった。

1. 1945～1960年頃

わが国は第二次世界大戦の敗戦によりGHQの統制下におかれた。GHQは政府に財閥の解体を課し，経済民主化を図った。特に，1947年施行された「集中排除法[3]」および「独占禁止法[4]」，1948年に施行された「中小企業庁設置法[5]」は，戦前，財閥を中心とした大企業の独占の下で下請けを余儀なくされていた中小企業に自主性の機会を与える等，中小企業の経済的・社会的不利益を是正するものであった。

しかし，1949年に実施されたドッジライン[6]は，厳しい金融引き締めを断行するものであったため，わが国の経済を逼迫させ，多くの企業を倒産の危機に追い込んだ。なかでも，中小企業への影響は，厳しいものであった。その結果，中小企業の一部は大企業から自立し，自ら合理化を図った。しかし，その一方で，多くの中小企業は再び大企業に依拠せざるを得ず，大企業の下請けのシステムに再び吸収され，系列として再編されていった。

その後，1950年，朝鮮戦争による特需が起こり，わが国の経済危機は回避された。政府も，産業育成政策，企業合理化政策等を施行し，また，公的金融機関の設立等を図り，危機に瀕していた中小企業を健全化させていくのである。

このような政策はGHQ主導のものであったが，実態としてわが国の経済を再生させることになり，その結果，第二次世界大戦後のわが国の経済は世界の奇跡ともいえる復興を成し遂げることができた。

しかし，このような成果の陰で大企業と中小企業の関係性は，経済格差という形で問題となっていく。つまり，近代化を進める大企業とその近代化につい

ていけない前近代的な中小企業との賃金や所得の格差が二重構造という形で露呈していくのである。

そのため，中小企業もこの経済発展のなかで体質の改善を迫られていった。中小企業のなかでは，高い意欲をもって独自の技術力を磨き，この構造から脱却し，証券市場を通じて資本調達を行う企業もでてきた。さらに，その中小企業から中堅企業へと発展していく企業もでてきたのである。なお，中堅企業とは，規模的にいえば，中小企業と大企業の間にあるものをいう。

2．1970年頃

1971年，アメリカは，ドルを固定相場制から変動相場制へと移行した。その結果，国際的な通貨危機が起こり，世界経済は混乱した。

また，1973年および1979年の2回に渡り，原油価格の高騰による石油ショックが起こった。これは，高騰した原油価格が，石油だけでなく，石油に依拠してきた製品の価格に転化され，世界的な物価高騰を引き起こした。

さらに，この時代は高度成長により生み出された社会問題が深刻化し，わが国はこれまで行ってきた大量生産，大量消費中心の政策を構造的に転換せざるを得なくなった。たとえば，公害問題等，企業としてももはや看過できないほど問題が深刻化していくなかで，企業は環境に関しても社会的責任を負うべきであるといった風潮が強くなった。そのため，企業は利益追求だけでなく環境にも配慮した経営が求められた。

これは，わが国の産業界に「省エネルギー」政策として具現化された。

特に，大企業等は，その政策に対処するため，エネルギー使用の綿密な計画を立案し，生産の合理化を進めた。これは，大企業の下請け関係にあった中小企業にも影響し，中小企業は大胆な構造転換を迫られた。

実際，大企業は多品種・少量生産への構造転換を図り，人員削減や生産規模縮小，さらには，賃金カットを行った。そのため，下請け関係にあった中小企業は，厳しい経営を迫られていくが，合理化の断行によってこの危機を乗り越えていくのである。

3. 1980年頃

　1980年代に入ると，わが国の経済は，1970年代の度重なる経済危機を乗り切ってきた地力が開花し，技術革新等により高度化した企業経営が行われるようになってきた。

　このような日本の経済発展に対して，アメリカでは国際競争力が低下したため，「日本たたき」という日本製品を排除する動きが活発化していった。というのも，対日貿易収支の赤字が膨大なものとなったため，その余波が「日本たたき」に結びついたのである。

　このような状況に対し，1985年，G5（先進5カ国蔵相・中央銀行総裁会議）において円高・ドル安政策が採択された。これがいわゆるプラザ合意[7]である。

　さらに，1988年には，アメリカにおいて不公正な貿易慣行・障壁を有する国に対し，報復措置を採るというスーパー301条[8]が施行された。

　このようなプラザ合意やスーパー301条を受け，日本では円高が急速に進行した。そのため，政府はさらなる円高不況の発生を懸念し，低金利政策および内需拡大政策を断行していく。

　また，円高の影響により，わが国の経済の規模は相対的に急拡大し，賃金の安い国への工場移転等が相次ぎ，産業の「空洞化」現象が起こった。しかし，中小企業を含めたわが国の企業は，低金利政策および内需拡大政策等により危機を乗り越えていくのである。

　だが，同時にこれらの政策はバブル経済の発生原因となり，結果的に株式投資や不動産投資等のマネーゲームを誘発させていくことになった。

4. 1990年頃

　このバブル経済は「平成景気」と呼ばれ，1989年（平成元年）に空前の絶頂期を迎え，実体経済の成長では説明できないほどの資産価格の上昇をともなった。

　この異常な資産価格の上昇を抑えるため，大蔵省（現：財務省）は1990年「土地関連融資の抑制について」（総量規制）という通達を出し，好景気を人為

的に後退させたが，この結果，景気後退を加速させることになり，わが国の長期信用を崩壊させてしまった。加えて，日銀による金融引き締めは完全に後手に回ったうえに，崩壊の最中においてもなおこの政策は続けられ，膨大な不良債権を生むことになってしまった。

このようにして，1991年を境にバブル経済は崩壊した。このため企業は相次ぎ倒産し，それにともない失業率も戦後最悪な率を記録することになった。この不況は，長期に渡り，特に中小企業の経営を逼迫させていくこととなった。

この長期不況の原因は，一般的に財政政策，不良債権，金融政策等の問題，さらには構造的な要因とさまざまであるが，このなかで，金融機関が行った貸し渋り等に多くの中小企業が影響を受け，厳しい経営を強いられた。実際，1996年版と1997年版の『中小企業白書』では，当時の中小企業を「力強さを欠いた[9]」と表現し，再生の機会を得ることがいかに困難であったかを説明している。

さらに，グローバル化が進展しアジアへの輸出等が伸び，その結果，大企業が下請けの場を海外に移転していったため，中小企業は従来の大企業との関係を維持できなくなり，さらなる体質の改善が迫られた。

5．2000年頃

2000年頃から多くの中小企業は，インターネットを活用することで厳しい状況を乗り越えられるのではないかと期待を膨らませた。つまり，IT (Information Technology) 化の促進が，経営強化に結びつくと考えたのであった。

実際，e-Japan構想が2000年に施行され，その5年後，わが国のブロードバンド環境は通信速度のスピードと通信料金の低廉化の2つの面で世界最先端になった。しかも，このようにIT環境が整備されるなかで新たなビジネスも創出され，一部の企業は好況の波に乗ることができた。

しかし，多くの中小企業はITを経営強化のツールとして活かすことは容易なことではないと理解し，政府としてもITを経営に活かすために「IT経営応

援隊[10]」をはじめさまざまな支援策を講じた。実際，中小企業のなかには，IT活用により，飛躍的に成長を遂げた企業もでてきた。そのため，景気は徐々にではあるがゆるやかに回復していった。

しかし，2007年，アメリカのサブプライムローン[11]問題による金融市場の混乱，また，2008年，大手投資銀行であるリーマン・ブラザーズ[12]の破綻により，世界経済は急速に悪化していった。この影響によりわが国の企業は厳しい状態に陥ったが，景気刺激策やアジア向けの輸出の伸びにより回復傾向にある。

以上，1945年から現在に至る激変する経済動向のなかで，中小企業がいかに厳しい経営を強いられてきたか，また，その状況を打破するため，多くの中小企業が常に質的な変容を具体化してきたかを概観した。

第3節　中小企業の多様性

冒頭，中小企業が一元的に規定できないことはすでに述べたが，それは，中小企業が業種，業態，規模の面でさまざまな多様性をもっているからである。実際，中小企業の多様性は，経済の発展に寄与するべく，社会的分業の役割を担ってきたことにある。しかも，このような中小企業は，社会的分業が量的に増加することで，同時に質的な多様性をも増幅させていった。

また，中小企業は，製品市場，労働市場，資本市場において，規模の面で有利性と不利性の両面をもっている。

したがって，成長する中小企業は，自身のもつ有利性，たとえば，経営資源に照らし合わせた企業経営を即時的に行うことでその不利性を補い，時宜に適した多様化の道を自ら歩んできた。つまり，中小企業は，量的な有利性を自社に活かすことで，質的な変容を行い不利性を乗り越えてきたのである。

以上の点をふまえ，中小企業の多様性を企業性，立地，独立性の3つの基準によって類型化[13]する。

1．企業性基準

　中小企業は，経済主体として考えると，企業というよりは家計に近いものが存在している。つまり，中小企業は非常に幅広い認識のうえに成り立っているのである。そこで，その振幅全体から中小企業を分類する基準を企業性基準とし，その具体的内容を4つに類型化する。

① 本来の企業

　理念的にいえば，従業員を雇用し，主として利潤の極大化を目的に行動する。規模的には，中堅企業，中企業，小企業に分かれる。ただし，企業であるからといって，利潤を蓄積し拡大再生産を無限に図るとは限らず，成長性は経営資源によって大きくバラつく。

② 企業的家族経営

　業主と家族従業者の経営が，企業としての経済計算を一応確立しており，利潤と賃金とを明確に分類している。したがって，利潤動機で行動し，家族労働も有償化されている。同時に，従業員も雇用し，「本来の企業」へと推移するものも少なくはなく，現代的な合理的高能率零細企業といえる。

③ 生業的家族経営

　業主と家族従業者主体の経営であるが，企業以前の存在である。利潤と賃金，営業と家計はそれぞれ分離していない。経営の動機は，生活費としての業主所得の極大化である。

④ 副業的・内職的家族経営

　家計補助を目的として営まれ，ますます拡大する支出を補填するための経営を行う。経営資源はそれほど必要ではなく，新規参入が容易である。

　このように，中小企業は，企業性をどの程度もちえているかによって，それ

それの抱える問題も多様といえよう。

2. 立地基準

　中小企業は，全国どこにでも存在するという立地の特徴をもつ。それは，需要面と供給面とに大別できる。これを基準に類型化すると次の2つがあげられる。

① 需要指向立地型

　需要が存在する地点に接近して立地するタイプの中小企業である。その典型は，地域産業であり，地域の住民から生ずる局地的な需要を自らの市場とするタイプの産業，すなわち，小売業，対個人サービス，各種の製造兼小売業，さらには，建設業，運輸業，不動産業の一部がある。

② 供給指向立地型

　生産要素の調達に規定されて立地するタイプの中小企業である。原材料や労働力等の調達，観光資源，港湾等の自然条件に規定される立地等さまざまである。また，現在は資源が稀少化し，資源立地として成り立たない地域も，蓄積された経営資源に依存する理由で立地する場合もある。

　また，供給側の要因によって立地している関係で，全国市場や外国市場等需要の発生する地域から離れている場合が多い。

　その意味で，この供給指向立地型では，特定の地域に立地して産地を形成し，産地内部に社会的分業を展開する地場産業型中小企業と，主として組立て工業の大企業に部品や半製品を供給したり，大企業の生産設備そのものの供給やそれに付随するサービスを提供する大企業関連型中小企業が存在する。この大企業関連型中小企業は，下請けの形態をとる企業も多いが独立型の部品メーカーも存在する。

　そのほかに，供給指向立地型には，情報指向立地型や観光指向立地型の企業があり，大企業から独立した中小企業が多くみられる。

図表 15-3 独立性企業の概要

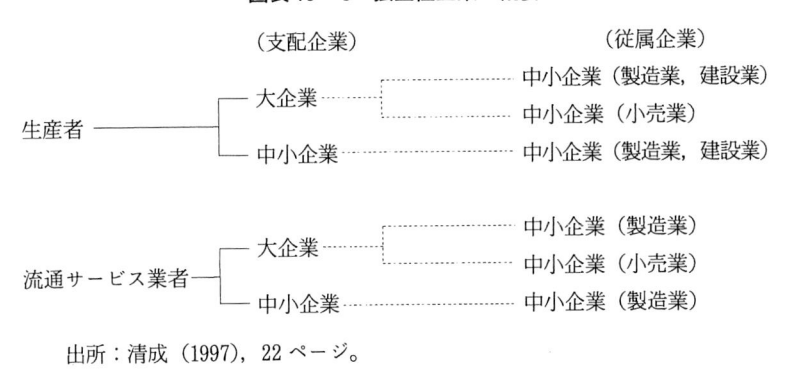

```
                    （支配企業）                （従属企業）
                    ┌─ 大企業 ┄┄┄┄┬┄┄┄┄ 中小企業（製造業, 建設業）
                    │             └┄┄┄┄ 中小企業（小売業）
生産者 ─────────────┤
                    └─ 中小企業 ┄┄┄┄┄┄┄┄ 中小企業（製造業, 建設業）

                    ┌─ 大企業 ┄┄┄┄┬┄┄┄┄ 中小企業（製造業）
                    │             └┄┄┄┄ 中小企業（小売業）
流通サービス業者 ───┤
                    └─ 中小企業 ┄┄┄┄┄┄┄┄ 中小企業（製造業）
```

出所：清成（1997），22ページ。

3．独立性基準

　一般的に中小企業は大企業とのかかわりを重視してきたが，大企業から独立し，自主的に価格を形成する中小企業も存在する。その大企業との独立性を基準にした類型が次の2つである。

① 独立型中小企業

　独立型は明確に規定できるわけではなく，実際，独立型と従属型の間には無数の中間形態ないしは混合形態がある。そのため，図表15-3の類型化は理念型を構成したものにすぎず，大企業との取引の有無ではなく，価格形成のうえで対等な関係で在るか否かで独立型と規定する。

② 従属型中小企業

　従属型中小企業を支配する企業は，生産者を含め，商社，問屋，小売業や，独立型中小企業等多様である。
　また，従属型中小企業からみても，中小メーカーが大メーカーの下請けや，中小小売業が大メーカーのチェーン店になり，販売担当になること，小売業の大企業の下請けとして生産する中小メーカーや，商社が中小小売業を組織している場合，中小問屋が中小メーカーを下請けにしている旧来の形態もある。

さらに，従属型中小企業の内部にも，支配・従属の関係があり，重層的な下請け関係にある中小企業も存在すれば，その一方で，下請け関係のなかにあっても，水平的な社会的分業関係をなしている中小企業もある。

つまり，下請け関係そのものが，旧来型の支配といった固定的な形態で説明できない多様性をもっているのである。

以上のように，中小企業を企業性基準，立地基準，独立性基準の３つに分けた。しかし，いかような基準であってもこれらの中小企業の内部を概観すると，問題を抱え危機的な状況にある中小企業と，健全な経営を行って収益を上げている中小企業とに分けることができる。

第4節　問題性中小企業と完全機能型中小企業

これまで中小企業を量的と質的な面で概観してきた。考えてみれば，中小企業は，経営問題，金融問題，下請け問題，輸出問題，転失業問題，社会・労働問題等さまざまな問題を抱えている。このような中小企業に関する問題は，1950年代半ばから1960年代に「二重構造」や，大企業との「格差問題」等として議論されてきた[14]。

その議論は現在もなお続いているが，改めて今述べた問題に着目すると，中小企業は，中小企業であるがゆえに起こるさまざまな不利益を被り，それらの問題に大きく影響し埋没してしまうものと，中小企業だからこそ果たせる役割を認識し，積極的に努力し問題解決を図るものに分類できる[15]。以下に，前者を問題性中小企業，後者を完全機能型中小企業とし，それらの内容を説明する。

1．問題性中小企業

一般的に中小企業は，中小企業であるがゆえの問題を抱えている。その問題とは，経営者の企業家精神が希薄であるため，非合理的で幼稚な経営しかできないことに起因する。したがって，このような中小企業は問題を解決できず，

常に危機に立たされてしまう。ここではこのような中小企業を問題性中小企業という。

　この中小企業は，実態として，生産性が上がらず，経営資源の有効な活用や規模利益の適正な算出ができない。つまり，企業を存続・発展するといった正常な機能をもたず，常に従属的な企業行動をとってしまう。

2．完全機能型中小企業

　このような問題性中小企業に対し，中小企業のもつ問題に常に向き合い，その問題の解決のために努力を惜しまず，かつ的確に経営革新を断行していく中小企業を完全機能型中小企業という。

　実際，そういった完全機能型中小企業は，独自の経営資源をもち，細分化された社会的な分業関係のなかで，自立した企業活動を行っている。たとえば，付加価値のある生産性の向上や，知識集約化を実現し，競争力を増幅させる企業活動である。

　中小企業は，企業性基準，立地基準，独立性基準によって質的な面を判断できるが，さらに，正確に中小企業を認識するなら，それぞれの類型のなかで，中小企業の問題に対し，どのように対峙しているかが重要である。つまり，中小企業は，問題性中小企業および完全機能型中小企業のいずれかの形態をとっているのである。

　また，中小企業を地域の面で捉えると，中小企業は地域の経済の自立に重要な役割を果たしてきた。たとえば，地域を支えてきた中小企業の活性化の実現は，多くの地域にとって切実な問題である。

　その意味で，政府は，中小企業がもつそれぞれの基準を精緻に認識し，混迷している問題性中小企業の問題を解決し，完全機能型中小企業へと転換できる支援策を策定すべきであろう。また，同時に問題性中小企業の経営者自身も，企業家精神を養い，問題を自らで解決できるよう努力すべきであろう。

　それが，いずれ自社の発展だけでなく地域を支え，わが国の経済を豊かにし

ていくことにつながっていくはずである。

【注】

（1）中小企業基本法は，企業間格差の存在と中小企業の存立基盤の変化に対処して，わが国の中小企業ないし中小企業政策の方向づけを行うことを内容とする法律で，1963年に施行された。その後，経済社会情勢の変化を背景に，1999年12月に法の改正が行われた。改正法では，旧法の「大企業との格差の是正」という基本理念を転換し，中小企業については，独立した中小企業者の自主的な努力を支援することで，その多様で活力ある成長発展が図られねばならないとした。

（2）中小企業庁（2010），282-284ページ。

（3）日本の財閥解体の一環として，大企業の経済力の集中を排除し分散させるために，1947年に制定された法律。米占領政策の転換でこの法律は徹底されなかった。一般的に集中力排除法といわれているが，正確には，過度経済力排除法である。

（4）トラスト・カルテル等による競争の制限や事業活動の不当な拘束を排除し，企業結合等による過度の経済力集中を防止して，公正かつ自由な競争を促進し，国民経済の健全な発達を目的とする法律。正式名称は「私的独占の禁止及び公正取引の確保に関する法律」。1947年施行され，独禁法と一般的にいわれている。

（5）中小企業庁設置法は，1948年に施行され，その第1条にあるように「健全な独立の中小企業が，国民経済を健全にし，及び発達させ，経済力の集中を防止し，且つ，企業を営もうとする者に対し，公平な事業活動の機会を確保するものであるのに鑑み，中小企業を育成し，及び発展させ，且つ，その経営を向上させるに足る諸条件を確立することを目的」としている。

（6）1949年に，アメリカ政府は，インフレに悩む日本経済の安定と自立を図るため，当時デトロイト銀行頭取ドッジをトルーマン大統領の特命公使として日本に派遣した。彼の指導による一連の経済安定政策をドッジラインという。

（7）1970年代後半，ドル危機の再発を恐れた先進国により，協調的ドル安の実施を図ることを目的にしたプラザ合意が策定された。

（8）もともとこの法律は，1989年と1990年の時限措置であったが，1994年の復活後，1997年に失効した。だが，1999年に大統領令により2001年までの期限で復活した。2001年以降は失効中である。このスーパー301条はその具体的手順として，

①輸入障壁のある国を特定して「優先交渉国」とし，その改善を要求する，②3年以内に改善されない場合は報復のため関税引き上げを実施，等を決めている。
（9）1996年および1997年の『中小企業白書』において，当時の中小企業の現状を「力強さを欠いた」と同じ言葉で説明していた。
（10）経済産業省は，2004年「IT経営応援隊」を発足し，中小企業の戦略的情報化の促進を目指した。これは，政府および政府機関だけでなく，中小企業支援機関や民間事業者，ならびに金融機関・自治体，中小企業におけるIT化支援の専門家等，多数の関係者との連携によって，支援を行っている。
（11）サブプライムローンとは，アメリカの低所得者層向けの住宅ローンで，証券化などを通してリスクを回避するという名目で，1990年代後半に急速に貸し出しを拡大した。

しかし，余りに住宅建設が過熱し，住宅の供給過多状態になりはじめた2006年頃から価格上昇が抑えられ，ローンの支払いが滞り，バブルが崩壊してしまった。
（12）2008年，米大手証券会社のリーマン・ブラザーズは，アメリカ史上最大規模の負債を抱え事実上倒産した。この倒産の引き金となったのはサブプライムローンの破綻であった。実際，このずさんなローンのため延滞率が，金融機関の不良債権を急激に増加させた。その結果，リーマン・ブラザーズは破綻し，この波紋がアメリカの証券業界や銀行の再編を加速させ，世界同時不況に発展してしまった。
（13）清成（1997），19-23ページ
　　清成は，多様化する中小企業を類型化し，明確化した。
（14）小林・瀧澤（1996），9-12ページ
　　瀧澤は，ここで中小企業の問題について言及した。
（15）加藤孝は，新潟県県央地域の中小企業を研究するなかで，二重構造下におかれている中小企業を問題性中小企業と定義し，それに対して，大企業等の下請けに依拠せず自立した企業経営を行っている中小企業を完全機能型中小企業と定義した。

◆参考文献◆

相田利雄・小川雅人・毒島龍一『新版・現代の中小企業』創風社，2002年。
池田潔『地域中小企業論』ミネルヴァ書房，2002年。
加藤孝「県央地域活性化戦略への示唆」『地域活性化ジャーナル』第12号，新潟経営大学地域活性化研究所，2006年。

清成忠男『中小企業読本 [第3版]』東洋経済新報社, 1997年。
経済企画庁編『経済白書 昭和32年度』至誠堂, 1957年。
小林靖雄・瀧澤菊太郎『中小企業とは何か』有斐閣, 1996年。
中小企業庁編『中小企業白書 2010年』ぎょうせい, 2010年。
日本興業銀行産業調査部『日本産業読本 [第7版]』東洋経済新報社, 1997年。
藤田敬三・竹内正巳『中小企業論 [第3版]』有斐閣, 1987年。
前田重郎・石崎忠司『中小企業の現状とこれからの経営』中央大学出版部, 1999年。

第 16 章
中小企業と情報ネットワーク

第1節 わが国の中小企業とコンピュータ

　1950年代，わが国の企業にコンピュータが積極的に導入されてから，ほぼ60年が経過した。当時のコンピュータが電子計算機と呼ばれていたころから考えると，現在のネットワーク技術を装備するコンピュータは飛躍的に高度化し，企業経営に不可欠なツールとなった。

　当然のことながら，中小企業においてもコンピュータは経営強化のツールとして貢献し，たとえば，中小企業に新たなビジネスを創出することで，中小企業から脱却し，いずれは中堅企業，さらには大企業へと変貌を遂げさせることのできる可能性をもたせた。

　実際，中小企業が中堅企業や大企業へ発展・成長するには中小企業が抱える「問題」を解決することが重要である。

　その中小企業の問題とは，経営問題，金融問題，下請け問題，輸出問題，転失業問題，社会・労働問題等であるが，これは中小企業であるがゆえに被る不利益のことをいう。また，近代化する大企業に対し，さまざまなマイナス要因のため前近代化を余儀なくされる中小企業が被る二重構造の問題，さらには，その結果から生じる格差問題も今もなお存在している。

　このように考えると，これらの問題の解決に少なくとも情報ネットワークが有効に働くならば，このネットワークを駆使するコンピュータ活用は，必須であると考える。

そこで本節では，その重要なキーワードである中小企業と情報ネットワークの関係を明らかにする意味でも，コンピュータが電子計算機であった1950年から1975年頃，情報ネットワークの準備段階であるオンラインを導入しはじめた1975年から1995年頃，そしてITの活用により情報ネットワークを実現した1995年から現在に至る3つの時代の進展の経緯を手がかりに，中小企業とコンピュータの関係を概観する[1]。

1. 1950～1975年頃

1950年代にコンピュータの導入が図られたが，実際に，コンピュータが企業で具体的に活用をはじめたのは1960年代の半ばあたりからであった。

当時，産業界は第二次世界大戦の敗戦からの経済復興を目指しており，コンピュータの活用もまさにこの状況を打破する意味で重要であった。しかも，コンピュータは近代化を進める経営資源のツールとしても注目をされていた。たとえば，コンピュータは大企業において社内業務の効率化，合理化の実現といった科学的管理法を企業に根付かせる有効な手段と考えられていたからである。

その意味で，このように進展していく大企業に対し，中小企業は大企業の近代化に少しでも近づき，中小企業のもつ問題を解決するため，中小企業においてもコンピュータは重要なツールであると認識しはじめた[2]。

しかしながら，1960年代のコンピュータは非常に高額であり，しかも，コンピュータ操作に必要な人材を確保することは，中小企業にとって難しいことであった。

実際，当時のコンピュータは，意思決定の面でその期待には応えることはできなかったが，大企業におけるマーケティング，販売，物流，生産，会計等の各分野で効果をみせはじめていた。その意味で，中小企業にとってはコンピュータが非常に魅力的なツールであったのである。

中小企業事業団は，中小企業の期待に応えるべく1973年に「中小企業情報センター」を設立し，日本貿易振興会（JETRO）や日本科学技術情報センター（JICST）等の機関ネットワークを通じ，情報の収集，加工分析等を行い，特に，

中小企業が必要とする事業転換情報，公害防止技術情報，国際化情報等を提供した。

また，翌年，中小企業事業団は，紳士既製服製造業，機械工具販売業の中小企業向けに経営情報処理システムを開発し，中小企業がコンピュータを導入し，利用する場合の情報処理指導を実施していく[3]。

改めてこの時代のコンピュータと中小企業の関係を整理すると，この時代の中小企業の経営者は，2つの課題を解決するためにコンピュータの活用を考えていた。

① コンピュータは，社内業務の効率化，合理化を実現し，科学的管理法を企業に根づかせる有効な手段であること。
② 二重構造といわれる中小企業が抱える大企業との格差は，わが国の経済にとって重要な問題であり，その格差を解消する手だてとしてコンピュータの活用が有効であるということ。

そのため，中小企業の経営者は，コンピュータはこれら2つの問題を解決してくれるツールとして，コンピュータが安価であれば導入したいと考えていた。

しかし，コンピュータの価格は下がることはなく，また，政府の個別企業への支援策も不十分であったために，コンピュータを中小企業に導入し経営に活かすまでには至らなかった。したがって，この当時のコンピュータはあくまでも大企業の事務の生産性を向上させるツールとして活用されていた[4]。

2．1975～1995年頃

この時代のコンピュータは，大型化から小型化へとダウンサイジングされたデスクトップのものが主流であった。しかも，表計算，ワープロ，設計に用いるCADなどプログラマーを必要としないソフトウエアが出現し，中間管理職の生産性をより向上させることになる。

さらに，1950年代のコンピュータが高額であったのに比べ，この時期のコンピュータは非常に廉価であったため，多くの企業で導入された。この結果，

企業へのコンピュータ普及は急激に増え，活用の可能性を広げることになった。

特に，1975年頃には，オフィスコンピュータは急激に企業のなかに導入されていく。1980年の調査によれば，2割弱の中小企業が社内にコンピュータを導入していた。さらに外部機関を通じ，間接的にコンピュータを利用している中小企業の割合は中規模企業においては4割近く，小規模企業においても1割強に達した。つまりこの時期を通じ，中小企業はコンピュータを活用し，企業経営を行っていったのである[5]。

このように，中小企業がコンピュータの有用性に気づいたのは次の3点による。

第1に，従来の事務機械に比べ，コンピュータが複雑かつ膨大な事務処理を比較的簡単な操作によって迅速かつ正確に，さらには自動的に処理してくれることがわかった。

第2にこのような総合的，複合的機能をもつコンピュータの導入によって，社内の事務操作まで改革することができた。つまり組織の改革にコンピュータが有効に働いたこと。

第3に，迅速かつ正確に膨大な事務処理が可能になったため，日常の経営活動の中から有益な情報が生み出され，中小企業が計画的経営を行うことができるようになったこと。

つまり，コンピュータが事務処理を合理化，省力化し経営の高度化に有効であって，従来の事務機械とはまったく異質であることを中小企業が理解したのである。

また，1975年に売り出されたオフィスコンピュータの金額もその5年後に約30％安くなり，さらにその記憶容量は12倍に伸びている。したがって，コンピュータがこの時期中小企業に普及した理由は，価格が安くなり，操作も比較的簡単になったことによる[6]。

1980年代に入ると多くの中小企業がオンラインシステムの導入を図り，企業内ネットワークを構築しはじめる。このオンラインシステムは，可動範囲が広く，業務支援をスピーディに行うことができた。また，これは何よりも企業

内のコミュニケーションの充実化を実現する意味で，企業経営にとって非常に有効なシステムであった。

実際，このオンラインシステムは，1971年に「公衆電気通信法の一部を改正する法律」が施行されると同時に，大企業において積極的に導入が図られてきたものである。また，中小企業のなかでもオンラインシステムの導入を図った企業もあったが，この1980年代こそが中小企業にとって，オンライン化を活発化させていった時期でもあった。

ちなみに中小企業庁による1984年の「製造業情報化実態調査」では大企業のオンライン化が全体の53.8%に対し，中小企業が21.4%と大企業には及ばないが，1960年代のコンピュータ活用の実態からみれば，中小企業の情報化は著しく進展したといえよう。

3．1995年〜現在

1990年後半はインターネットが急速に普及し，電子商取引やサプライチェーンシステムの構築が促進されてきた。実際，インターネットは，コンピュータがもつ従来の事務の効率化・合理化の機能に，ネットワークシステムといったコミュニケーションの機能を加え，コンピュータによる情報の共有といった新たな可能性を開花させた。

すでにこのネットワーク化による情報の共有は，オンライン化により実現していたが，インターネットはオンラインの限定されたネットワークの場を世界規模に拡大し，ネットワークによる情報の共有の可能性を広げたのである。

しかも，コンピュータが導入された初期の時代は，コンピュータシステムが中央集中方式であったため，組織にとって垂直的なネットワークしか組めなかった。しかし，このような情報の共有は組織のもつ硬直的な面を排除し，企業内の部門間連携や企業外の企業間連携といった水平的ネットワークの構築も可能にした。

中小企業もこの流れを受け，さまざまな点で部門間および企業間でネットワークを構築することになる。次節において詳細を確認する。

第2節　情報ネットワークと中小企業

　今井賢一は，世界の産業のあり方が，基本的な枠組みの変化によって成り立っていると述べている。その理由として国際的に相互依存が深まっていることをあげた。

　また，そのなかで，大企業だけでなく，中規模企業や小規模企業といった中小企業に注目し，日米間の戦略的提携について述べている。

　それは，大企業だけでなく，中小企業が分散と集中，統合と非統合の間を揺れ動く行動をとり，グローバルな産業経済がこのようなダイナミズムをもち，また，多様な企業主体が強弱さまざまな関係を構築し，相互に連結しあった経済に向かっているからである。

　そこで今井はこのような企業のグローバル展開を3つに分類している。

1．マルチ・ドメスティック

　これは企業の海外直接投資が経営資源の国際的移転と考えるもので，その意味で，いったん現地への進出が決まったら，それぞれの国の市場を対象に企業活動を行うものである。日本においては特定の経営資源を長く蓄積してきた造船や鉄鋼などはこの形で海外進出を行っている。

2．グローバル・ストラテジー

　これはマルチ・ドメスティックのようにそれぞれの国の市場を個別に考えるのではなく，世界市場を1つのものに考え，それを対象に企業の研究開発からマーケティング，生産，流通に至る全プロセスを統合して管理しようとするものである。実際それぞれの国に事業部をおき，独立採算で利潤を上げるのではなく，いずれかの国の市場が重要になれば資源を重点的に投入し，その成果をほかの国にも及ぼしていこうといったグローバルな戦略を考えるものである。たとえば，食品，カメラ，薬，家電製品といった標準化された製品の市場に当

てはまる。

3．クロス・ボーダー・ネットワーク

　これはマルチ・ドメスティックとグローバル・ストラテジーを折衷するもので，マルチ・ドメスティックから出発し，グローバルな要素を加味していこうとするものである。たとえば，それぞれの国ごとに現地化を行いながらも，それぞれのマーケット情報を交換し合い，あるいは人的交流も行うとともに，それぞれの地域での事業展開の様子をみて，全体としての調整を少しずつ行っていこうとするものである。日本の企業はこのクロス・ボーダー・ネットワークを基本に自律的な企業の連結を目指している。また，そのネットワーク環境で主役になりうる企業は，多国籍企業のような大企業だけでなく，中堅企業や中小企業である[7]。

　以上の3つのグローバル展開のなかで，わが国の中小企業は上述の通り，クロス・ボーダー・ネットワークで企業間連携を行っている。
　第1節においてコンピュータと中小企業の関係性を述べたが，中小企業であるがゆえの不利益から脱却し，そのような問題を解決するツールとしてコンピュータに期待した。そして，このネットワークを構築できるツールとしてインターネットが登場した現在においては，企業内部および企業間の関係性を高め，中小企業の問題を解決する手立てを得たのである。さらに今井は，中小企業の可能性を大企業とのネットワーク形成のかかわりのなかで，「連続的イノベーション」を手がかりに明らかにしている。
　連続的イノベーションとは現場の情報がマーケティングと生産と研究の部門間で共有され，それらの間の相互作用のなかから新しい情報が得られる。それは同時に消費者やユーザーとの間にも相互作用が起こり，それが新たな製品開発の情報源になって「連続的な製品開発」に結びつくことをいう。実際，このイノベーションを具現化する組織構造は，さまざまな企業関係が1つになると同時に内部組織もネットワーク型となって外部と多様に連結する。まさに小さ

なネットワークの連結を重ねていくようなネットワーク組織でなければならないと述べている[8]。

つまり，中小企業はこのネットワークを通じ，連続的イノベーションを貫徹させるため，大企業だけでなく中小企業との連結が必要であると考える。そこには当然のことながら国境を越えたグローバルな展開も含まれている。それはこのような連続的イノベーションによる新製品開発が現在の製品開発のトレンドであるシステミックなものであるため，中小企業単独ではこのようなイノベーションを実現できないことを意味している[9]。

実際，戦後，中小企業が自らの存在の不安定さを補うため，協業化という形で企業間連携を深めていった。実態として小規模であったが，まさにネットワークの土壌は中小企業に根づいていたのである[10]。

したがって，現在のようにコンピュータの性能が高度化するなかで，インターネットによる情報ネットワークを構築することは，国内外の企業との関係性を強化することである。また，その情報ネットワークをそれぞれの関係する組織に根づかせることで，業界や自社を取り巻く状況などの戦略的な情報を獲得し，さらに，外部企業との関係をより活発化させていく。そういった意味で中小企業にとって，情報ネットワークはもはや欠かせないものになってきた。

第3節　企業間関係における中小企業の展開

これまで中小企業についてその多様性を論じず情報ネットワークとの関係を確認してきた。実際，中小企業は企業的なものから生業的なものや内職的なものまでも存在している。つまり中小企業は，幅広い認識のうえに成り立っているため，一律に規定することは難しい。しかし，その一方でインターネットによる情報ネットワークの存在により，企業間の関係はたとえ生業や内職的であったとしても，組織間の関係性を強化することでその規模以上の連携を実現した事例も決して少なくはない。つまり，情報ネットワークの組み方は常に強弱の関係性が存在し，その関係性が強ければ強いほどより大きな果実を獲得するこ

とができるのである。

　以上より，中小企業の多様性を補うためにネットワークを活用し，ほかの企業と連携する際の組織間関係のあり方として，次の5つのパースペクティブを確認する[11]。

1．資源依存パースペクティブ

　組織は，自らの組織が希少であり重要と思われる資源を獲得できなければできないほど，他組織に依存してしまう。それゆえ，この資源の獲得・処分をめぐって，対等でない（パワー不均等）組織間関係が形成・維持される。たとえば，元請け・下請け関係などが考えられる。

2．組織セット・パースペクティブ

　組織は，資源依存パースペクティブを補完するものとして，ほかの組織からの資源・情報を獲得し，さらに，ほかの組織へ新たに資源・情報を提供する相互作用の関係をいう。たとえば，ある企業から原材料を仕入れ，それを製造し，商品化したものをほかの企業に売り渡すそれぞれの組織間の関係をいう。

3．協同戦略パースペクティブ

　組織は，資源依存パースペクティブのように依存や力を基盤とした組織間関係，あるいは共同・共生・協力という対等の組織間関係のどちらか1つを選択する。後者を選択した組織はほかの組織と主体的に交渉や妥協を行いながら，共有化された目標・戦略を達成する。

4．制度化パースペクティブ

　組織は，自らの存在の正当性や行動の妥当性・適切性の保障を得るため，自らが同調でき，同型である他の組織と連携する。それは，資源に依存する関係よりむしろ，共通の信念や行動が同一であるか否かでほかの組織に依存し，模倣し，あるいは規範とする。たとえば，経済4団体があげられる。

5．取引コスト・パースペクティブ

　取引コスト・パースペクティブは，市場・組織・中間形態（ネットワークなど）において価格調整が行われる組織間関係を位置づけるものである。その意味で，これらの組織間の取引関係のなかで，このパースペクティブは，「効率」の観点に重きをおいて取引コストを最小化する。

　このような資源依存パースペクティブを中心とする5つのパースペクティブは，企業間にネットワークを構築するそれぞれの契機を明確にしている。つまり，以上の5つのパースペクティブは，ネットワークの概念として一般化されている異業種交流や産学官連携，戦略的連携などを成し，これらの連携によってイノベーションまでも創出される可能性をもつと考えられる。

　言い換えれば，このような連携をなす企業間ネットワークは，中小企業の発展に寄与する機能を備えているのである。

　そういったなかで，現在のようにネットワークが一般化され，環境が整備されていても，中小企業はこのようなネットワークを駆使し，自らの問題性に対峙しようとする中小企業は少ない。

　というのも，現在のような厳しい経済状況にあって中小企業は常に構造転換の渦に巻き込まれ，合理化や海外企業との競合関係，さらには産業の空洞化が加速された厳しい状況におかれているからである。

　しかし，成長する中小企業は，ITを駆使することにより，いかなる環境のなかでも，常に努力を惜しまず，ほかの企業の関係性を強化しているのである。

【注】

（1）拙稿「地域情報ネットワークの現状と展開」『経営論集』第50巻　第3号，明治大学，2003年。
　　　筆者は地域の中小企業とコンピュータの関係，特に情報ネットワークが地域の中小企業の発展に寄与した点を明らかにした。その研究の成果からこの3つの時代

を定義した。
（２）1967年に組織された「訪米MIS使節団」の報告書において，中小企業にとってコンピュータはコストの低減と経営の近代化に有用であることを明記しているが，高額であったため共同利用をすべきであると示唆している。そのため，中小企業白書においても，コンピュータの活用が具体的に明記されてくるのは1960年代後半からであった。
（３）中小企業庁（1974），410-411ページ。
　このシステムは完成度の高いものではなかったが，中小企業の経営者にコンピュータを活用させていく意識を芽生えさせたという点で有効な施策であった。
（４）中小企業庁（1981），221ページ。
　1980年に出版された中小企業白書において，中小企業にとってコンピュータが1980年以前までほとんど縁のないものであったと断言している。
（５）上掲書，222-223ページ。
　ここでは，『中小企業白書 昭和56年版』から，中規模企業および小規模企業を使用した。中規模企業および小規模企業については第15章に掲載してある図表15-1を参考にされたい。
（６）上掲書，219-221ページ。
　実際，この時期に使われていた事務機械は電卓やコピー機で，特に，中小企業においては帳簿の記入はすべて手書きであった。しかし，コンピュータの活用によりこういった帳簿記入までもが迅速性と正確性をもって自動化されることで，中小企業にとってもコストカットに結びつき，そのため，中小企業はコンピュータに信頼をおいていくのである。
（７）今井（1990），24-26ページ
　今井は，企業に情報ネットワークの考え方を説明している。
（８）上掲書，28-31ページ。
（９）上掲書，32-37ページ。
（10）中小企業庁（1964），216-228ページ。
（11）山倉（1993），33-57ページ。
　この5つのパースペクティブは，山倉の「組織間のパースペクティブ」をまとめたものである。

◆参考文献◆

今井賢一・野中郁次郎『高度情報化社会の戦略と組織』第一法規出版，1989年。

今井賢一『情報ネットワーク社会の展開』筑摩書房，1990年。

公益財団法人日本生産本部『アメリカのMIS・訪米使節団報告書』1968年。

湖中齊・前田啓一・粂野博行『多様化する中小企業ネットワーク』ナカニシヤ出版，2005年。

中小企業庁編『中小企業白書 昭和38年版』1964年。

中小企業庁編『中小企業白書 昭和49年版』1974年。

中小企業庁編『中小企業白書 昭和56年版』1981年。

西口敏弘『中小企業とネットワーク』有斐閣，2003年。

山倉健嗣『組織間関係』有斐閣，1993年。

索　引

[A-Z]

BOPビジネス …………………………136
CEO ……………66, 67, 72, 74～76, 79, 241
chartered corporations ……………21
CSR……………………………123, 152, 173
　　――調達 …………………………124
　　――報告書 ………………………129
East India Company ………………21
ECGF …………………………………113
Five Forces …………………………205
GMに責任ある行動をとらせる運動 …25
GRI ……………………………………126
LBO ………………………………25, 45
M&A ……………………………………44
MBO ………………………46, 236, 243
Negative Screen ……………………176
NPO ……………………………………131
Positive Screen ……………………176
RI ………………………………………26
Sarbanes-Oxley Act ………………128
SPCパラダイム ……………………205
SRI ………………………124, 152, 174
　　――投資信託 ……………………174
SWOT分析 …………………………203
TOB …………………………45, 233, 242
TQM …………………………………220
T型車 …………………………………201

[あ]

アウトソーシング ……………………220
アンゾフ ………………………………204
アンドリューズ …………………203, 209
アントレプレナー・スクール …………207
委員会設置会社 ………………………63
イギリスの株式保有構造 ……………97
イギリスの株主総会 …………………96
イギリスの取締役会 …………………95
一次的ステークホルダー ……………119
5つの競争要因 ………205, 214, 217, 218,
　　　　　　　　　　　　　223, 225
ウォーターゲート事件 …………………25

ウォール・ストリート・ルール ………70
エイボンレター ………………………26
エコタウン …………………………163, 169
エコファンド …………………………163
エリサ法 ………………………………26
エンドオブパイプ ……………………156
エンバイロンメント・スクール ………207
エンフォースメント …………………111
エンロン社 ……………………………128
欧州委員会 …………………………113
欧州会社 …………………………105, 114
欧州コーポレート・ガバナンス・
　フォーラム ………………………113

[か]

海外腐敗行為防止法 …………………25
会社機関 ………………………………53
会社法 …………………………3, 7, 10, 11, 20
確定資本金制 …………………………33
価値共有型 ……………………………147
価値相関図 ………………212, 223～226
価値連鎖 ………………………………209
活動システム …………………………205
合本会社 ………………………………22
過半数所有 ……………………………23
株式会社 ………………………………31
株式の分散 …………………………14～16
株式の持合 ……………………………56
株主行動 ………………………………176
　　――主義 …………………………26
株主主権型企業統治 …………………27
株主主権論 ……………………………130
株主総会 ………………………………57
カルチャー・スクール ………………207
カルテル ………………………………36
カルパース …………………………26, 54
環境コミュニケーション ………163, 171
環境パフォーマンス評価 ……………159
環境ビジネス …………………………164
環境報告書 ………………………129, 159
環境マネジメントシステム …………159
環境ラベル …………………………158, 160

監査委員会 …………………………85
監査役会 ………………62, 102, 104
完全機能型中小企業………………259
機関投資家…………………………180
企業改革法…………………………128
企業市民……………………………128
企業性基準…………………………255
企業統治 ………17, 53, 67, 69, 76, 78, 82
企業不祥事 …138, 139, 141, 143, 150, 152
企業倫理の制度化………139, 144, 145, 147
議決権…………………………………24
気候変動枠組み条約………………157
記述的アプローチ…………………206
機能資本家……………………………32
規範的スクール……………………202
規模の経済性………………215, 218
キャドバリー委員会…………………86
キャドバリー報告書…………………87
キャロルのピラミッド・モデル………121
キャンペーン GM……………25, 80
協業化………………………………270
競争優位性…………………………209
共同決定制度………………………104
共同決定法…………………………103
京都議定書…………………………157
近代株式会社と私有財産……………23
クイン………………………………204
空洞化………………………………252
グリーン・サービサイジング………169
グリーンブリー………………………89
クロス・ボーダー・ネットワーク……269
グローバル・コンパクト……………124
グローバル・ストラテジー…………268
経営者支配………………15〜17, 23
経営戦略……………………200, 209
────の父………………………209
経営統合……………………………232
コア SRI……………………………184
公益通報者保護法…………………146
広義の SRI…………………………184
合資会社………………………………31
合名会社………………………………31
コグニティブ・スクール……………207
個人企業………………………………31
コストのリーダーシップ ……218〜220
コーズ・リレイティッド・マーケティング
　……………………………………131

個別資本結合…………………………30
コーポレート・ガバナンス……11, 69, 71,
　　　　　　　　　　　　74, 75, 80
コミュニティ投資…………………183
コングロマリット……………………41
コンツェルン…………………………38
コンフィギュレーション・スクール…207
コンプライアンス…………123, 129, 146
────型……………………………147

[さ]

最善慣行規範…………………………84
サステナビリティ経営……………170
サステナビリティレポート………159
差別化………………………219, 220
サーベンス・オクスレー法………144
産業組織論…………………………213
下請け関係…………………………258
執行役員制……………………………61
執行役会……………………102, 105
シナジー……………………………231
────効果………………236〜238
支配……………………………………23
地場産業型中小企業………………256
社会性………………………………208
社会的責任投資……………………164
社会的課題事項………………………25
社会的ステークホルダー…………119
10 の学派…………………………202
受託者責任…………………………180
「遵守か説明か」の原則……109, 111〜114
純粋持株会社…………………………39
将軍の術……………………………200
上場規則………………………………84
少数支配………………………………23
常務会…………………………………61
所有と経営の分離……………10, 14
ステークホルダー ……17, 18, 67〜69, 76,
　　　　　　　　　　　　78, 81
ストラテジック・バイヤー…………230
生業的………………………………270
────家族経営…………………255
生物多様性条約……………………157
ゼロエミッション…………………163
選択と集中…………………………237
専門経営者………………10, 14, 15
戦略的提携…………………………268

索引　277

ソーシャル・インベストメント……177
ソーシャル・スクリーン……176

[た]

大企業関連型中小企業……256
地球サミット……157
チャンドラー……203
注意義務……189
忠実義務……189
デザイン・スクール……202
ドイツ・コーポレート・ガバナンス
　規範……109
等額株式制……33
統合規範……92
当座企業……21
独占禁止法……250
特許法人……21
トラスト……37
取締役会……60
トリプルボトムライン……124, 170

[な]

内部告発……140, 146
二次的ステークホルダー……119
二重構造……251, 263
二層型取締役会……104
　───制度……103
ネガティブ・スクリーン……176
年金法……98

[は]

買収防衛策……234, 242, 243
排出量取引……157
ハインリッヒの法則……139
ハウスバンク……107
バブル経済……252
バーリとミーンズ……23
バルディーズ号事件……132
パワー・スクール……207
ハンペル報告書……91
東インド会社……21
非業務執行取締役……85
非社会的ステークホルダー……119
ファンドマネジャー……48
フィナンシャル・バイヤー……230
フィランソロピー……122, 130
腐敗防止……146

プラザ合意……252
プランニング・スクール……202
ベスト・プラクティス……220
ポジショニング・スクール……202, 212
ポジティブ・スクリーン……176
ポーター……205

[ま]

マイクロファイナンス……135
マックスウェル（Maxwell）社の倒産…84
マルチ・ドメスティック……268
ミルトン・フリードマン……130
ミンツバーグ……202
無機能資本家……32
無限責任……6〜8
メインバンク……54
メセナ……128
持株会社……38
物言わぬ株主……57
問題性中小企業……258

[や]

有限責任……6, 8, 9, 13
　───性……33

[ら]

ライフサイクル・アセスメント……160
ラーニング・スクール……207
利害関係者主権型企業統治……27
リサイクル……162
リスクマネジメント……150, 151
リデュース……162
リーマン・ブラザース……254
リユース……162
倫理綱領……145
倫理性……208
倫理的課題事項……142, 143
連続的イノベーション……269
6大企業集団……56
ロッキード事件……25
論理的漸進主義……204

[わ]

ワールドコム社……128

《著者紹介》

文　載皓（むん・ちぇほー）　担当：第2章，第12章
　富士常葉大学総合経営学部准教授

三浦庸男（みうら・つねお）　担当：第3章
　埼玉学園大学経営学部教授

白坂　亨（しらさか・とおる）　担当：第4章
　大東文化大学経営学部教授

金　在淑（きむ・ちぇすく）　担当：第6章，第11章
　日本大学経済学部助手

田中信弘（たなか・のぶひろ）　担当：第7章
　杏林大学総合政策学部教授

荒木真貴子（あらき・まきこ）　担当：第9章
　立川市立けやき台小学校教諭

西村　晋（にしむら・すすむ）　担当：第13章
　創価大学経営学部助教

石井泰幸（いしい・やすゆき）　担当：第15章，第16章
　千葉商科大学サービス創造学部教授

《編著者紹介》

佐久間信夫（さくま・のぶお）担当：第1章，第5章，第14章
明治大学大学院商学研究科博士課程修了
現職　創価大学経営学部教授　博士（経済学）
専攻　経営学，企業論

主要著書
『企業集団研究の方法』文眞堂　1996年（共編著），『現代経営学』学文社　1998年（編著），『現代経営用語の基礎知識』学文社　2001年（編集代表），『企業支配と企業統治』白桃書房　2003年，『企業統治構造の国際比較』ミネルヴァ書房　2003年（編著），『経営戦略論』創成社　2004年（共編著），『増補版　現代経営用語の基礎知識』学文社　2005年（編集代表），『アジアのコーポレート・ガバナンス』学文社　2005年（編著），『CSRとコーポレート・ガバナンスがわかる事典』創成社　2007年（共編著），『コーポレート・ガバナンスの国際比較』税務経理協会　2007年（編著），『コーポレート・ガバナンスと企業倫理の国際比較』ミネルヴァ書房　2010年（共編著）など。

鈴木岩行（すずき・いわゆき）担当：第8章，第10章
早稲田大学大学院商学研究科博士課程修了
現職　和光大学経済経営学部教授
専攻　企業論，アジア経営学

主要著書
『現代の経営行動　課題と展望』同友館　1999年（共著），『地球環境問題と各国・企業の環境対応』税務経理協会　2001年（共著），『アジア日系企業の人材育成』和光大学総合文化研究所　2002年（共著），『経営学の新展開』税務経理協会　2007年（共著），『インドネシアとベトナムにおける人材育成の研究』八千代出版　2010年（共編著），『地球環境時代の経済と経営』白桃書房　2011年（共著）など。

（検印省略）

2011年7月10日　初版発行　　　　　　　　　略称−企業要論

現代企業要論

編著者　佐久間信夫・鈴木岩行
発行者　塚田尚寛

発行所　東京都文京区春日2-13-1　株式会社　創成社

電　話　03（3868）3867　　ＦＡＸ　03（5802）6802
出版部　03（3868）3857　　振　替　00150-9-191261
http://www.books-sosei.com

定価はカバーに表示してあります。

©2011 Nobuo Sakuma,　　　組版：緑　舎　　印刷：Ｓ・Ｄプリント
　　　Iwayuki Suzuki　　　　製本：カナメブックス
ISBN978-4-7944-2367-2 C3034　　落丁・乱丁本はお取り替えいたします。
Printed in Japan

――――― 経営・マーケティング ―――――

書名	著者	種別	価格
現代企業要論	佐久間信夫／鈴木岩行	編著	2,700円
現代経営戦略要論	佐久間信夫／芦澤成光	編著	2,600円
現代CSR経営要論	佐久間信夫／田中信弘	編著	3,000円
現代経営管理要論	佐久間信夫／犬塚正智	編著	2,600円
現代経営学要論	佐久間信夫／三浦庸男	著	2,700円
経営学概論	佐久間信夫	編著	2,700円
CSRとコーポレート・ガバナンスがわかる事典	佐久間信夫／水尾順一／水谷内徹也	編著	2,200円
経営戦略論	佐久間信夫／芦澤成光	編著	2,400円
オンデマンド時代における企業経営	嘉義幸司／金沢尚基／文載皓	著	2,600円
日本の携帯電話端末と国際市場 ―デジタル時代のマーケティング戦略―	大﨑孝徳	著	2,700円
ITマーケティング戦略 ―消費者との関係性構築を目指して―	大﨑孝徳	著	2,400円
現代消費者行動論	松江宏	編著	2,200円
現代マーケティング論	松江宏	編著	2,900円
マーケティングと流通	松江宏	著	1,800円
経営学概論 ―アメリカ経営学と日本の経営―	大津誠	著	2,200円
すらすら読めて奥までわかるコーポレート・ファイナンス	内田交謹	著	2,600円
経営財務論	小山明宏	著	3,000円
昇進の研究	山本寛	著	3,200円
商店街の経営革新	酒巻貞夫	著	2,100円
共生マーケティング戦略論	清水公一	著	4,150円
広告の理論と戦略	清水公一	著	3,800円

（本体価格）

――――― 創成社 ―――――